国家出版基金项目
NATIONAL PUBLICATION FOUNDATION

国家出版基金项目
绿色制造丛书
组织单位 | 中国机械工程学会

再制造生产系统规划理论与技术

江志刚 朱 硕 张 华 著

U0331369

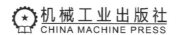
机械工业出版社
CHINA MACHINE PRESS

再制造生产系统规划是对再制造生产系统运行方案进行设计和优化的过程，对于组织、规范并拉动再制造多环节生产运作，最大限度地发挥再制造先进技术装备与循环效益优势，保障稳定、高效、经济、低碳的生产运行具有重要意义。本书系统地论述了再制造生产系统规划的概念与内涵、运行体系，再制造回收模式与时机规划，再制造性评价与工艺规划，再制造车间任务规划，再制造产品可靠性评估与增长规划，以及再制造生产系统规划工程实践等，力图推动再制造生产系统规划理论与技术体系的建立。

本书对再制造生产系统规划理论技术研究和工程实践应用具有较强的指导价值，可作为高等院校机械工程、工业工程、管理科学与工程、环境工程等绿色制造、再制造相关专业研究生的教材或参考书，也可供从事再制造逆向物流、工艺设计、车间管理、产品质量升级等领域工作的工程技术人员、管理人员、研究人员参考。

图书在版编目（CIP）数据

再制造生产系统规划理论与技术／江志刚，朱硕，张华著．—北京：机械工业出版社，2021.3
（绿色制造丛书）
国家出版基金项目
ISBN 978-7-111-67662-1

Ⅰ.①再…　Ⅱ.①江…②朱…③张…　Ⅲ.①制造工业-综合生产系统-系统规划-研究-中国　Ⅳ.①F426.4

中国版本图书馆 CIP 数据核字（2021）第 037400 号

机械工业出版社（北京市百万庄大街 22 号　邮政编码 100037）
策划编辑：罗晓琪　责任编辑：罗晓琪　章承林　王海霞
责任校对：李　伟　责任印制：李　楠
北京宝昌彩色印刷有限公司印刷
2021 年 12 月第 1 版第 1 次印刷
169mm×239mm · 15.25 印张 · 288 千字
标准书号：ISBN 978-7-111-67662-1
定价：78.00 元

电话服务　　　　　　　　　网络服务
客服电话：010-88361066　机　工　官　网：www.cmpbook.com
　　　　　010-88379833　机　工　官　博：weibo.com/cmp1952
　　　　　010-68326294　金　书　网：www.golden-book.com
封底无防伪标均为盗版　　机工教育服务网：www.cmpedu.com

"绿色制造丛书" 编撰委员会

主　任

宋天虎　中国机械工程学会

刘　飞　重庆大学

副主任（排名不分先后）

陈学东　中国工程院院士，中国机械工业集团有限公司

单忠德　中国工程院院士，南京航空航天大学

李　奇　机械工业信息研究院，机械工业出版社

陈超志　中国机械工程学会

曹华军　重庆大学

委　员（排名不分先后）

李培根　中国工程院院士，华中科技大学

徐滨士　中国工程院院士，中国人民解放军陆军装甲兵学院

卢秉恒　中国工程院院士，西安交通大学

王玉明　中国工程院院士，清华大学

黄庆学　中国工程院院士，太原理工大学

段广洪　清华大学

刘光复　合肥工业大学

陆大明　中国机械工程学会

方　杰　中国机械工业联合会绿色制造分会

郭　锐　机械工业信息研究院，机械工业出版社

徐格宁　太原科技大学

向　东　北京科技大学

石　勇　机械工业信息研究院，机械工业出版社

王兆华　北京理工大学

左晓卫　中国机械工程学会

朱　胜　再制造技术国家重点实验室

刘志峰　合肥工业大学

朱庆华　上海交通大学

张洪潮　大连理工大学
李方义　山东大学
刘红旗　中机生产力促进中心
李聪波　重庆大学
邱　城　中机生产力促进中心
何　彦　重庆大学
宋守许　合肥工业大学
张超勇　华中科技大学
陈　铭　上海交通大学
姜　涛　工业和信息化部电子第五研究所
姚建华　浙江工业大学
袁松梅　北京航空航天大学
夏绪辉　武汉科技大学
顾新建　浙江大学
黄海鸿　合肥工业大学
符永高　中国电器科学研究院股份有限公司
范志超　合肥通用机械研究院有限公司
张　华　武汉科技大学
张钦红　上海交通大学
江志刚　武汉科技大学
李　涛　大连理工大学
王　蕾　武汉科技大学
邓业林　苏州大学
姚巨坤　再制造技术国家重点实验室
王禹林　南京理工大学
李洪丞　重庆邮电大学

"绿色制造丛书" 编撰委员会办公室

主　任
刘成忠　陈超志

成　员（排名不分先后）
王淑芹　曹　军　孙　翠　郑小光　罗晓琪　罗丹青　张　强　赵范心　李　楠
郭英玲　权淑静　钟永刚　张　辉　金　程

制造是改善人类生活质量的重要途径，制造也创造了人类灿烂的物质文明。

也许在远古时代，人类从工具的制作中体会到生存的不易，生命和生活似乎注定就是要和劳作联系在一起的。工具的制作大概真正开启了人类的文明。但即便在农业时代，古代先贤也认识到在某些情况下要慎用工具，如孟子言："数罟不入洿池，鱼鳖不可胜食也；斧斤以时入山林，材木不可胜用也。"可是，我们没能记住古训，直到 20 世纪后期我国乱砍滥伐的现象比较突出。

到工业时代，制造所产生的丰富物质使人们感受到的更多是愉悦，似乎自然界的一切都可以为人的目的服务。恩格斯告诫过：我们统治自然界，决不像征服者统治异民族一样，决不像站在自然以外的人一样，相反地，我们同我们的肉、血和头脑一起都是属于自然界，存在于自然界的；我们对自然界的整个统治，仅是我们胜于其他一切生物，能够认识和正确运用自然规律而已（《劳动在从猿到人转变过程中的作用》）。遗憾的是，很长时期内我们并没有听从恩格斯的告诫，却陶醉在"人定胜天"的臆想中。

信息时代乃至即将进入的数字智能时代，人们惊叹欣喜，日益增长的自动化、数字化以及智能化将人从本是其生命动力的劳作中逐步解放出来。可是蓦然回首，倏地发现环境退化、气候变化又大大降低了我们不得不依存的自然生态系统的承载力。

不得不承认，人类显然是对地球生态破坏力最大的物种。好在人类毕竟是理性的物种，诚如海德格尔所言：我们就是除了其他可能的存在方式以外还能够对存在发问的存在者。人类存在的本性是要考虑"去存在"，要面向未来的存在。人类必须对自己未来的存在方式、自己依赖的存在环境发问！

1987 年，以挪威首相布伦特兰夫人为主席的联合国世界环境与发展委员会发表报告《我们共同的未来》，将可持续发展定义为：既满足当代人的需要，又不对后代人满足其需要的能力构成危害的发展。1991 年，由世界自然保护联盟、联合国环境规划署和世界自然基金会出版的《保护地球——可持续生存战略》一书，将可持续发展定义为：在不超出支持它的生态系统承载能力的情况下改善人类的生活质量。很容易看出，可持续发展的理念之要在于环境保护、人的生存和发展。

世界各国正逐步形成应对气候变化的国际共识，绿色低碳转型成为各国实现可持续发展的必由之路。

中国面临的可持续发展的压力尤甚。经过数十年来的发展，2020 年我国制造业增加值突破 26 万亿元，约占国民生产总值的 26%，已连续多年成为世界第一制造大国。但我国制造业资源消耗大、污染排放量高的局面并未发生根本性改变。2020 年我国碳排放总量惊人，约占全球总碳排放量 30%，已经接近排名第 2~5 位的美国、印度、俄罗斯、日本 4 个国家的总和。

工业中最重要的部分是制造，而制造施加于自然之上的压力似乎在接近临界点。那么，为了可持续发展，难道舍弃先进的制造？非也！想想庄子笔下的圃畦丈人，宁愿抱瓮舀水，也不愿意使用桔槔那种杠杆装置来灌溉。他曾教训子贡："有机械者必有机事，有机事者必有机心。机心存于胸中，则纯白不备；纯白不备，则神生不定；神生不定者，道之所不载也。"（《庄子·外篇·天地》）单纯守纯朴而弃先进技术，显然不是当代人应守之道。怀旧在现代世界中没有存在价值，只能被当作追逐幻境。

既要保护环境，又要先进的制造，从而维系人类的可持续发展。这才是制造之道！绿色制造之理念如是。

在应对国际金融危机和气候变化的背景下，世界各国无论是发达国家还是新型经济体，都把发展绿色制造作为赢得未来产业竞争的关键领域，纷纷出台国家战略和计划，强化实施手段。欧盟的"未来十年能源绿色战略"、美国的"先进制造伙伴计划 2.0"、日本的"绿色发展战略总体规划"、韩国的"低碳绿色增长基本法"、印度的"气候变化国家行动计划"等，都将绿色制造列为国家的发展战略，计划实施绿色发展，打造绿色制造竞争力。我国也高度重视绿色制造，《中国制造 2025》中将绿色制造列为五大工程之一。中国承诺在 2030 年前实现碳达峰，2060 年前实现碳中和，国家战略将进一步推动绿色制造科技创新和产业绿色转型发展。

为了助力我国制造业绿色低碳转型升级，推动我国新一代绿色制造技术发展，解决我国长久以来对绿色制造科技创新成果及产业应用总结、凝练和推广不足的问题，中国机械工程学会和机械工业出版社组织国内知名院士和专家编写了"绿色制造丛书"。我很荣幸为本丛书作序，更乐意向广大读者推荐这套丛书。

编委会遴选了国内从事绿色制造研究的权威科研单位、学术带头人及其团队参与编著工作。丛书包含了作者们对绿色制造前沿探索的思考与体会，以及对绿色制造技术创新实践与应用的经验总结，非常具有前沿性、前瞻性和实用性，值得一读。

丛书的作者们不仅是中国制造领域中对人类未来存在方式、人类可持续发展的发问者，更是先行者。希望中国制造业的管理者和技术人员跟随他们的足迹，通过阅读丛书，深入推进绿色制造！

华中科技大学　李培根
2021 年 9 月 9 日于武汉

在全球碳排放量激增、气候加速变暖的背景下，资源与环境问题成为人类面临的共同挑战，可持续发展日益成为全球共识。发展绿色经济、抢占未来全球竞争的制高点，通过技术创新、制度创新促进产业结构调整，降低能耗物耗、减少环境压力、促进经济绿色发展，已成为国家重要战略。我国明确将绿色制造列为《中国制造2025》五大工程之一，制造业的"绿色特性"对整个国民经济的可持续发展具有重大意义。

随着科技的发展和人们对绿色制造研究的深入，绿色制造的内涵不断丰富，绿色制造是一种综合考虑环境影响和资源消耗的现代制造业可持续发展模式，涉及整个制造业，涵盖产品整个生命周期，是制造、环境、资源三大领域的交叉与集成，正成为全球新一轮工业革命和科技竞争的重要新兴领域。

在绿色制造技术研究与应用方面，围绕量大面广的汽车、工程机械、机床、家电产品、石化装备、大型矿山机械、大型流体机械、船用柴油机等领域，重点开展绿色设计、绿色生产工艺、高耗能产品节能技术、工业废弃物回收拆解与资源化等共性关键技术研究，开发出成套工艺装备以及相关试验平台，制定了一批绿色制造国家和行业技术标准，开展了行业与区域示范应用。

在绿色产业推进方面，开发绿色产品，推行生态设计，提升产品节能环保低碳水平，引导绿色生产和绿色消费。建设绿色工厂，实现厂房集约化、原料无害化、生产洁净化、废物资源化、能源低碳化。打造绿色供应链，建立以资源节约、环境友好为导向的采购、生产、营销、回收及物流体系，落实生产者责任延伸制度。壮大绿色企业，引导企业实施绿色战略、绿色标准、绿色管理和绿色生产。强化绿色监管，健全节能环保法规、标准体系，加强节能环保监察，推行企业社会责任报告制度。制定绿色产品、绿色工厂、绿色园区标准，构建企业绿色发展标准体系，开展绿色评价。一批重要企业实施了绿色制造系统集成项目，以绿色产品、绿色工厂、绿色园区、绿色供应链为代表的绿色制造工业体系基本建立。我国在绿色制造基础与共性技术研究、离散制造业传统工艺绿色生产技术、流程工业新型绿色制造工艺技术与设备、典型机电产品节能减排技术、退役机电产品拆解与再制造技术等方面取得了较好的成果。

但是作为制造大国，我国仍未摆脱高投入、高消耗、高排放的发展方式，资源能源消耗和污染排放与国际先进水平仍存在差距，制造业绿色发展的目标尚未完成，社会技术创新仍以政府投入主导为主；人们虽然就绿色制造理念形成共识，但绿色制造技术创新与我国制造业绿色发展战略需求还有很大差距，一些亟待解决的主要问题依然突出。绿色制造基础理论研究仍主要以跟踪为主，原创性的基础研究仍较少；在先进绿色新工艺、新材料研究方面部分研究领域有一定进展，但颠覆性和引领性绿色制造技术创新不足；绿色制造的相关产业还处于孕育和初期发展阶段。制造业绿色发展仍然任重道远。

本丛书面向构建未来经济竞争优势，进一步阐述了深化绿色制造前沿技术研究，全面推动绿色制造基础理论、共性关键技术与智能制造、大数据等技术深度融合，构建我国绿色制造先发优势，培育持续创新能力。加强基础原材料的绿色制备和加工技术研究，推动实现功能材料特性的调控与设计和绿色制造工艺，大幅度地提高资源生产率水平，提高关键基础件的寿命、高分子材料回收利用率以及可再生材料利用率。加强基础制造工艺和过程绿色化技术研究，形成一批高效、节能、环保和可循环的新型制造工艺，降低生产过程的资源能源消耗强度，加速主要污染排放总量与经济增长脱钩。加强机械制造系统能量效率研究，攻克离散制造系统的能量效率建模、产品能耗预测、能量效率精细评价、产品能耗定额的科学制定以及高能效多目标优化等关键技术问题，在机械制造系统能量效率研究方面率先取得突破，实现国际领先。开展以提高装备运行能效为目标的大数据支撑设计平台，基于环境的材料数据库、工业装备与过程匹配自适应设计技术、工业性试验技术与验证技术研究，夯实绿色制造技术发展基础。

在服务当前产业动力转换方面，持续深入细致地开展基础制造工艺和过程的绿色优化技术、绿色产品技术、再制造关键技术和资源化技术核心研究，研究开发一批经济性好的绿色制造技术，服务经济建设主战场，为绿色发展做出应有的贡献。开展铸造、锻压、焊接、表面处理、切削等基础制造工艺和生产过程绿色优化技术研究，大幅降低能耗、物耗和污染物排放水平，为实现绿色生产方式提供技术支撑。开展在役再设计再制造技术关键技术研究，掌握重大装备与生产过程匹配的核心技术，提高其健康、能效和智能化水平，降低生产过程的资源能源消耗强度，助推传统制造业转型升级。积极发展绿色产品技术，研究开发轻量化、低功耗、易回收等技术工艺，研究开发高效能电机、锅炉、内燃机及电器等终端用能产品，研究开发绿色电子信息产品，引导绿色消费。开展新型过程绿色化技术研究，全面推进钢铁、化工、建材、轻工、印染等行业绿色制造流程技术创新，新型化工过程强化技术节能环保集成优化技术创新。开展再制造与资源化技术研究，研究开发新一代再制造技术与装备，深入推进废旧汽车（含新能源汽车）零部件和退役机电产品回收逆向物流系统、拆解/破碎/分离、高附加值资源化等关键技术与装备研究并应用示范，实现机电、汽车等产品的可拆卸和易回收。研究开发钢铁、冶金、石化、轻工等制造流程副产品绿色协同处理与循环利用技术，提高流程制造资源高效利用绿色产业链技术创新能力。

在培育绿色新兴产业过程中，加强绿色制造基础共性技术研究，提升绿色制造科技创新与保障能力，培育形成新的经济增长点。持续开展绿色设计、产品全生命周期评价方法与工具的研究开发，加强绿色制造标准法规和合格评判程序与范式研究，针对不同行业形成方法体系。建设绿色数据中心、绿色基站、绿色制造技术服务平台，建立健全绿色制造技术创新服务体系。探索绿色材料制备技术，培育形成新的经济增长点。开展战略新兴产业市场需求的绿色评价研究，积极引领新兴产业高起点绿色发展，大力促进新材料、新能源、高端装备、生物产业绿色低碳发展。推动绿色制造技术与信息的深度融合，积极发展绿色车间、绿色工厂系统、绿色制造技术服务业。

非常高兴为本丛书作序。我们既面临赶超跨越的难得历史机遇，也面临差距拉大的严峻挑战，唯有勇立世界技术创新潮头，才能赢得发展主动权，为人类文明进步做出更大贡献。相信这套丛书的出版能够推动我国绿色科技创新，实现绿色产业引领式发展。绿色制造从概念提出至今，取得了长足进步，希望未来有更多青年人才积极参与到国家制造业绿色发展与转型中，推动国家绿色制造产业发展，实现制造强国战略。

中国机械工业集团有限公司　陈学东
2021 年 7 月 5 日于北京

绿色制造是绿色科技创新与制造业转型发展深度融合而形成的新技术、新产业、新业态、新模式，是绿色发展理念在制造业的具体体现，是全球新一轮工业革命和科技竞争的重要新兴领域。

我国自20世纪90年代正式提出绿色制造以来，科学技术部、工业和信息化部、国家自然科学基金委员会等在"十一五""十二五""十三五"期间先后对绿色制造给予了大力支持，绿色制造已经成为我国制造业科技创新的一面重要旗帜。多年来我国在绿色制造模式、绿色制造共性基础理论与技术、绿色设计、绿色制造工艺与装备、绿色工厂和绿色再制造等关键技术方面形成了大量优秀的科技创新成果，建立了一批绿色制造科技创新研发机构，培育了一批绿色制造创新企业，推动了全国绿色产品、绿色工厂、绿色示范园区的蓬勃发展。

为促进我国绿色制造科技创新发展，加快我国制造企业绿色转型及绿色产业进步，中国机械工程学会和机械工业出版社联合中国机械工程学会环境保护与绿色制造技术分会、中国机械工业联合会绿色制造分会，组织高校、科研院所及企业共同策划了"绿色制造丛书"。

丛书成立了包括李培根院士、徐滨士院士、卢秉恒院士、王玉明院士、黄庆学院士等50多位顶级专家在内的编委会团队，他们确定选题方向，规划丛书内容，审核学术质量，为丛书的高水平出版发挥了重要作用。作者团队由国内绿色制造重要创导者与开拓者刘飞教授牵头，陈学东院士、单忠德院士等100余位专家学者参与编写，涉及20多家科研单位。

丛书共计32册，分三大部分：① 总论，1册；② 绿色制造专题技术系列，25册，包括绿色制造基础共性技术、绿色设计理论与方法、绿色制造工艺与装备、绿色供应链管理、绿色再制造工程5大专题技术；③ 绿色制造典型行业系列，6册，涉及压力容器行业、电子电器行业、汽车行业、机床行业、工程机械行业、冶金设备行业等6大典型行业应用案例。

丛书获得了2020年度国家出版基金项目资助。

丛书系统总结了"十一五""十二五""十三五"期间，绿色制造关键技术与装备、国家绿色制造科技重点专项等重大项目取得的基础理论、关键技术和装备成果，凝结了广大绿色制造科技创新研究人员的心血，也包含了作者对绿色制造前沿探索的思考与体会，为我国绿色制造发展提供了一套具有前瞻性、系统性、实用性、引领性的高品质专著。丛书可为广大高等院校师生、科研院所研发人员以及企业工程技术人员提供参考，对加快绿色制造创新科技在制造业中的推广、应用，促进制造业绿色、高质量发展具有重要意义。

当前我国提出了 2030 年前碳排放达峰目标以及 2060 年前实现碳中和的目标，绿色制造是实现碳达峰和碳中和的重要抓手，可以驱动我国制造产业升级、工艺装备升级、重大技术革新等。因此，丛书的出版非常及时。

绿色制造是一个需要持续实现的目标。相信未来在绿色制造领域我国会形成更多具有颠覆性、突破性、全球引领性的科技创新成果，丛书也将持续更新，不断完善，及时为产业绿色发展建言献策，为实现我国制造强国目标贡献力量。

中国机械工程学会　宋天虎
2021 年 6 月 23 日于北京

　　我国制造业面临着资源和环境的发展瓶颈，现役装备面临着延长使用寿命和提升性能的迫切需求。再制造作为绿色制造的重要组成部分，对于缓解资源短缺与浪费、保护生态环境、发展循环经济具有重要的现实意义。随着市场需求和产业规模的扩大，先进的绿色、智能装备与工艺不断地创新和应用，再制造生产任务、能力、性能要求等显著增长，使得目前多以制造经验为主的再制造生产管理面临严峻挑战，再制造工程的实施效益难以得到保障，严重制约了我国再制造产业的发展。鉴于此，考虑再制造的生产特性与发展需求，开展再制造生产系统规划研究，充分发挥再制造生产系统的效能，是当前再制造生产管理的重要研究方向和应用领域。

　　再制造生产系统规划是再制造生产管理的核心内容。与新品制造不同，再制造以废旧产品零部件为毛坯，其毛坯种类多、投产时间随机分布、失效形式与程度差异性大等个性化特征，造成生产环境高度不确定，导致再制造生产系统规划的研究与实施困难。如何设计和优化再制造生产系统的运行方案，组织、规范并拉动废旧产品回收、再制造工艺设计、再制造车间生产管理、再制造产品质量控制等多生产环节的优化运作，最大限度地发挥再制造先进技术装备与循环效益优势，保障稳定、高效、经济、低碳的生产运行，是再制造生产系统规划迫切需要解决的问题。

　　目前，再制造生产系统规划过程及其相应的规划理论与技术，越来越呈现两个显著特性：一是系统性，即涉及系统理论和系统工程的方法越来越多；二是学科综合性或技术集成性，即规划过程绝非单一学科知识能够支撑，而是依赖于多门学科知识的有机结合。如果仅专注于再制造生产系统的某一环节进行规划，或者孤立地从人员、设备、物料等角度研究规划过程，都将无法从全局上认识再制造生产系统规划的问题本质，无法保障再制造生产系统运行在最佳状态、发挥出最佳效能。因此，系统地研究和学习再制造生产系统规划的理论、技术、实施方法等显然十分必要。

　　本书作者在国家科技支撑计划项目和国家自然科学基金项目等的资助下，

致力于再制造生产系统工程的研究，取得了一定的研究成果，收集了大量的国内外研究文献资料，经过整理，完成了本书的撰写工作。本书从系统思维、学科综合或技术集成的角度，研究再制造生产系统规划所涉及的新概念、新技术和新方法。

本书在编写过程中力求逻辑清晰、结构合理、重点突出、特色鲜明，具体体现在以下方面。

1）实施再制造生产系统规划是一个复杂的系统工程。本书把再制造生产过程的多个环节作为一个集成系统，按照系统科学的思维方式展开论述，侧重于各环节的规划功能与过程、目标与方案和生产系统的有机结合，从整体出发，诠释再制造生产系统规划实施的客观规律。

2）注重手段和方法的运用。由于再制造生产系统的规划过程比较复杂，难以用一般性的文字阐述清楚。为此，本书考虑再制造生产系统规划在生产过程各个环节的问题特性，运用数学工具以及系统工程的基础理论等建立相适应的指标体系或数学模型，通过定性化、定量化或两者结合的手段制定规划方案，着重论述其具体涵义及其在实践中的使用方法。

本书是课题组研究成果的系统总结，主要由江志刚、朱硕和张华撰写，鄢威、丁周阳、邢世雄、黄文豪、柯超、陈颜祥、陈道家、方丹、李胜强、艾险峰、王涵、欧阳俊、陈佳等参加了部分资料整理工作和有关项目研究工作。

本书涉及的有关研究工作，得到了国家自然科学基金（52075396，51905392，51975432，51675388，51605347，51205295），国家科技支撑计划（2012BAF02B01，2012BAF02B03，2011BAF11B01），国家863计划（2012AA040101），国家博士后科学基金（2018M642935），湖北省教育厅科学技术研究计划青年人才项目（Q20191106），以及国家工业和信息化部绿色制造系统集成项目的支持，并得到了武汉科技大学研究生教材专项出版基金和上海市高原学科建设计划的资助以及国家出版基金的大力支持，在此表示衷心的感谢！

此外，本书在写作过程中参考了有关文献，在此向所有被引用文献的作者表示诚挚的谢意！

由于再制造生产系统规划是一门正在迅速发展的综合性交叉学科，涉及面广、技术难度大，加上作者水平有限，书中不妥之处在所难免，敬请广大读者批评指正！

作　者

2020年9月

目录 CONTENTS

第 1 章

———

绪　　论

再制造生产系统规划是保障废旧产品及其零部件得到高品质循环利用的必要环节，是充分发挥再制造先进工艺与装备优势的重要技术支撑，同时也是提升再制造产品市场竞争力、促进再制造产业化发展的重要举措。数十年来，我国再制造经历了维修、表面处理、再制造，由低向高的进化跃升与创新发展。随着市场需求和产业规模的扩大，先进的绿色、智能装备与工艺不断地创新和应用，再制造生产系统规划的环境、目标、性能要求等均发生了很大变化。本章从再制造生产系统概述出发，探讨实施再制造生产系统规划的目的及意义，分析与总结现阶段再制造生产系统规划的国内外研究现状，明确再制造生产系统规划研究与实施的方向。

1.1　再制造生产系统概述

》1.1.1　概念与内涵

再制造生产系统是以废旧产品及其零部件为生产对象，统筹考虑再制造回收、再制造工艺设计、再制造加工、再制造产品测试等生产环节及其所涉及的硬件、软件和人员，采用再制造成形技术（包括高新表面工程技术及其他加工技术），在系统运行过程对环境污染最小、资源利用率最高、投入费用最少的情况下，使废旧品的功能和性能得以恢复或升级，获得再制造新品的输入/输出系统。

由再制造生产系统的概念可知，在结构方面，再制造生产系统是由废旧产品及其零部件的再制造生产过程及其所涉及的硬件、软件和人员所组成的一个有机整体。在过程方面，包括两个层次的再制造生产过程：一是指废旧品实际的再制造加工过程，即在废旧品的物料转化过程中，充分利用废旧资源，挖掘其中蕴含的附加值，实现再制造加工的过程；二是指废旧品的广义再制造过程，即以先进的技术和产业化生产为手段，对废旧品进行修复和升级的一系列生产活动的总称。在功能方面，再制造生产系统是以优质、高效、节能、节材、环保为准则，将所输入系统的废旧产品或零部件进行再制造，最终形成功能和性能恢复或升级的再制造产品或零部件的输入/输出系统，从而实现系统经济效益、社会效益与环境效益的协调优化。

基于以上分析可以看出，再制造生产系统具备系统科学中"系统"的全部内涵：

（1）集合性　再制造生产系统是由两个或两个以上可以互相区别的要素（或环节、子系统）所组成的。例如，再制造生产系统可以由再制造回收子系统、再制造工艺设计子系统、再制造加工子系统等组成。

（2）动态相关性 再制造生产系统内各要素是相互联系的。集合性反映了再制造生产系统的组成要素，而动态相关性则说明了这些组成要素之间的关系。再制造生产系统中任一要素与存在于该系统中的其他要素是动态关联和互相制约的，当某一要素发生动态变化时，则其他相关的要素也相应地动态改变和调整，以保持系统动态运行过程中的最优状态。

（3）目的性 再制造生产系统是一个面向废旧产品及其零部件，综合考虑环境影响、资源消耗、经济效益等的绿色制造系统，要实现系统的经济效益、环境效益和社会效益的共赢。

（4）环境适应性 再制造生产系统是一个开放系统，它与周边的市场、经济、技术、自然生态等外部环境必然要进行物质、能量、信息的交换，外部环境与系统是互相影响的。因此再制造生产系统必须具有对周围环境变化的适应性，即外部环境发生了变化，系统能进行自我控制和自我调整，始终保持最优状态。

1.1.2 再制造与制造生产系统的关系

1. 再制造与制造生产系统的本质相同

制造是将原材料加工成产品，其本质是生产满足人们生产或生活需要的产品。制造生产系统主要包括原材料生产、零件工艺设计、零件制造加工、产品装配检验等过程。再制造生产系统是以废旧产品及其零部件为毛坯，通过专业化修复和升级改造的生产模式来使其性能不低于原有新品水平的制造过程，其本质也是获取满足人们生产或生活需要的产品，包括废旧产品回收、再制造工艺设计、再制造加工、再制造产品测试等过程。再制造具备制造的本质特征，具有工程的完整性、复制性和可操作性。

2. 再制造是制造生产系统的补充和完善

广义上的制造生产系统，特别是绿色制造或可持续制造生产系统，不但包括产品的设计、制造，还包括产品的使用、维修与退役等服务环节，即产品的全生命周期，但缺少专门针对退役废旧产品及其零部件的处理环节。再制造生产系统针对生命周期末端的废旧产品及其零部件，根据废旧产品及其零部件不同的寿命特征，采用修复或升级不同的再制造方式，最大化地挖掘废旧产品及其零部件在制造阶段的材料、能源和劳动成本等附加值。因此，再制造生产系统是与制造生产系统直接相关的配套系统，是对制造生产系统的补充和完善。

3. 再制造与制造生产系统的差异性

与制造生产系统相比，再制造生产系统主要具有以下两方面的差异。

（1）生产组织方式不同 制造生产系统所获取的毛坯等材料一般由企业生

产，可实现批量化供应，时间和品质相对确定。再制造生产系统需要从废旧品的回收开始，由于废旧品分散于各地的用户手中，用户对废旧品的供应数量、时间等具有不确定性，因此在毛坯获取上，两者具有不同的组织方式；其次，由于新品的服役环境等差异，导致其尺寸磨损、材料性能变化等具有很高的不确定性，所产生的废旧品具有高度个性化的寿命特征，从而须根据废旧品的寿命特征进行定制化的再制造修复或升级，难以形成大批量生产，使得再制造具有多品种、小批量的定制化生产特点，与一些大批量的刚性新品制造生产组织方式有较大差异。

（2）工艺技术不同　制造生产系统中的毛坯，多是性能稳定的材料，供应渠道清晰，毛坯材料供应质量稳定可靠，其合格零件生产主要针对棒料等毛坯工件，通过铸、锻、焊、金属切削加工等机械制造技术来获取。再制造的毛坯是服役后处于生命周期末端的废旧产品及其零部件，侧重于表面工程技术和增材制造技术的应用，利用物理、化学、机械制造等技术，改变基体材料的表面状态、化学成分、组织结构或形成特殊的表面覆层，优化材料表面，达到无须整体改变材质而获得原基体材料所不具备的某些特殊性能，实现高性能恢复和升级废旧品的尺寸精度，提高耐蚀性，改变摩擦学性能，提高抗疲劳性能等。因此，两者在工艺技术上存在显著差异。

▶▶ 4. 再制造促进制造生产系统的新发展

（1）促进制造理念的新发展　制造的理念是以原材料为对象，以生产新产品为目的，通过注入新的能源、技术、材料、劳动等，实现价值由零逐渐梯度累加的过程，但对处于生命周期末端的废旧产品缺乏有效的处理，造成原有价值的浪费。而再制造以废旧产品及其零部件为毛坯材料作为起始点，废旧品本身蕴含的高附加值和经济、物理、技术多属性寿命不平衡特征，再制造通过定制满足废旧品利用潜力与再服役效能的寿命特征，最大限度地挖掘废旧品中蕴含的高附加值，促进了制造生产系统全生命周期制造理念的新发展。

（2）促进设计方法的新发展　产品设计之初，主要是满足功能需求，进而对在使用中出现的故障提出产品的可维修需求，促使产品的设计方法除了要满足其功能需求外，还需要可靠性、可维修性、可测试性等设计方法的支持。可再制造性设计主要应考虑再制造产品的易于运输性、易于拆解性、易于分类性、易于清洗性、易于再制造修复或升级性、易于装配性等性能，从而使得绿色设计、模块化设计、主动再制造设计等理念和方法得到广泛应用。因此，在产品设计方法中，专业的可再制造性设计方法不可或缺，从而保证产品在生命周期末端时易于再制造，这促进了制造生产系统中产品全生命周期设计方法的新发展。

（3）促进制造技术的新发展　再制造采用废旧产品及其零部件作为毛坯，

要判断服役过的废旧品的寿命特征能否满足再制造生产的要求，在其他学科并没有成体系的、现成的技术可供使用，因此，需要开发再制造毛坯的质量检测技术，实施零件剩余寿命检测与评估。目前已经发展了面向再制造毛坯剩余寿命的涡流/磁记忆综合检测技术、超声检测评估技术等。另外，主动再制造回收技术、再制造工艺优化设计技术、失效零件恢复的柔性增材再制造技术、再制造中的自动化拆解技术、高效绿色清洗技术、再制造产品质量测试技术等的研究，都能够促进制造生产系统中先进制造技术的新发展。

（4）促进管理模式的新发展　再制造毛坯种类多、投产时间随机分布、失效形式与程度差异性大等个性化特征，造成再制造生产环境高度不确定，使得再制造生产系统管理相比新品制造生产系统更为复杂。对于再制造生产系统中废旧产品回收、再制造工艺设计、再制造加工、再制造产品检验等过程不确定性生产管理模式的研究与应用，可以促进制造生产系统管理模式的新发展。

再制造作为国家循环经济发展的一项重要举措，是实现可持续制造的有效手段，其符合制造的本质目的，属于绿色制造内容，是先进制造的重要组成部分。再制造是制造发展到一定阶段的必然要求，对于实现产品的全寿命周期闭环发展，促进"中国制造"升级转型，形成新的经济增长点，具有重要意义。再制造生产系统在生产组织方式、毛坯品质与工艺技术等方面与制造生产系统明显不同，特征鲜明。再制造生产系统的发展也能够在制造理念、设计方法、制造技术、管理模式等方面促进制造生产系统的新发展。

1.1.3　再制造生产系统的发展趋势

1. 绿色化

绿色化生产是指不断地通过优化设计、采用绿色环保的能源和原料、采用先进的工艺技术与设备、改善管理等措施，削减污染，提高资源利用效率，减少或者避免生产系统运行中污染物的产生和排放，以减轻或者消除对人类健康和环境的危害。因此，绿色化生产可以理解为工业发展的一种目标模式，即利用绿色能源、原材料，采用绿色生产的工艺技术，生产出绿色产品。同时，实现绿色化生产，不是单纯从技术、经济角度出发来改进生产活动，而是从生态经济的角度出发，根据合理利用资源、保护生态环境的原则，考察工业产品生产的全过程，以期协调社会和自然的相互关系。

绿色制造涉及的问题领域有三个部分：一是制造问题，包括产品生命周期全过程；二是环境保护问题；三是资源优化利用问题。绿色制造就是这三部分内容的交叉。再制造作为先进制造的重要组成部分，充分体现保护环境、节约资源、节省能源的绿色化特征，保证产品优质、高效、节能、节材等基本目标同时，在支撑国家循环经济发展、实现节能减排和应对全球气候变化方面发挥着积极的作用,因此,再制造生产系统向着"绿色"方向发展是必然趋势。

再制造生产系统的绿色化发展是指在再制造生产过程中,采用绿色化生产方式,使再制造生产系统中的自然资源和能源利用合理化、经济效益最大化、对人类和环境的危害最小化。其目的是通过绿色再制造生产管理,综合考虑经济效益、环境影响、资源效益等因素,在再制造回收、再制造工艺设计、再制造加工、再制造产品测试等环节对环境影响最小,资源利用率最高,并获得最大经济效益。它是人类绿色可持续性发展战略在现代制造业中的体现。再制造生产系统的绿色化发展主要需做好以下几点:

1)环境的无害制造,采用绿色资源与能源实施再制造。优先选择无毒、低毒、少污染的材料和备件,以避免其对人类和环境的危害。同时以新的绿色材料取代原危害较大的材料,且及时合理处理有较大危害的材料,减少其废弃后的环境危害。在再制造所需新备件使用时,要采用无毒、无害的最新技术备件产品,防止使用过程中对人类产生危害。

开展资源合理利用,采用物料循环利用系统,如工业用水的循环利用及重复利用等,以达到节约资源、减少排污的目的。通过资源、原材料的节约和合理利用,使原材料通过生产过程尽可能转化为产品,使废弃物资源化、减量化和无害化,减少污染物排放,实现绿色再制造生产。

采用先进技术方法对常规的能源进行绿色利用,强化对太阳能、风能等可再生能源的利用,不断探索绿色能源的利用途径和技术方法。

2)环境意识的绿色生产制造,开发绿色再制造生产工艺。开发绿色再制造工艺技术,更新生产设备,采用能够使资源和能源利用率高、原材料转化率高、污染物产生量少的新再制造工艺和设备,替代资源浪费大、污染严重的落后工艺设备。在生产工艺设备的选择上,不能仅仅将经济性作为设备的选择前提,也要将设备运行过程中的资源与环境性能作为重要的考核指标。

优化工艺流程,减少再制造生产过程中资源浪费和污染物的产生。尽可能减少再制造生产过程中的各种危险性因素,如高温、高压、低温、低压、易燃、易爆、强噪声、强振动、强辐射等。采用可靠和简单的再制造生产操作和控制方法,实现少废或无废生产。完善再制造生产过程的绿色化管理,提高再制造生产系统的绿色化管理水平。

3)生态意识制造与生态尽责制造,生产绿色再制造产品。再制造产品在设计过程中应考虑产品全寿命周期的环境性能,减少再制造产品生产过程中的材料和能源消耗,避免使用稀缺原料。再制造产品在使用过程中要满足国家的环境保护要求,尽可能减少对环境的污染,同时要保证在使用过程中不危害人体健康和破坏生态环境,使用退役后要易于回收、再制造和再循环,实现产品多寿命周期使用。同时,再制造产品的使用寿命和使用功能要合理,减少资源和能源的浪费。

精益化是以整体优化为目标，利用现代化管理技术和手段，充分发挥人的主观能动性，有效配置企业资源消除无效劳动、降低成本、提升质量，实现企业利益最大化。再制造的精益化不仅是一种生产方式，更是一种现代化再制造企业组织管理模式，其核心理念是以人为本、简化流程、追求完美。

再制造生产系统运作管理涉及回收、拆卸、清洗分类、加工、产品测试等环节。随着再制造产业化的快速发展，未来再制造生产将更多地体现出精益的特点，面向再制造生产全过程的精益化生产技术与精益化管理技术将得以大规模的研发和应用，同时获得较高的再制造产品生产效率和再制造产品质量，使再制造产品和再制造生产系统更加可靠、优质。精益再制造生产组织中不强调过细的分工，而是强调再制造企业各部门、各再制造工序间密切合作的综合集成，重视再制造产品设计、生产准备和再制造生产之间的合作与集成。

（1）精益再制造生产系统的主要目标　精益再制造生产强调以实现再制造生产的最大效益为目标，以生产中的员工为中心，倡导最大限度地激发人的主观能动性，面向再制造的生产组织与生产过程全周期的生产要素，进行科学合理的组合，杜绝一切无效、无意义的工作，使再制造生产的工人、设备、投资、场地等投入大为减少，再制造出的产品更好地满足市场需求，从而形成一个能够适应产品市场及环境变化的再制造生产系统，达到以最少的投入来实现最大效益的目的，保障再制造产品的价格优势，提升再制造产品的市场竞争力。

（2）精益再制造生产系统的主要特征

1）以再制造产品需求用户为核心。对于潜在的再制造产品需求用户，再制造产品的生产由订单或精准用户需求来组织，且及时与产品需求用户保持联系，以便为其快速供货并提供优质售后服务。

2）强调员工在生产的核心地位作用。在精益再制造生产模式中，作为企业主人翁的员工被认为是企业最重要的资产。推动建立独立自主的以岗位为基础再制造生产小组工作方式，小组中每个人的工作都能彼此替代和相互监督。

3）以"精简"再制造生产为手段。精简是实现精益生产的核心方法和手段。精简再制造产品回收、方案设计、再制造加工生产等管理过程中一切不产生附加值的环节，对各项活动进行成本核算。消除再制造生产过程中的种种浪费，提高生产中各项活动的效率，实现从组织管理到生产过程的整体优化，产品质量精益求精。

4）实行"并行工程"。在产品回收之初，将再制造工艺方案设计、再制造加工、再制造产品检测等方面的人员和资源组织成一个项目组，简化组织机构和信息传递。通过协同工作组的方式，组织各方面专业人员并行实施再制造的各个环节，缩短再制造产品的生产时间，消除不必要的返工浪费，提高废旧产品的再制造率，减少资源投入和消耗。

5）再制造产品质量追求"零缺陷"。在提高企业整体效益方针的指导下，再制造生产系统可以通过对系统结构、人员组织、运作模式、市场供求等方面的持续不断变革，很快适应用户的需求而不断变化。简化再制造生产过程中的所有冗余环节，在要求的精确时间内实施全面质量管理，确保有质量问题的废品、次品不向后传递，高质量地再制造所需数量的产品，把最好的产品提交给用户。

综上，再制造生产系统的精益化应以"人"为中心，以"简化"为手段，以"尽善尽美"为最终目标。在再制造生产系统中，精益生产可以在不需要大量投入的情况下迅速提高再制造企业的管理水平和技术水平。随着精益生产在再制造企业中不断得到重视和应用，实施及时生产、减少库存、看板管理等活动，确保工作效率和再制造产品质量，将促进再制造企业创造显著经济效益、环境效益和社会效益。

▶ 3. 柔性化

柔性再制造以先进的信息技术、再制造技术和管理技术为基础，凭借再制造系统的柔性、可预测性和优化控制等特性，可以最大限度地缩短再制造产品的生产时间，优化物流，提高对市场的响应能力，保证产品质量，实现对多品种、小批量且具有不同寿命特征的生命周期末端产品进行个性化再制造。

制造生产系统的加工对象是具有相同性质的材料和零部件，而再制造生产系统的加工对象是废旧产品及其零部件。由于产品在服役过程中的不同工况、报废原因、失效形式和不确定来源及数量，再制造生产系统的加工对象具有个体性和不确定性的特点。这些情况对传统再制造业的发展提出了严峻的考验，要求再制造业发展一种对废旧产品种类和失效形式适应性强、生产周期短、加工成本低、产品质量高的新型柔性再制造生产系统，以应对再制造业的巨大变化。

柔性再制造生产系统具有以下特点：同时再制造多类产品；通过对现有软硬件资源的快速重组，实现新型产品的再制造；动态响应不同失效形式的再制造加工；根据市场需求迅速改变再制造方案；具有高度的可扩展性、可重构性、可重用性和可兼容性，实现生产线的模块化和标准化。上述特点可以显著提高再制造对废旧产品种类、失效形式等产品个性化因素的适应能力，使再制造产品具备适应消费者个性化需求的能力，增强再制造产业的活力与生命力。

在开发面向再制造的柔性生产系统时，不仅要考虑各单元操作功能是否完善，还要考虑单元或模块是否有助于提高整个生产系统的柔性。同时，系统各单元应具有较好的信息交换能力，实现系统的科学决策。柔性再制造系统的建立需要考虑两个因素：人的因素和自动化因素。其中，人是生产中最灵活的因素，如果在建立柔性制造系统时仅强调自动化程度而忽略人的因素，在不成熟的条件下实现柔性再制造系统的自动化，所需设备可能非常复杂，且再制造产品质量的可靠性也会降低。因此，在一定条件下建立自动化操作与人工操作相结合的柔性制造系统，可以保证再制造企业利润最大化。

再制造生产系统的柔性化还体现在设备和功能的可扩充、可重组等方面。实现柔性再制造系统的设备柔性化、技术柔性化、产品柔性化是一个复杂的系统工程，需要众多的先进信息技术及设备的支持和先进管理方法的应用，再制造生产系统的柔性化发展可以为客户提供快速高效的产品解决方案，降低客户的时间成本，大大提高产品的再制造率，是实现产品效益最大化的重要技术支持。

▶▶ 4. 智能化

当前是智能技术获得大力发展和广泛应用的时代。《中国制造 2025》中明确指出智能制造是制造业的发展方向，也是战略性新兴产业的重要支柱，智能制造技术是研究制造生产活动中的各种数据与信息的感知和分析，经验与知识的学习和创建，以及基于数据、信息、知识的智能决策与执行的一门综合交叉技术，旨在赋予并不断提升制造活动的智能化水平。再制造生产过程中复杂、不确定的生产环境、依赖技术工人、劳动力密集等问题呼吁着智能再制造技术和智能再制造装备的发展与应用。

在产品全生命周期设计和管理的指导下，智能再制造生产系统是将互联网、物联网、大数据、云计算等新一代信息技术与再制造回收、再制造工艺设计、再制造加工、再制造产品测试等再制造生产系统各运作环节相融合，并通过人机结合、人机交互等方式将其集成，进行分析、策划、控制、决策等先进的再制造生产过程和模式的总称。它以智能再制造技术为手段，以再制造生产系统的智能运行为核心，以网络互联为支撑，能有效缩短再制造生产周期，提高生产效率，提高产品质量，降低资源能源消耗，对促进再制造产业转型升级具有重要意义。

再制造生产系统的智能化主要包括再制造回收智能化、再制造工艺设计智能化、再制造加工智能化、再制造产品测试智能化等，概括起来为再制造生产系统的物流智能化与生产智能化两方面。

（1）在再制造生产系统的物流智能化方面 再制造生产系统的智能物流系统应该是一个以互联网技术和各种信息通信技术为主的网络拓扑结构。回收中心在信息平台上发布旧件信息，再制造企业可在信息平台上浏览信息，检索旧件资源的种类、数量和质量状况，确定所需项目的信息等，回收中心在确认信息后将再制造企业所需的废品通过物流供应商提供给再制造企业。再制造企业和回收中心通过自身的物料需求计划系统或企业资源计划系统与信息平台实现接口互通，再制造企业可直接向回收中心申请采购。此外，回收中心还可根据再制造企业的需求信息，利用数据挖掘和智能预测技术，规划自身的废旧品回收类型、数量和时机，降低运营成本，提高服务水平。

（2）在再制造生产系统的生产智能化方面　一方面，再制造生产系统的智能化生产需要解决提高再制造生产系统柔性的问题。从硬件上看，就是要提高再制造生产设备的灵活性，采用更多的数控设备和智能化再制造系统，增加设备可加工工艺、产品或零部件的种类，缩短产品或零部件生产加工的转换时间；从软件角度是指管理方面，可多利用成组技术和并行工程技术对加工零件进行归类，并利用特征的相似性组织同类加工。另一方面，再制造生产系统的智能化生产利用智能化再制造加工技术和设备来保证再制造产品的质量。

▶ 5. 服务化

工业发达国家的制造企业早已由生产型制造向服务型制造发展，从重视产品开发、设计与生产制造，到同时重视制造服务所需支撑技术的开发。通过提供高技术含量的制造服务，获得比销售产品更高的利润。长期以来，我国在生产型制造环境下，将技术开发的重点完全放在产品"前半生"服务的产品设计、零部件制造等方面，而忽视了产品全生命周期中更具附加值的产品服务环节，即产品"后半生"服务的相关技术研发。

再制造生产系统是制造生产系统的延伸，是服务型制造生产系统的具体体现，未来再制造生产系统的服务化主要包括再制造生产技术公众研发平台、逆向物流服务、再制造产品质量保证体系和再制造生产模式等方面。

（1）再制造生产技术公众研发平台　发展先进的大众化再制造生产技术研发平台，集合先进行业智慧，使再制造生产过程更加环保和高效。如绿色高效的拆解技术、清洗技术、精确的剩余寿命评估技术、智能再制造技术等。

（2）逆向物流服务　发展逆向物流服务是发展循环经济的基础，是推动再制造生产系统发展的重要动力。开发具有随机性强、动态规划、资源互联等特点的逆向物流服务模式和平台，在网络化环境和先进信息技术的支撑下，结合传统物流实现物流资源高效利用和物流过程更高效与低成本。

（3）再制造产品质量保证体系　完善再制造行业标准，建立再制造产业基地质量检测平台，构建再制造产业全面质量管理体系，对再制造生产系统运行全流程进行质量把控，实现从废旧品到再制造品生产全过程的质量追溯。

（4）再制造生产模式　跟随互联网时代浪潮，采用大数据、云计算、区块链等技术开发新的再制造生产模式，从传统的重资产制造模式转变为轻资产或混合资产的模式，满足和再制造相关的企业、团体或个人的需求。

1.2 再制造生产系统规划概述

1.2.1 概念与内涵

再制造生产系统规划（remanufacturing production system planning）是一个综合考虑再制造生产系统中物质、能量、信息要素，对废旧品回收、再制造工艺设计、再制造加工、再制造产品测试等多个子系统的运行方案进行设计和优化的过程。再制造生产系统规划是再制造生产运作的核心内容，其目的在于组织、规范并拉动再制造生产运行，提升再制造生产过程的经济、社会与环境效益，本质是对再制造生产系统运行状况持续完善和改进的多阶段决策过程。

从再制造生产系统规划的基本概念，总结出再制造生产系统规划的内涵如下：

1）再制造生产系统规划是一个多要素的动态协调过程。再制造生产系统的物质要素、能量要素、信息要素总是相互关联、相互作用、相互影响的，再制造生产系统规划总是处于这些要素的不断输入和有形与无形价值（产品与服务）不断输出这一动态过程中，当系统任意要素发生变化时，其他要素相应地发生改变，通过再制造生产系统规划作用于这些要素，使得再制造生产系统维持最优状态，从而实现再制造企业的综合效益最大化。

2）再制造生产系统规划是一个多阶段的连续决策过程。面向再制造生产活动的各个有序环节或子系统，再制造生产系统规划涉及废旧品回收、再制造工艺设计、再制造加工、再制造产品测试等多阶段多环节的连续决策，考虑本阶段决策对最终目标产生的影响，从而做出对全局来讲是最优的决策。

1.2.2 实施目的

1. 规范再制造生产的流程

当前，我国再制造产业仍处于初级阶段，大型再制造企业数量较少，中小型再制造企业的再制造生产体系尚不稳定，各地和各企业间的再制造生产流程存在较大差异，导致再制造产品质量和性能、再制造生产效益等难以形成市场竞争优势，再制造产业发展受到限制。为适应我国再制造产业快速发展的需求，需要在系统梳理现有再制造生产技术、明确再制造生产重点环节和目标的基础上，建立再制造生产系统的管理、技术、经济、环保等层面的法律法规与行业标准，科学地实施再制造生产系统规划，以法律法规及行业标准为依据，规范再制造企业的生产流程，引领和促进我国再制造产业的健康有序发展。

▶ 2. 增强再制造生产的可控性

再制造生产系统的可控性是保障产品质量、生产稳健性及提高生产率等的关键。再制造生产系统本身包含众多要素，再加上再制造毛坯特征等所形成的不确定因素对再制造生产系统的扰动作用，使得生产系统中各要素关系错综复杂。再制造生产系统的可控性表现为系统配置的可适应性、运行效率和运行的稳定性与可靠性等几个方面，通过再制造生产系统规划，考虑废旧品回收、再制造工艺设计、再制造加工、再制造产品测试等多个子系统与系统运行的执行和控制策略的交互作用，实现对再制造生产过程运作与管理的统筹协调，有利于减少不确定性因素对再制造生产系统的影响，从而增强再制造生产系统的可控性。

▶ 3. 提升再制造生产的规模效益

近年来，我国再制造产业获得了快速发展，但与再制造产业发达的国家相比，我国再制造产业还处于初级阶段，主要表现在：再制造骨干企业质量与数量需要提升；再制造企业生产系统的规模效益尚未形成；再制造产业规模效应不明显，占 GDP 比例低。大多数再制造企业的回收渠道还不健全，所采用的再制造生产方式属于"推动式"，即生产出的产品通过各种渠道销售给消费者，离"拉动式"的生产还有一定的差距。通过实施再制造生产系统规划，有利于组织并拉动多环节的再制造生产系统运作，增强再制造产品的市场竞争力和客户满意度，从而提升再制造生产的规模效益。

▶ 1.2.3　科学意义与工程价值

▶ 1. 有利于科学制定再制造生产运行方案

从再制造生产系统层面，集成考虑废旧品回收、再制造工艺设计、再制造加工、再制造产品测试等环节，研究再制造生产系统的规划问题，是科学制定再制造多个子系统的运行方案的现实需求。再制造以废旧产品及其零部件为毛坯，再制造生产系统规划的各个关键业务流程即生产规划环节，均存在较大的不确定性，使得再制造生产活动难以有效实施。例如：废旧产品失效时间、形式、程度等个性化特征，导致了再制造回收模式与时机、工艺路线、任务配置以及产品可靠性等的不确定性。因此，探究再制造生产系统规划各环节不确定因素的影响，明确决策变量构成，制定科学的再制造生产方案，是保证再制造生产系统各个环节之间的协调运作，实现再制造生产稳定、高效、优化运行的必要举措。

▶ 2. 有利于发挥再制造生产系统的效能

目前再制造生产系统规划多以制造经验为主，使得再制造生产系统的效能难以发挥。再制造生产系统与新品制造生产系统规划的主要区别在于毛坯来源及生产工艺的不同。新品制造生产系统是以新的原材料为输入，经过加工制成成品，供应是一个典型的内部变量，其时间、数量、质量是由内部需求决定的。而再制造生产系统是以废旧产品零部件为毛坯输入，由于供应源是从消费者流向再制造商，具有逆向、流量小、分支多、品种杂、品质参差不齐等特点，供应是一个外部变量，导致了再制造生产系统与新品制造生产系统有很大的差异。因此，考虑再制造与制造生产的区别与联系，面向再制造生产方式与活动的持续改进，综合现代先进的管理工程与工业工程等学科知识，实施再制造生产系统规划，能够加强再制造生产系统的任务处理能力，提升再制造生产的资源节约、效益和产品质量等综合效能。

▶▶ 3. 有利于促进再制造产业的规模化发展

当前，我国大型再制造企业数量较少，中小型再制造企业的再制造生产体系尚不完善，各地和各企业间的再制造生产流程存在较大差异，导致再制造产品质量和性能、再制造生产规模等难以形成市场竞争优势，再制造产业发展受到限制。为适应我国再制造产业快速发展的需求，需要在系统梳理现有再制造生产系统规划技术、明确再制造生产重点环节和目标的基础上，全面、深入地研究再制造生产系统规划问题，以此建立再制造生产规划的理论与技术体系，提供再制造生产规划实施的总体框架及方案，规范再制造企业的生产流程，为再制造产业的规模化发展提供支撑。

1.3　再制造生产系统规划的研究现状

现代制造的精益化、柔性化、集成化、智能化促进了再制造生产技术的不断发展和完善。以尺寸恢复和性能提升为主要目标的再制造加工活动，实现了对废旧产品及其零部件的高再制造率以及再制造产品功能与性能的提升。但由于再制造生产过程是一个充分考虑制造资源、环境与经济的复杂的系统工程问题，废旧产品及其零部件的来源形式等呈现高度个性化，使得再制造生产系统的运行效率与效能始终不高，迫切需要实施再制造生产系统规划，设计和优化再制造生产系统的运行方案。

再制造生产系统运行主要可以划分为四个阶段（层级），即企业级、工厂级、车间级和产品级，如图 1-1 所示。

首先，再制造企业所建立的逆向物流网络，对分散于不同地点、不同客户的废旧产品/零部件进行回收；再制造工厂接收到回收产品/零部件后，通过拆卸、清洗、检测等流程，判断回收件能否被再制造，并设计可再制造毛坯件的再制造工艺方案；之后将再制造毛坯件转运到再制造加工车间，进一步通过设计任务配置方案，指导和优化控制再制造车间生产运行，获得再制造产品；最后对其进行新品级别的质量测试与评估，并将通过质量测试的再制造产品/零部件交付于相关销售商或客户。

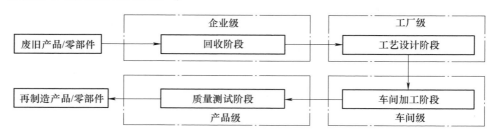

图 1-1　再制造生产系统运行的主要阶段（层级）

在再制造生产系统规划领域，围绕再制造生产系统运行的主要阶段（层级），国内外对再制造生产系统规划的研究，主要可以划分为再制造回收阶段规划、再制造工艺设计阶段规划、再制造车间加工阶段规划以及再制造产品质量测试阶段规划四个方面。

▷1.3.1　国内外研究现状

▷1. 再制造回收阶段规划

再制造回收阶段规划是对再制造生产系统中逆向物流运行方案的设计和优化。在再制造生产过程中，再制造所需废旧产品及零部件的回收模式问题首先受到学者和从业者们的关注。对比分析制造商、零售商和第三方分别负责产品回收的三种逆向渠道（模式），Savaskan 等的研究表明，零售商负责回收的渠道结构优于制造商或第三方负责回收的渠道结构。随后，研究人员开展了针对制造商、零售商和第三方回收的三种逆向渠道（模式）的混合模式的研究：Huang等研究了一个由制造商、销售商和第三方回收机构组成的再制造闭环供应链，提出并探讨回收废旧产品的三种混合回收渠道模式，构建了相关收益函数模型，分析了不同模式在再制造过程中节省的单位成本，并应用斯塔支尔伯格（Stackelberg）博弈模型从成员的利润角度来实现均衡策略，结论显示制造商与零售商混合回收渠道模式最佳。姚卫新等通过建立数学模型以及进行实例验证，以回收成本、利润、回收率、零售价为参考目标，对不同的产品回收模式进行了分析比较，为企业选择合适的回收模式提供依据。针对两种产品之间消费者支付意愿的差异性，郭军华等在新产品及再制造产品的需求均不确定的情形下，分别建立了制造商回收、零售商回收及第三方回收三种不同回收模式下的再制造闭环供应链模型，并求解分析了不同情形下回收模式的优劣。汽车行业作为再制造技术应用得较早、取得效益最明显的行业之一，王政伟基于循环再制造的汽车零部件回收模式，建立了一个制造商对两个零售商的回收模式，从汽车零部件再制造行业萌芽期、成长期和成熟期出发，将成长期和成熟期回收模式细分为五种，分别进行分析、求解，最后对这五种回收模式进行比较，得出最优的回收模式。

由于废旧品存在服役环境的多样性与多变性，造成再制造毛坯质量和数量参差不齐，通过回收时机预测，对其进行"提前再制造"，能够大大提高废旧品的再制造率，有效地降低产品全寿命生产周期的成本和资源能源消耗。Ke 等考虑了产品全生命周期的能耗与服役时间的关系，以能耗均值最小为优化目标，以六缸柴油机再制造最佳回收时机的确定为例进行了仿真分析。宋守许、刘光复等针对再制造毛坯的最佳回收时机问题，提出了主动再制造理论，通过对比分析主动再制造与传统再制造的异同点，总结了主动再制造理论的时机最佳性、可批量性和关键零部件优先性等特征，从机械零部件冗余强度因子、寿命匹配、结构功能梯度等角度，在设计阶段通过零件层和结构层的优化来减少毛坯的不确定性；在此基础上，通过建立服役寿命与冗余强度因子、寿命匹配、结构功能梯度的映射模型，来确定再制造毛坯的最佳回收时机，并以内燃机曲轴再制造时机的确定为例，对主动再制造理论的具体应用进行了说明。

▶▶ 2. 再制造工艺设计阶段规划

再制造工艺设计阶段规划是对再制造生产系统中回收件（废旧产品及其零部件）总体加工方案的设计和优化，加工方案包括回收件的分类处理方案（直接再利用、再制造、废弃处理等）与再制造毛坯件的工艺方案（工艺路线、工艺参数等）。由于废旧产品零部件的服役状况和失效形式的不确定性，使得废旧产品及其零部件能否再制造，以及如何再制造存在较大的模糊性。

针对废旧品能否再制造的问题，Guide 等通过对 75 种不同类型的再制造废旧零部件进行研究，提出了废旧零部件的再制造性准则。Bras 等从生态、法律和经济因素等方面考虑，提出了产品再制造性设计准则和影响产品再制造性的关键指标，为后续产品再制造性评价奠定了基础。Ghazalli 等以层次分析法和实例推理法为基础，开发了产品再制造性分析系统。张国庆等从技术性和经济性方面对再制造工艺过程进行分析，计算产品的再制造性指数，并运用到汽车发动机的再制造性评价中。杜彦斌和曹华军等结合机床再制造过程，从技术可行性、经济可行性和环境效益三个方面建立了退役机床的再制造性评价模型。技术可行性贯穿整个机床再制造过程，例如，拆卸、清洗、检测与分类、零部件再制造；经济可行性从机床再制造成本的角度来反映；而环境效益则主要从能源节约、物料节约和污染物排放三个方面来考虑，并应用到龙门刨床 B2025 的再制造性评价过程中。张旭刚等在分析技术性、经济性和环境效益对机床再制造性的影响程度的基础上，以再制造成本为影响机床再制造性的关键因素，通过基于不同失效特征建立成本预测，结合再制造机床的税费、运行保证成本等费用以及市场目标利润率等，建立了废旧机床再制造性评估模型。

对于如何再制造的问题，Jiang 等以再制造的工序可靠性和加工成本为目标，建立了再制造工艺规划的多目标优化模型，并通过遗传算法进行求解，得出最优再制造工艺路线。Li 等针对再制造过程中的各类不确定性问题，建立了一种基于图形评审技术的再制造工艺模型，有效地解决了再制造工艺路线难以制定等问题。Kin 等面向再制造工艺过程，基于核心组件的不同缺陷形式，确定了不同组件不同失效形式的最佳再制造工艺流程。李聪波等建立了一种基于模糊佩特里（Petri）网的再制造工艺过程模型，用以解决再制造工艺路线的不确定性设计问题。周敏等为快速有效地制定废旧零部件再制造工艺方案，构建了一种基于实例推理和规则推理的再制造工艺决策系统。江亚等通过提取和分析废旧零部件的多失效特征，采用遗传神经网络混合算法，研究了基于失效特征的废旧零部件再制造工艺路线优化方法。周帆等通过分析再制造工艺过程的不确定性，建立了一种再制造工艺规划体系结构，并分析了不确定性对再制造工艺规划的影响，提出一种基于规则推理的残缺信息填补方法和面向问题求解目标的相似度计算方法。

▶ 3. 再制造车间加工阶段规划

再制造车间加工阶段规划是对再制造车间生产运行方案的设计与优化，对于降低再制造生产成本、提高再制造效率、缩短再制造周期、节约能源消耗等均起着非常关键的作用。相比于传统制造车间，再制造车间的生产流程长、物流混乱、可变因素众多、随机扰动情况复杂，在这种复杂生产条件下，如何合理配置车间生产任务，是车间生产运作的核心。针对这一问题，Baki 等建立了不确定再制造毛坯批量与再制造效率的混合整数规划模型，采用启发式算法对模型进行求解，动态规划再制造毛坯的回收数量。Parsopoulos、Fang、Jung 等讨论了再制造毛坯批量不确定性对再制造收益的影响，建立了不确定再制造毛坯批量与再制造成本的混合整数规划模型。Koken、Sahling 等研究了不确定再制造毛坯批量批次划分对再制造周期的影响，建立了一种混合整数非线性规划模型，并采用基于遗传算法的启发式算法对模型进行求解。Yu、Kim 等针对多类型再制造毛坯的车间运行环境，为不同类型毛坯的待修复零部件配置专用的生产线，集成考虑再制造毛坯批次划分与加工路径规划的协同优化问题，提出了以总流程时间最短为目标的整数规划模型，并设计了启发式算法对模型进行求解。Guide 等考虑了再制造车间的随机因素扰动及其复杂性，对再制造车间优先派遣规则进行了研究，在仿真模型的基础上，提出了基于先到先加工、批量加工等规则的生产优化方法，并以交货期最短为目标建立优化模型，建立了订单执行策略规则。温海骏等考虑了再制造毛坯批量的不确定性对再制造成本的影响，基于可信性理论建立了不确定环境下汽车发动机两阶段模糊再制造生产计划模型，并研究了工艺路径规划、加工设备选择、加工任务优先级安排等对车间加工效率的影响，建立了模糊工时的任务配置模型，提出了一种积分控制微粒群算法。景熠等建立了车间生产能力受限的混合整数规划模型，采用已知概率集合描述回收品批量的不确定性，并以再制造成本和效率为优化目标，设计了自适应机制的双倍体遗传算法。李聪波等针对再制造车间任务配置问题，基于单代号网络图（activity-on-node，AON）建立了再制造生产任务配置模型，采用关键链理论对模型进行求解。刘明周等针对再制造加工车间运行的随机性与不确定性，建立了基于模糊随机机会约束的再制造生产车间任务配置模型，并提出了混合神经网络算法，用以解决加工时间为决策变量的再制造生产车间任务配置问题。

▶▶ 4. 再制造产品质量测试阶段规划

再制造产品质量测试阶段规划是对再制造生产系统中产品质量提升方案的设计与优化。为保障再制造产品性能优良且经久耐用，提高再制造产品的公众接受度，增强再制造产品与企业的市场竞争力，张铜柱等在分析再制造汽车产品的质量要求以及识别影响再制造汽车产品质量的因素的基础上，建立了再制造汽车产品可靠性分析模型，并提出了系统可靠性预测及可靠性分配的方法。张辉等结合再制造机床结构复杂、样本小、故障数据少等特点，建立再制造机床可靠性综合评估模型，该模型基于"动态特性参数"和"多源信息融合"两种可靠性评估方法，分别对再制造机床加工质量可靠性及运行可靠性进行评估，结合两方面的可靠性评估结果，对再制造机床可靠性进行综合分析。为了能够及时、有效地分析再制造产品的质量和可靠性，李菲等基于链式数据存储结构构建了再制造链式可靠性分析知识库，在此基础上提出一种基于粗糙集和灰色关联的多因素权重系数 RGWA 方法定量分析故障发生概率，为进一步进行再制造产品可靠性规划提供数据参考。

▶ 1.3.2　现状分析与总结

国内外相关研究现状表明，再制造生产系统规划在国内外已引起了广泛的关注，再制造生产系统规划的相关研究工作已经大量开展并取得了一定的成绩。但是，目前再制造生产系统规划的研究和实施仍处于初期阶段，现有研究虽然分别涉及再制造回收阶段规划、再制造工艺设计阶段规划、再制造车间加工阶段规划以及再制造产品质量测试阶段规划，但仍然比较分散，还没有形成系统性的再制造生产系统规划体系，我国再制造企业在生产系统规划的应用和实施方面缺乏理论与技术的参考以及成功经验，企业在实施再制造生产系统规划中还存在短板和不足，这些问题主要表现在以下三个方面。

⟫ 1. 认识上有待深化

再制造生产系统规划的实施，首先需要解决对再制造生产系统规划认识上的问题。再制造生产系统规划是对再制造生产系统中废旧产品回收、再制造工艺设计、再制造加工、再制造产品测试等多个子系统运行的设计和优化过程，具有很强的针对性，其目的是组织、规范并拉动产品再制造生产运行，寻求设计和解决特定规划问题的最优或最令人满意的方案。再制造生产系统规划人员应具备系统的生产运作与管理能力与素质，能够适应实际问题的需要，设计再制造生产系统的整体运行方案，并通过适时调整使分析过程及结果对问题的复杂性、不确定性带来的变化具有更好的技术和管理手段，如此才能对再制造生产系统的发展与运行状况进行长期调整、不断修订、持续改进和完善。

再制造生产系统规划过程是一个复杂的系统工程，再制造生产系统规划必须把各环节或子系统所涉及的规划问题作为一个整体来处理，全面考虑各主要因素及其相互影响，厘清它们之间的相互联系和外界的约束条件，避免将某一环节的问题特性"张冠李戴"到其他环节，或者将整体系统的问题特性只集中在某一个环节考虑，并需要通过综合权衡，使它们相互匹配，同步、协调发展，谋求再制造生产系统及其产品的整体优化。

⟫ 2. 目标上有待明确

再制造生产系统规划强调以最少的综合投入和最优的总体效果来完成预定任务或功能，即实现再制造生产过程的优质、高效、节能、节材、环保。再制造生产系统规划中的各组成部分具有各自特定的功能和目标，只有相互分工协作，才能发挥出生产系统的整体效能。再制造生产系统规划要兼顾系统与局部、主要与次要的关系。既要从系统整体出发，全面协调与优化各环节或子系统所涉及的规划问题，又要解决各种规划问题及其多重规划目标，防止局部间顾此失彼。要善于抓住主要矛盾，致力于提出实现主要目标的方法和措施，避免"因小失大"。以整体目标最优为核心的系统观点是再制造生产系统规划的前提条件。

再制造生产系统规划的目标除了实现废旧产品零部件的性能提升外，还应在总体上体现经济性与环境性。在经济性方面，再制造生产系统规划对于各环节的系统运行应当是经济上可承受的，这就要对再制造生产系统规划方案进行估算、比较，提高再制造生产系统整体的效能-费用比；在环境性方面，再制造生产系统规划必须始终将绿色化贯穿于整个系统过程，最大化地采用绿色制造的生产系统规划技术，减少再制造生产过程的环境污染和能源消耗，保障再制造产品即生产系统的绿色效应，提升环境效益。

▷▷ **3. 技术上有待突破**

再制造物流及毛坯质量的不确定性，给再制造生产系统规划带来了很大的难度，要规划建立质量可靠、资源节约、经济高效的再制造生产系统，在技术上还需要解决以下几个关键问题：

1）面向再制造生产全过程的产品可靠性控制需求，研究多因素约束下废旧产品再制造生产系统的可靠性控制方法，构建生产系统产品可靠性评估和增长规划体系，全面保障再制造产品的质量。

2）面向小批量的再制造生产方式，研究利用模块化、信息化、智能化等技术方法，实现再制造生产系统的柔性智能化生产，加强再制造生产系统资源、人员、技术等的保障利用，提供集约化再制造生产系统规划的技术方法，提高再制造生产系统的综合效益。

3）面向再制造生产系统性能提升的需求，借鉴吸收先进制造技术领域的思想和方法，研究再制造成组技术、精益再制造生产技术、清洁再制造生产技术等，并形成先进的再制造生产系统规划技术，提高再制造生产系统的性能。

综上所述，企业如何实施再制造和进行再制造生产系统规划，是一个系统性和综合性都很强的问题，与再制造生产技术、生产管理、物流工程、质量管理等密切相关，需要进行多维度、多层次诸多问题的优化协调。从维度上看，企业要解决从废旧产品及其零部件的回收到再制造加工，再到再次进入市场等一系列过程的整体规划问题。从阶段（层次）上看，再制造生产系统规划包含：企业级的再制造回收阶段规划、工厂级的再制造工艺设计阶段规划、车间级的再制造车间加工阶段规划以及产品级的再制造产品质量测试阶段规划。从已有的研究来看，如何组织、规范并拉动再制造生产系统多环节的优化运行，目前还缺乏系统性的理论和实用的模型与方法，仍然需要从系统工程的角度，深入地研究再制造生产系统规划问题，并探讨再制造生产系统规划的应用与实施方法，以期为企业实施再制造生产系统规划提供参考。

1.4　本章小结

本章介绍了再制造生产系统的概念与内涵、再制造与制造生产系统的关系以及再制造生产系统的发展趋势，探讨了再制造生产系统规划的概念与内涵、实施目的、科学意义与工程价值，并围绕再制造生产系统运行的主要阶段（层级），从再制造回收阶段规划、再制造工艺设计阶段规划、再制造车间加工阶段规划以及再制造产品质量测试阶段规划四个方面分析总结了国内外研究现状，指出了再制造生产系统规划研究在认识上、目标上、技术上和应用上存在的问题，为再制造生产系统规划提供研究和实施的方向。

参 考 文 献

[1] 汪应洛. 系统工程 [M]. 5版. 北京：机械工业出版社，2020.

[2] 张华，江志刚. 绿色制造系统工程理论与实践 [M]. 北京：科学出版社，2013.

[3] 崔培枝，姚巨坤，李超宇. 面向资源节约的精益再制造生产管理研究 [J]. 中国资源综合利用，2017，35（1）：39-42.

[4] 崔培枝，朱胜，姚巨坤. 柔性再制造系统研究 [J]. 机械制造，2003（11）：7-9.

[5] YIN Z Q, ZHANG G J, ZHAO H H, et al. Rapid manufacturing and remanufacturing system based on robotic GMAW [J]. Advanced Materials Research, 2010, 156-157: 1626-1629.

[6] 中国机械工程学会再制造工程分会. 再制造技术路线图 [M]. 北京：中国科学技术出版社，2016.

[7] SAVASKAN R C, BHATTACHARYA S, VAN WASSENHOVE L N. Closed-loop supply chain models with product remanufacturing [J]. Management Science, 2004, 50 (2): 239-252.

[8] HUANG Y T, WANG Z J. Closed-loop supply chain models with product take-back and hybrid remanufacturing under technology licensing [J]. Journal of Cleaner Production, 2017, 142: 3917-3927.

[9] 姚卫新. 再制造条件下逆向物流回收模式的研究 [J]. 管理科学，2004，17（1）：76-79.

[10] 王政伟. 汽车零部件再制造回收模式研究 [D]. 长春：吉林大学，2012.

[11] KE Q D, WANG H, SONG S X, et al. A timing decision-making method for product and its key components in proactive remanufacturing [J]. Procedia CIRP, 2016, 48: 182-187.

[12] SONG S X, LIU M, KE Q D, et al. Proactive remanufacturing timing determination method based on residual strength [J]. International Journal of Production Research, 2015, 53 (17): 5193-5206.

[13] 宋守许，刘明，刘光复，等. 现代产品主动再制造理论与设计方法 [J]. 机械工程学报，2016，52（7）：133-141.

[14] 柯庆镝，王辉，宋守许，等. 产品全生命周期主动再制造时域抉择方法 [J]. 机械工程学报，2017，53（11）：134-143.

[15] 刘光复，刘涛，柯庆镝，等. 基于博弈论及神经网络的主动再制造时间区域抉择方法研究 [J]. 机械工程学报，2013，49（7）：29-35.

[16] JR GUIDE V D R. Production planning and control for remanufacturing: Industry practice and research needs [J]. Journal of Operations Management, 2000, 18 (4): 467-483.

[17] BRAS B, HAMMOND R. Towards design for remanufacturing: Metrics for assessing remanufacturability [C] // Proceedings of the 1st International Workshop on Reuse. Eindhoven, The Netherlands, 1996.

[18] GHAZALLI Z, MURATA A. Development of an AHP-CBR evaluation system for remanufacturing: End-of-life selection strategy [J]. International Journal of Sustainable Engineering,

2011, 4 (1): 2-15.

[19] 张国庆, 荆学东, 浦耿强, 等. 产品可再制造性评价方法与模型 [J]. 上海交通大学学报, 2005, 39 (9): 1431-1436.

[20] 杜彦斌, 曹华军, 刘飞, 等. 基于熵权与层次分析法的机床再制造方案综合评价 [J]. 计算机集成制造系统, 2011, 17 (1): 84-88.

[21] DU Y B, CAO H J, CHEN X, et al. Reuse-oriented redesign method of used products based on axiomatic design theory and QFD [J]. Journal of Cleaner Production, 2013, 39: 79-86.

[22] 张旭刚. 废旧机床再制造性评估与再制造工艺方案决策方法研究 [D]. 武汉: 武汉科技大学, 2014.

[23] JIANG Z, ZHOU T, ZHANG H, et al. Reliability and cost optimization for remanufacturing process planning [J]. Journal of Cleaner Production, 2016, 135: 1602-1610.

[24] LI C B, TANG Y, LI C C, et al. A modeling approach to analyze variability of remanufacturing process routing [J]. IEEE Transactions on Automation Science and Engineering, 2013, 10 (1): 86-98.

[25] KIN S T M, ONG S K, NEE A Y C. Remanufacturing process planning [J]. Procedia CIRP, 2014, 15: 189-194.

[26] 李聪波, 李玲玲, 曹华军, 等. 废旧零部件不确定性再制造工艺时间的模糊学习系统 [J]. 机械工程学报, 2013, 49 (15): 137-146.

[27] 周敏, 任勇, 张华, 等. 基于 CBR 和 RBR 的再制造零件修复工艺智能决策系统 [J]. 制造技术与机床, 2014 (1): 111-117.

[28] 周帆. 基于实例推理的废旧零部件再制造工艺规划关键技术研究 [D]. 武汉: 武汉科技大学, 2015.

[29] 江亚. 基于失效特征的废旧零部件再制造工艺路线优化研究 [D]. 武汉: 武汉科技大学, 2016.

[30] BAKI M F, CHAOUCH B A, ABDUL-KADE W. A heuristic solution procedure for the dynamic lot sizing problem with remanufacturing and product recovery [J]. Computers & Operations Research, 2014, 43 (3): 225-236.

[31] PARSOPOULOS K E, KONSTANTARAS I, SKOURI K. Metaheuristic optimization for the Single-Item Dynamic Lot Sizing problem with returns and remanufacturing [J]. Computers & Industrial Engineering, 2015, 83 (5): 307-315.

[32] FANG C, LIU X B, PARDALOS P, et al. A stochastic production planning problem in hybrid manufacturing and remanufacturing systems with resource capacity planning [J]. Journal of Global Optimization, 2017, 68 (4): 1-28.

[33] JUNG K S, DAWANDE M, GEISMAR N H, et al. Supply planning models for a remanufacturer under just-in-time manufacturing environment with reverse logistics [J]. Annals of Operations Research, 2016, 240 (2): 533-581.

[34] SAHLING F. Integration of vendor selection into production and remanufacturing planning subject to emission constraints [J]. International Journal of Production Research, 2016, 111 (13): 3822-3836.

［35］ YU J M, LEE D H. Scheduling algorithms for job-shop-type remanufacturing systems with component matching requirement ［J］. Computers & Industrial Engineering, 2018, 120 (6): 266-278.

［36］ KIM M G, YU J M, LEE D H. Scheduling algorithms for remanufacturing systems with parallel flow-shop-type reprocessing lines ［J］. International Journal of Production Research, 2015, 53 (6): 1819-1831.

［37］ GUIDE V D R, SRIVSTAVA R. An evaluation of order release strategies in a remanufacturing environment ［J］. Computers & Operations Research, 1997, 24 (1): 37-47.

［38］ GUIDE V D R, SOUZA G C, VAN DER LAAN E. Performance of static priority rules for shared facilities in a remanufacturing shop with disassembly and reassembly ［J］. European Journal of Operational Research, 2005, 164 (2): 341-353.

［39］ 温海骏, 刘明周, 刘长义, 等. 多品种汽车发动机两阶段模糊再制造生产计划 ［J］. 计算机集成制造系统, 2016, 22 (2): 529-537.

［40］ 温海骏, 刘从虎. 积分控制粒子群算法在再制造生产调度问题中的应用研究 ［J］. 科学技术与工程, 2017, 17 (16): 191-195.

［41］ 景熠, 王旭, 李文川, 等. 多重不确定环境下考虑产品差异的再制造批量生产计划 ［J］. 计算机集成制造系统, 2012, 18 (12): 2650-2658.

［42］ 李聪波, 刘飞, 易茜, 等. 基于关键链的再制造系统不确定性生产调度方法 ［J］. 机械工程学报, 2011, 47 (15): 121-126.

［43］ 刘明周, 张玺, 刘从虎, 等. 不确定环境下再制造加工车间生产调度优化方法 ［J］. 机械工程学报, 2014, 50 (10): 206-212.

［44］ 张铜柱, 储江伟, 崔鹏飞, 等. 再制造汽车产品的可靠性问题分析 ［J］. 机械设计与制造, 2010 (5): 258-260.

［45］ 张辉. 再制造机床可靠性评估与增长研究 ［D］. 武汉: 武汉科技大学, 2016.

［46］ 李菲, 沈虹. 面向知识重用的再制造可靠性分析方法研究 ［J］. 机床与液压, 2010, 38 (11): 144-146.

第 2 章

——

再制造生产系统规划的运行体系

探究再制造生产系统规划的运行体系，是揭示再制造生产系统的本质特征和全面开展再制造生产系统规划研究与工程应用的前提。本章从认识再制造生产系统规划的内容与范围出发，明确其问题特征与问题边界，探讨并构建再制造生产系统规划的理论体系框架、技术体系框架与实施体系框架，系统且深入地剖析再制造生产系统规划的运行体系。

2.1 再制造生产系统规划的内容与范围

再制造生产系统，本质上是一个投入→变化→产出的输入/输出系统。再制造生产系统规划是通过对废旧品回收、再制造工艺设计、再制造加工、再制造产品测试等子系统运行方案的设计和优化，在将再制造毛坯转变为产品和服务的过程中，实现缩短产品生产周期，提高生产效率和质量，降低成本、资源与能源消耗等技术手段的总称。由于再制造以废旧产品零部件为毛坯，具有种类多、投产时间随机分布、失效形式与程度差异性大等个性化特征，导致再制造生产系统与新品制造系统的运行活动存在明显差异，面临不同的、特殊的规划问题。因此，再制造生产系统规划需要首先明确规划的"目标是什么""关键功能有哪些""作用要素如何辨别""运行过程怎样有序组织"等问题，从而充分认识再制造生产系统规划的内容与范围。

2.1.1 目标与关键功能

1. 再制造生产系统规划的目标

再制造生产系统的运行活动是一个综合价值的创造过程。要想使所创造的价值得以实现，其必要条件是：再制造生产运行活动的产出——再制造产品和服务过程有一定的综合价值，这种综合价值体现在产品和服务过程应该满足经济、社会、环境三方面的要求。综合价值实现的条件决定了再制造生产系统规划的目标必然是用最低的成本，在最短的生产周期内，消耗最少的资源，以最小的环境影响，向市场提供最高质量的产品和服务。其中的五个关键词是：T——时间、Q——质量、C——成本、E——环境、R——资源。这五个关键词也是衡量再制造生产系统运行规划绩效的基本指标。

2. 再制造生产系统规划的关键功能

从再制造生产系统规划的五大目标，以及其规划的对象是再制造生产系统"投入→变化→产出"过程，结合再制造的"回收→拆卸→清洗→检测→加工→装配→测试"生产流程与生产特点，可以引申出再制造生产系统规划主要有三大类功能需求，如图 2-1 所示。

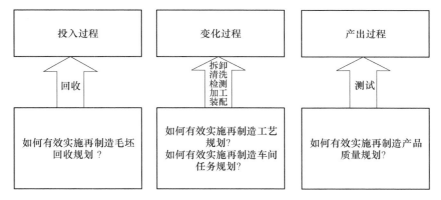

图 2-1 再制造生产系统规划的三大类功能需求

（1）再制造回收规划功能 废旧产品及其零部件即再制造毛坯的回收过程是再制造逆向物流的核心，是再制造生产活动的起点，其本质是为再制造生产系统提供资源保障。在再制造毛坯的回收过程中，由于回收数量难以保障、回收时机难以预测，会给逆向物流活动乃至整个再制造生产系统带来极大的不确定性，不但影响再制造毛坯的回收效率与效益，同时也制约了再制造企业规模化发展。

通过再制造回收模式规划，基于再制造企业自身的生产条件、主营业务特点等，以提高再制造毛坯的回收率、回收过程产生的经济成本、环境效益等为目标，以便于再制造生产组织，利于再制造生产系统效能发挥为原则，利用多属性决策等方法，从多种不同的再制造回收模式（包括制造商回收、零售商回收、第三方回收以及混合回收等）中选择最优模式，能够保障稳定的再制造回收渠道与回收数量。在此基础上，考虑再制造毛坯具有回收时机最佳性特征，开展再制造回收时机规划，预测再制造毛坯最佳的回收时间区域，一方面可以避免回收时间过早，产品的原始使用价值未得到充分利用，造成资源浪费；另一方面能够大大减少由于回收时间过晚，导致再制造毛坯的再制造成本高或无法再制造的情况。

因此，再制造毛坯回收规划功能是再制造生产系统规划在起始投入过程的主要功能需求，而实施再制造回收模式规划与回收时机规划，是再制造回收规划的两大关键功能。

（2）再制造工艺规划功能 在确保稳定、可控的再制造毛坯来源后，开展再制造加工活动前，需要科学合理地规划再制造工艺方案，失效零部件的再制造工艺规划是保障再制造产品质量、降低再制造成本、提升再制造过程资源及能源利用率的核心内容。然而，由于再制造毛坯服役状况和缺陷形式等个性化特征，使其能否再制造，以及如何再制造存在很大的不确定性，大大增加了再制造工艺制定过程的困难度。

相比新品制造工艺规划，再制造工艺规划以失效零件实体特征为对象，设计活动密集、复杂程度高，具体表现为：失效零件基准面破坏，工艺路径即工序设计困难；失效零件表面性能已定，难以用工序调整，再制造工艺的适应性要求高，工艺方法设计困难；失效零件的加工余量小，再制造加工能力要求高、约束强，工序尺寸设计困难；再制造工艺方法种类多、成形原理差异性大、公差及性能要求设计困难等特点，极大地提升了再制造工艺规划的复杂性。通过再制造性评价，能够全面分析再制造毛坯在企业特定的生产环境、技术条件和规定时间内，通过再制造能使其恢复或升级到规定性能的能力，进而合理有效地制定再制造毛坯的利用方案（直接利用、再制造、废弃处理等）。在此基础上，充分利用再制造工艺知识，开展再制造工艺规划，设计最优的工艺路线等对再制造毛坯进行修复或升级改造，保障再制造工艺方案的性能。

因此，再制造工艺规划功能是再制造生产系统规划在变化准备过程的主要功能需求，而实施再制造性评价与再制造工艺规划是再制造工艺规划功能模块的两大关键功能。

（3）再制造车间任务规划功能　基于所制定的工艺方案，在明确再制造毛坯集、工艺方案集、加工任务集后，需要对再制造车间的生产任务进行优化配置，完成由再制造毛坯到再制造产品的转变。然而，再制造车间任务配置通常涉及车间层批量划分、工艺单元层任务分配、设备层作业任务排序多个层级子问题，而且在车间运行过程中存在大量的随机扰动事件，如紧急插单、交货期变动、加工延迟或提前、报废品产生、设备保养与维护等，使得实现稳定、高效、优化的再制造车间运行十分困难。

通过再制造车间任务规划，在满足再制造生产运作中多相关约束（资源约束、技术约束、交货期约束等）条件下，集成考虑各层级任务规划的功能与目标特性，对车间多个层级的生产任务进行优化配置，在此基础上，通过车间扰动评估，量化各类扰动事件对车间生产运行，即对既定任务配置方案的影响程度，从而制定相适应的扰动响应策略，及时调整或重构再制造车间的任务配置方案，对于降低再制造车间生产成本、提高再制造效率、缩短再制造周期、节约资源能源消耗、保障车间生产运行的稳定性等具有非常重要的作用。

因此，再制造车间任务规划功能是再制造生产系统规划在变化发生过程中的主要功能需求，而实施再制造车间任务规划与扰动评估是再制造任务规划的两大关键功能。

（4）再制造产品质量规划功能　由于再制造产品的毛坯来源是废旧产品及其零部件，目前再制造产品通常被认为是"二手产品"，加上政策等因素，造成再制造产品市场份额不高、产业发展缓慢。在将再制造毛坯转化为再制造产品后，需要对再制造产品进行全面的可靠性检验，保障再制造产品（总成或零部件）在规定的条件下和规定的时间内无故障运行。

通过再制造产品可靠性评估，量化产品再制造生产过程与再服役运行过程的可靠度，识别影响再制造产品可靠性的瓶颈环节与关键因素。在此基础上，从再制造产品的设计阶段、再制造生产阶段、再服役使用阶段，提供再制造产品可靠性增长方案，并预测未来故障发生时间，分析再制造产品可靠性增长趋势，对于保证再制造产品性能优良且经久耐用，提高再制造产品的公众接受度，增强再制造产品与企业的市场竞争力具有重要的意义和作用。

因此，再制造产品质量规划功能是再制造生产系统规划在产出阶段的主要功能需求，而实施再制造产品可靠性评估与可靠性增长规划是再制造产品质量规划的两大关键功能。

基于再制造生产系统规划的功能构成与作用关系，构建如图 2-2 所示的再制造生产系统规划的关键功能模型。再制造生产系统规划是由相互作用和相互依赖的若干个子功能模块结合而成的具有特定功能的有机整体。这些主要子功能模块可以是单一、不能再分的基本单元，也可以是能继续细分、由其他次一级关键功能构成的集合。再制造生产系统规划为实现用最低的成本，在最短的生

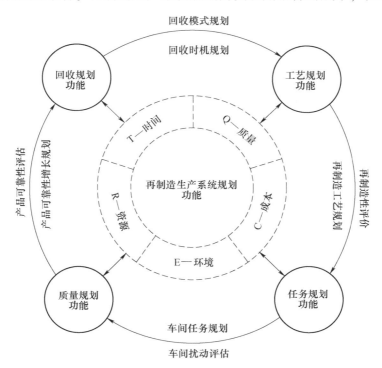

图 2-2 再制造生产系统规划的关键功能模型

产周期内，消耗最少的资源，以最小的环境影响，向市场提供最高质量的产品和服务的目标，主要包含再制造回收规划、再制造工艺规划、再制造任务规划及再制造产品质量规划四大子功能模块，各子功能模块之间通过其关键功能依次进行联系，各子功能模块与整体功能之间通过 T—时间、Q—质量、C—成本、E—环境、R—资源五大目标的信息转换与传递发生联系，由此形成对再制造生产系统的闭环规划。

2.1.2　作用要素与运行过程

1. 再制造生产系统规划的作用要素

再制造生产系统与新品制造系统一样，也是融合着复杂输入/输出的物质流网络、能量流网络、信息流网络的"三网协同"运行系统。再制造生产系统规划的基本构成与运行过程中的物质能量转换过程和信息的反馈控制过程相对应，包括一个物理系统和一个信息系统。物理系统是一个实体系统，主要由实施再制造的各种设施、表面处理与增材制造等机械设备、运输工具、仓储、信息传递媒介、人员等要素组成。信息系统主要是指再制造生产系统的跟踪和控制系统，其主要内容是对物理系统信息的收集、传递、控制和反馈，考虑如何对再制造生产系统的运行活动进行规划，即计划、组织与控制。

因此，再制造生产系统的运行规划不能仅从信息系统一侧来实施生产系统的运行规划，而是必须高度重视物理系统，必须从"三网协同"的信息－物理系统的角度研究再制造生产系统规划。由此可知，再制造生产系统运行规划的作用要素是来源于物理系统与信息系统，影响物质流网络、能量流网络、信息流网络运行，并反映在目标变化上的关键要素，主要包括物质要素（再制造毛坯、设施、设备、人员等）、能量要素（一次能源、二次能源等）和信息要素（数据、经验、规则、方法等）。

2. 再制造生产系统规划的运行过程

再制造生产系统规划就其本质来说，是"过程的集合体"，规划过程实质上是在相应资源和活动方法的支持下，采取的一系列互相衔接的规划活动，通常包括一定数量的步骤和操作，展现了再制造生产系统规划的动态特征。再制造毛坯只有通过生产系统规划过程才能实施生产变为再制造产品，重构价值，从而使再制造企业获得效益，实现规模化、集约化、柔性化、精益化的再制造生产运作。

基于以上分析，将前文中所建立的功能模型和相关作用要素集成后，映射到现实的再制造生产系统中，可以构建再制造生产系统规划的运行过程模型，如图 2-3 所示。图中，再制造生产系统规划主要涉及再制造回收管理部门、再制造生产方案设计部门、再制造车间任务配置部门、再制造产品质量控制部门、再制造生产车间、再制造产品库以及再制造生产系统规划平台等。其中，再制造产品质量控制部门的设置会因各个企业内部的组织要求不同而有区别，因此既可以把它设置为再制造车间生产部门的一部分，也可以设置成独立的部门。

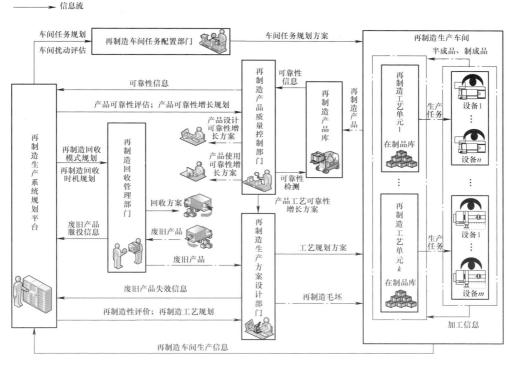

图 2-3　再制造生产系统规划的运行过程模型

从物质/能量流的角度来看，物质流动过程也是能量消耗的主要过程，物质流的各环节对能量的表现形式有所不同。例如，在回收环节，能量的消耗主要表现在汽油、柴油等方面；在车间生产环节，能源消耗主要表现在电能等方面。总体来看，再制造生产系统是遵循物质/能量流主线，将废旧产品及其零部件转化为再制造产品的过程。物质/能量流始于废旧产品的回收环节，由再制造回收管理部门从外部物流供应链中回收废旧产品，并将所回收的废旧产品转移到再制造生产方案设计部门，经过再制造产品及其零部件的再制造性分类（再利用、再制造、废弃处理），将可再制造的废旧产品零部件即再制造毛坯转运到再制造生产车间进行再制造，在此期间，废旧零部件完成由再制造毛坯件到半成品、制成品、再制造产品的转变，并转运到再制造产品库中进行存储。

从信息流的角度来看，再制造生产系统规划是通过再制造生产系统规划平台，逐步生成各生产环节规划方案的过程，没有信息，整个再制造生产系统规划将无法运行。再制造生产系统规划的信息流同样始于废旧产品的回收环节，由再制造回收管理部门将回收对象信息，即废旧产品及其零部件的服役信息（包括运行与维护信息、原始价值、剩余价值、故障数据、产品服役地点等）上传到规划平台中，通过平台中的回收规划功能模块，进行再制造回收模式与时机规划，生成回收方案指导废旧产品回收过程的实施。再制造生产方案设计部门接收到回收管理部门的废旧产品后，将废旧产品及其零部件的失效信息（失效形式、失效程度等）上传至规划平台，利用平台的再制造工艺规划功能模块，进行再制造性评价与工艺规划，生成工艺方案服务于再制造工艺方案设计过程。再制造生产车间接收到方案设计部门的工艺规划方案后，在再制造生产前，将车间资源约束、技术约束、加工能力约束等生产信息上传至规划平台，利用其车间任务规划功能模块，生成原始任务规划方案，并在再制造车间生产过程中，将车间扰动与加工等生产信息上传至规划平台，再次利用其车间任务规划功能模块，根据当前车间生产状况，对车间扰动进行评估，通过调整或重构任务规划方案，形成对扰动的响应并生成相适应的任务规划方案，从而实现对车间生产运行过程的优化控制；再制造产品质量控制部门在产品生产完成后，对其进行可靠性检测，并将再制造产品可靠性信息传送至规划平台，通过平台上的产品可靠性规划功能模块，进行再制造产品可靠性评估与增长规划，生成可靠性增长方案，从而对再制造产品设计、工艺设计、使用维护等过程进行可靠性升级，全方位地保证再制造产品质量。

2.2　再制造生产系统规划的理论体系

再制造生产系统规划理论是面向整个再制造生产系统或再制造过程中的多个环节有机结合的理论，是解决再制造生产系统优化运行的综合性技术和管理问题的基础理论。本节从再制造生产系统规划的三大基本问题出发，建立再制造生产系统规划的理论体系框架，从系统、全局和集成的角度来研究再制造生产系统规划的理论体系。

2.2.1　理论体系框架

再制造生产系统规划的理论体系，紧紧围绕什么是再制造生产系统规划、规划什么样的再制造生产系统、怎样规划再制造生产系统，这三大基本问题展开。其主要内容包括：再制造生产系统规划的概念与内涵，再制造生产系统规划的内容与范围，再制造生产系统规划的知识基础与学科支撑，再制造生产系统规划的基本特性等；再制造生产系统的多目标规划观，再制造产品多寿命周期规划观，再制造毛坯多属性寿命规划观等；再制造生产系统的资源规划主线论，再制造生产系统的物流规划闭环网络论，再制造生产系统的信息集成规划论等。由此构建再制造生产系统规划的理论体系框架，如图 2-4 所示。

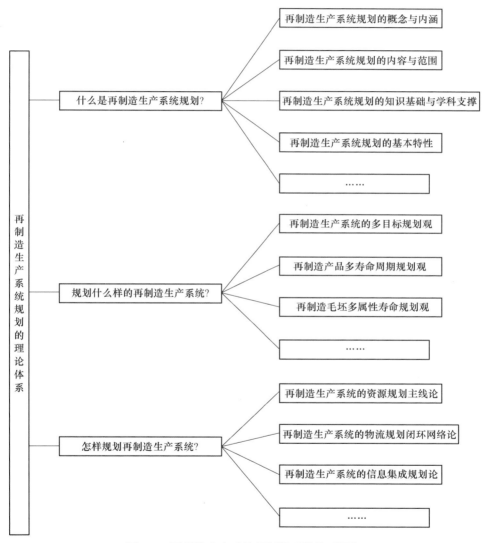

图 2-4　再制造生产系统规划的理论体系框架

2.2.2　主要内容

关于再制造生产系统规划的概念与内涵及其内容与范围，分别在本书的

1.2.1 节和 2.1 节进行了介绍，本小节重点阐述再制造生产系统规划理论体系框架的其他主要内容。

▶ 1. 再制造生产系统规划的知识基础与学科支撑

再制造生产系统规划的知识基础由三部分组成。一是系统理论和系统思想贯穿于整个再制造生产系统规划的始终，系统科学是再制造生产系统规划的思维基础；二是再制造生产系统规划追求再制造生产系统运行全过程的经济效益、环境效益和社会效益协调整体最优，则必然要涉及大量的方法论、控制论、信息论和协同论等技术和方法，这些构成了再制造生产系统规划的技术基础；三是再制造生产过程要用到再制造技术、再制造工艺、再制造方法和再制造设备等再制造专业领域知识，这些是再制造生产赖以生存的基石，构成了再制造生产系统规划的专业基础，而且要实现再制造最大循环经济效益，资源与环境科学、生态学方法的知识也是再制造生产系统规划的专业基础。图 2-5 所示为再制造生产系统规划的知识基础。

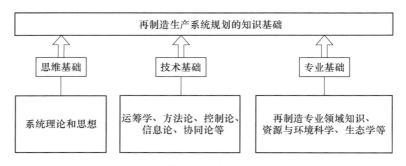

图 2-5　再制造生产系统规划的知识基础

再制造是国家倡导的循环经济中"再利用"的高级形式，它既是制造的创新，也是经营模式的创新，已经成为现代制造服务的重要内容，再制造体现了现代制造科学的"大制造、大过程、学科交叉"的特点。再制造生产系统规划是用制造系统工程的理论和方法与再制造的多学科专业知识有机结合而形成的一类复杂的工程学科，其学科支撑体系尚不完备，还处在发展阶段。笔者结合当前研究现状，综合有关文献的论述总结出：再制造生产系统规划是以工业工程、管理工程学科为核心，以制造系统工程学科为纽带，有机结合资源与环境工程、物流工程、可靠性工程、机械工程、表面工程、信息工程等多学科而形成的一门综合学科，其学科特点在于学科复合性与技术的集成性，强调多学科的结合。再制造生产系统规划的学科支撑如图 2-6 所示。

再制造生产系统规划要把"尽善尽美"作为再制造生产的不懈追求目标，持续不断地改进再制造生产方式与活动，不断提高资源回收率，降低环境污染和再制造成本，力争实现再制造生产的无废品、零库存和再制造产品品种的多样化，而实现这些目标需要有资源与环境工程、物流工程、可靠性工程、机械工程、表面工程、信息工程等学科的专业知识作为基础支撑，并通过制造系统工程将其有序整合，提升再制造生产系统规划的综合性能，或赋予其全新功能，在此基础上，进一步综合现代先进的管理工程与工业工程学科知识，对再制造生产系统中废旧产品回收、再制造工艺设计、再制造加工、再制造产品检验等全过程进行优化，从而实现再制造生产的资源节约、效益和产品质量提升，强化再制造企业的竞争力。

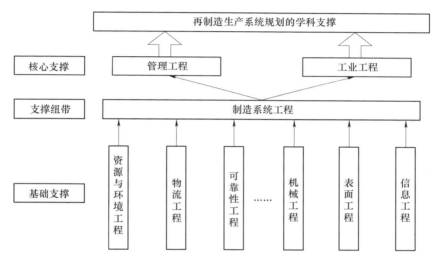

图 2-6　再制造生产系统规划的学科支撑

再制造生产系统规划与管理工程、工业工程学科密切相关，同时也存在一定的区别：

管理工程主要运用行政、组织、人事、财政、贸易、法律等手段来保证企业生产、技术开发及各种工程活动的开展，保证系统功能得以充分发挥，从而达到生产系统的整体优化，其中的部分理论和方法是再制造生产系统规划的重要组成部分。而再制造生产系统规划主要运用多学科知识的融会贯通，来解决再制造生产系统规划过程中的综合性优化决策问题及所涉及的管理问题。

工业工程是从科学管理的基础上发展起来的一门应用性工程专业，是一门技术与管理相结合的工程学科。一般来说，工业工程可看作是运用工业专业知识和系统工程的思想，把人力、设备、物料、方法和环境等生产系统要素进行优化配置所从事的工程技术活动，它以生产过程为研究对象，以提高生产力为目标，为管理提供科学依据。再制造生产系统规划与工业工程都强调"系统概念""工程意识"和"整体优化"，工业工程的学科内容对于再制造生产系统规划具有重要的支撑作用，但在研究对象上存在本质的区别：工业工程研究的对象主要是工业企业生产经营的全过程，重点是技术与管理的密切结合，强调从技术角度研究解决生产组织、管理中的问题；而再制造生产系统规划的研究对象是再制造生产系统的运行过程，重点是再制造生产过程中涉及的多学科知识的综合性技术问题，强调的是"技术集成"。

▶▶ 2. 再制造生产系统规划的基本特性

再制造生产系统规划强调运用多学科知识来研究和处理再制造生产系统的再制造回收模式与时机规划、再制造性评价与工艺规划、再制造车间任务规划、再制造产品可靠性评估与增长规划等关键问题，各方面的问题不是孤立的，具有不同的问题特性。概括地说，再制造生产系统规划的基本特性主要包括系统集成性以及不确定性。

（1）系统集成性 再制造生产系统规划是把废旧产品资源化再利用的过程及其所涉及的全部硬件和软件，包括相互影响的关联因素，全部看成一个整体，从全系统或全过程的角度来分析和处理生产过程中的规划问题，强调要把这些规划问题所涉及的再制造生产环节以及应用环境的各方面因素和动态过程综合起来研究，防止顾此失彼，即要用系统论的方法来研究再制造生产系统规划的功能、要素、过程三者的相互关系和变动的规律性。

（2）不确定性 再制造生产系统规划中存在大量不确定性因素，如在不断变化的再制造生产系统运行环境中，再制造毛坯服役状况、缺陷形式、再制造产品的市场需求、再制造车间生产扰动、再制造产品性能等的不确定性，使得再制造毛坯回收、再制造毛坯分类与工艺方案设计、再制造车间任务配置、再制造产品质量检测等具有高度个性化特征，为再制造生产系统的设计和优化带来了极大的困难。因此，分析再制造生产系统规划各环节的不确定性因素，探究问题特性，是科学制定有效规划方案的前提。

▶▶ 3. 再制造生产系统的多目标规划观

再制造生产系统是有多个规划目标的大型复杂系统。再制造生产系统规划可以将再制造生产系统建设成一个以利润最高为规划目标的经济-技术系统，也可以建设成一个追求社会适应性最优的社会-技术系统，还可以构建成一个追求环境适应性最优的环境–技术系统等。

再制造作为绿色制造的重要组成部分，也是先进制造技术的重要体现，由于"绿色""先进"本身就是一个模糊的概念，其内涵也一直处于发展变化当中，因此，对于上述两者的定义并没有一个统一的概念。通常，"先进""绿色"的再制造技术就是不断吸收机械、电子、信息、材料、能源及现代管理等领域的先进成果，并将其综合应用于再制造的全过程，以实现优质、高效、低消耗、清洁、灵活的生产，从而取得较理想的技术与经济效果。

基于先进的再制造技术，能够在 T（时间，time）、Q（质量，quality）、C（成本，cost）、R（资源，resource）、E（环境，environment）等多个目标上很好地满足市场的需求，获取系统投入的最大增值，同时具有良好的社会效益的再制造生产系统，即为"绿色""先进"的再制造系统。因此，为确保再制造生产系统的"绿色性"与"先进性"，需要有多目标的规划观。再制造生产系统的五大目标规划框架如图 2-7 所示。

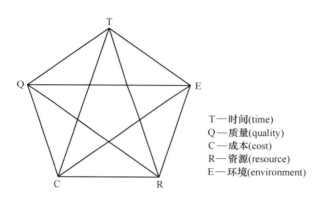

T—时间(time)
Q—质量(quality)
C—成本(cost)
R—资源(resource)
E—环境(environment)

图 2-7　再制造生产系统的五大目标规划框架

▶ 4. 再制造产品多寿命周期规划观

多寿命周期的提出和研究始于 20 世纪 80 年代，随着可持续发展的提出而逐渐得到发展，有学者将产品多寿命周期描述为：从产品多寿命周期的时间范围内综合考虑环境影响、资源综合利用和产品寿命问题的有关理论和工程技术的总称，其目标为在产品多寿命周期的时间范围内，使产品服役时间最长，对环境的负面影响最小，资源综合利用率最高。

再制造产品的多寿命周期规划的含义是：原始制造服役的产品达到服役寿命后，通过再制造生产规划与实施生成性能不低于原品的再制造产品，实现再制造产品或其零部件的高阶循环使用，直至达到完全的物理报废所经历的全部时间。产品多寿命周期既包括对产品整体的多寿命周期使用，也包括对其零部件的多寿命周期使用。多寿命周期中，再制造产品要求含有原产品零件的比率不低于 2/3。产品的多寿命周期不是简单的原性能产品的重复制造，而是要不断地提升产品的性能，实现产品寿命和性能的"新生"，使得通过再制造形成的产品既来源于原产品，又在性能上优于原产品，只有如此，才能满足产品在不同时间、空间中的可持续发展使用要求。因此，再制造产品的多寿命周期规划是实现产品高品质多寿命周期使用的最佳途径和方法。

再制造产品生产规划贯穿于产品多寿命周期的各个阶段，具有重要的地位和作用，并在各阶段都具有可操作的规划内容。根据再制造产品多寿命周期过程，综合考虑再制造生产规划的不同阶段，可以获得在产品多寿命周期过程中的再制造生产规划流程，如图2-8所示。由图2-8可知，再制造产品通过第一次寿命周期的回收阶段、生产方案设计阶段、生产阶段、检测阶段、服役与退役阶段，进入再制造产品的第二个寿命周期。如此循环，可以实现再制造产品的多寿命规划循环，不断满足不同时期对再制造产品生产规划的新需要。

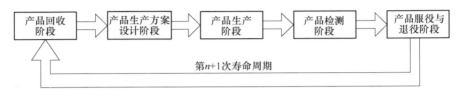

图2-8　再制造产品的多寿命周期规划示意图

▶ 5. 再制造毛坯多属性寿命规划观

再制造生产系统以废旧产品及其零部件为再制造毛坯。由于新制造与再制造产品在服役过程中的服役环境、实体特征以及技术水平与需求始终在发生动态变化，导致其具有技术、物理、经济多属性寿命不平衡特性。其中，物理寿命又称物质寿命，是指产品功能从服役开始，到因发生零部件磨损而使物质价值丧失所经历的时间；技术寿命是指产品功能在服役过程中维持其技术价值的时间，即从产品服役开始，到因其功能技术落后而失效所延续的时间；经济寿命是指产品功能从服役开始，到其运维投入与产出的经济价值丧失所经历的时间。因此，在各寿命周期终止时，废旧产品具有高度个性化的寿命构成情景，如图2-9所示。

废旧产品的寿命构成情景总体可以概括为以下四种寿命终止类型与资源利用方式：

1）技术寿命主导的寿命终止，包括技术寿命终止、存在物理寿命与经济寿命，以及技术寿命与物理寿命同时终止、存在经济寿命两种形式，此时采取再制造升级提升废旧产品的性能和功能，使其进入下一寿命周期，是废旧资源利用的最佳方式。

2）物理寿命主导的寿命终止，仅有物理寿命终止、存在技术寿命与经济寿命一种形式，此时通过再制造修复恢复废旧产品的性能和功能，是废旧产品进入下一寿命周期循环利用的最佳方式。

3）经济寿命主导的寿命终止，包括经济寿命终止、存在技术寿命与物理寿命，经济寿命与技术寿命或物理寿命同时终止、存在物理寿命或技术寿命三种形式，此时采用再利用实现废旧产品直接再利用或降级再利用，是废旧资源进入下一寿命周期循环利用的最佳方式。

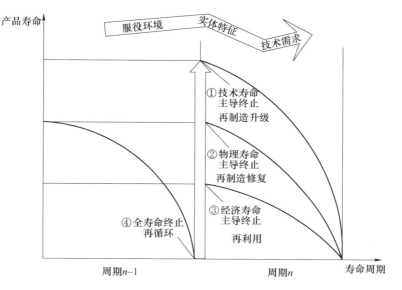

图 2-9　废旧产品的多属性寿命构成情景

4）全寿命终止，即技术寿命、物理寿命、经济寿命同时终止，此时只能通过废旧资源再循环，提取可循环利用资源，产品全寿命周期终止。

基于以上分析，不同寿命周期不同属性寿命主导的服役终止，决定了废旧资源利用的最佳方式处于动态变化过程中。而指导再制造生产系统规划的关键在于考虑建设能够实现废旧产品多寿命周期技术寿命、物理寿命、经济寿命重构的再制造生产系统，以此充分发挥废旧机电产品多寿命周期循环利用的效能，保证规划方案的可行性。

▷▷**6. 再制造生产系统的资源主线规划论**

当前，环境问题的主要根源是资源消耗后的废弃物（如废液、废气和固体废弃物等）。因此，资源问题不仅涉及人类世界有限的资源如何可持续利用问题，而且它又是产生环境问题的主要根源。

再制造是废旧产品资源化循环利用的最佳途径之一，是推动资源节约和循环利用的重要支撑。再制造生产系统中的"资源"又称再制造资源，可分为狭义资源和广义资源。狭义资源主要指物料资源，包括物料（再制造毛坯、半成品等）、能源、设备等；广义资源除了包括物料资源之外，还包括资金、技术、信息、人力等。

再制造生产系统规划主要是优化再制造资源的流动过程，使得废旧产品及其零部件在报废后可以被再次利用,避免其直接变成废弃物被处理。同时,废旧产品本身具有较高的附加值(加工费用、劳动力、能源、制造过程等),而产品材料本身的价值远小于产品的附加值。再制造能够充分利用并提取产品的附加值,因此再制造对于资源的利用效率较高,产生的废弃资源比较少。再制造生产系统的资源主线规划示意图如图2-10所示。

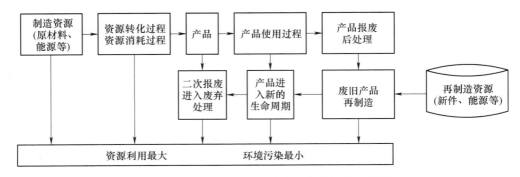

图2-10　再制造生产系统的资源主线规划示意图

▶7. 再制造生产系统的物流规划闭环网络论

再制造生产系统遵循"投入→变化→产出"的再制造物流过程。再制造生产系统的物流活动包括对废旧产品及其零部件进行回收、拆卸、清洗、检测、再制造加工、再分销和其他处理等活动,从再制造物流的行为主体看,再制造物流是废弃产品及其零部件从供应链上某一成员向同一供应链上游成员或其他渠道成员的流动过程,包括原始设备制造商(OEM)供应链和专业的第三方再制造物流渠道等。

新品制造生产系统的物流系统是一个开环系统,物料流的终端到用户,最终报废为止。再制造生产系统的物流规划是一个闭环,如图2-11所示,产品由原材料生产到进入消费区(用户),与废旧产品从消费区(用户)到再制造部件制造中心,以及再循环商对废弃部件(不可再制造零部件)的反馈形成一个大的闭环规划系统;在此过程中,废旧产品及其零部件与再制造品在用户与再制造中心之间又形成了小闭环系统。

▶8. 再制造生产系统的信息集成规划论

随着计算机、自动化及现代通信等高新技术在再制造生产系统中的应用以及系统信息论的发展,一种新的生产系统规划论,即信息集成规划论,正在迅速地发展。再制造生产系统的信息集成规划论的主要思想是:再制造生产系统规划过程是对再制造生产过程中各类信息资源的采集、分析和处理过程,最终形成的再制造产品和服务可看作信息的价值表现。因此,从信息的角度看,再制造生产系统规划过程实质上是一个使再制造毛坯等的信息熵降低，即再制造毛坯等信息的不确定性程度下降、信息量减小，使再制造产品和服务信息更加明确，信息价值增高的过程。

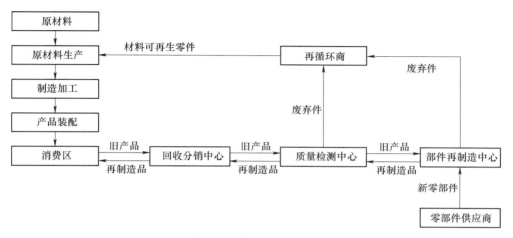

图 2-11　再制造生产系统的物流规划闭环网络示意图

随着信息技术、网络技术的发展和知识经济的到来，再制造生产系统的信息集成在再制造生产系统规划中正起着越来越重要的作用。具体体现在：

1）信息是连接各系统要素，从而形成一定生产组织结构的再制造生产系统的纽带。因此，如何有效地建立起与再制造生产系统功能相适应的再制造信息集成规划系统，已成为现代再制造生产系统规划的当务之急。其中涉及再制造信息的分类、描述与处理等问题，以及信息集成规划系统的分析、设计与实现的硬、软件技术。

2）再制造生产系统规划过程中的信息投入已逐步成为决定再制造产品价值的主要因素。基于再制造信息集成规划论，再制造生产系统中的信息是驱动再制造生产系统规划的重要驱动源。在新一代再制造生产系统规划中，信息不仅是主导性因素，还是最活跃的驱动因素，在知识经济的市场环境下，再制造企业竞争的焦点将是产品的知识含量。

3）再制造生产系统规划过程中所需接收和处理的各种信息正在爆炸性地增长，海量制造信息的规范、存储、管理等已成为再制造生产系统规划必须面对的关键问题。

4）再制造生产系统规划的信息主要来源是知识，再制造生产系统规划对信息的依赖也是对知识的依赖。再制造生产系统规划经验、技能和知识的信息化，特别是规划活动中人的经验、技能、诀窍和知识的表达、获取、传递、变换和保真机制将是实现再制造生产系统智能规划的基础。

2.3 再制造生产系统规划的技术体系

再制造生产系统规划技术是保障系统优化运行的重要手段，经过多年的发展，取得了一系列丰硕的研究成果，尤其是近年来以信息化为代表的大量高新技术的出现，为再制造生产系统规划提供了技术保障。本节通过分析再制造生产系统规划的技术内涵，面向再制造生产系统各个环节，构建全面的技术体系框架，为再制造生产系统规划的顺利实施提供核心支持。

▶▶2.3.1 技术内涵

我国再制造已进入产业化发展阶段，开发再制造生产系统规划技术，可有效缩短再制造产品生产周期、提高生产效率、提升产品质量、降低资源能源消耗等，对于推动再制造业转型升级具有重要意义。再制造生产系统规划技术以产品生命周期规划及管理技术为指导，将新一代的规划技术与废旧产品回收、废旧产品检测分类与再制造方案设计、再制造加工、再制造产品测试等各个生产系统规划环节融合，通过人机结合、人机交互等集成方式来实现，再制造生产系统规划的技术顺应了再制造产业的发展需求，其内涵可以总结为以下四点。

▶▶1. 再制造生产系统规划技术具有先进适用性

再制造生产系统规划技术有其特殊的约束条件，要获得与新品质量和性能一样甚至超过新品的再制造产品，就需要采用先进生产系统规划技术，使其能够与再制造的产品对象相适应、与先进的再制造加工技术相适应，如先进的表面工程技术、毛坯快速成形技术、虚拟再制造技术、绿色再制造技术、智能再制造技术、废旧产品性能升级技术等，可以使再制造产品在很低的消费支出下满足较高的功能需求，带来可观的经济效益，同时大大减少能源和材料的消耗，减少废弃污染物在产品生产过程中的环境排放，提升再制造产品的市场认可度，充分发挥再制造加工技术的效能，使其能够真正应用于废旧产品的各项再制造生产活动，达到驱动再制造生产系统优化运行的目的。

▶▶2. 再制造生产系统规划技术具有工程应用性

再制造生产系统规划技术为再制造的生产活动直接服务，是一门有着自身特征的工程应用技术，它既需要将技术成果进行转化应用，也需要将成果用于工程开发。再制造生产系统规划技术有着特定的工作程序，其应用环节也有很强的针对性，它可通过几种不同的基础技术综合应用而成，而这些基础技术又可在不同的领域中形成多种再制造生产系统规划技术，这就决定了其良好的实践特性，即工程应用性。

3. 再制造生产系统规划技术具有专业集成性

再制造生产系统规划技术涉及再制造产品的各类生产系统及配套设备的综合专业技术，具有技术密集、专业技术门类多、综合性很强的特征，除了需要掌握生产系统控制与优化管理技术，还需要具备回收、检测、加工、库存、延寿等方面的相关技术。此外，再制造生产系统规划技术的应用对象涵盖航天航空、电子电器及工程机械等多个领域，如舰船、飞机、工业泵、飞机、机床、电气设备等，其技术涉及机械、材料、电子、电气、控制、计算机等多种专业的相关技术。

4. 再制造生产系统规划技术具有继承创新性

再制造时间滞后于制造时间的客观特性决定了在再制造生产系统规划中能不断继承、吸纳最先进的新品制造生产系统规划技术或功能模块，既可以提升再制造生产系统的性能或增加功能，又可以解决再制造生产系统规划技术在应用过程中暴露出的问题，对原有技术进行改造升级，在低成本、低消耗、低污染等情况下，快速高效地满足再制造企业的需求，继承创新性使得再制造生产系统规划技术能够永葆活力，适应各种变化。

2.3.2　技术体系框架

再制造生产系统规划技术体系涵盖了再制造生产的全过程或全系统，主要包含废旧品回收环节、再制造工艺设计环节、再制造车间生产环节、再制造产品测试环节等，为更了解不同技术内容在再制造生产系统规划过程中的关系和作用，以再制造生产系统规划过程为主线，构建了一个四层次结构的再制造生产系统规划技术体系框架，如图2-12所示，包含再制造生产系统规划过程技术层、再制造生产系统规划关键技术层、再制造生产系统规划测试反馈技术层和再制造生产系统规划支撑技术层。其中，关键技术层处于中心层级，是再制造生产系统规划的直接实现技术；测试反馈技术层是规划质量保障的控制技术，服务于关键技术层；支撑技术层体现了再制造生产系统规划的技术基础，起辅助支撑作用。

在再制造生产系统规划技术体系框架中，过程技术层与关键技术层是再制造生产系统规划技术的核心内容，主要划分为面向再制造回收过程的回收模式规划技术、回收时机规划技术；面向再制造工艺设计过程的再制造性评价技术、再制造工艺规划技术；面向再制造车间生产过程的车间扰动响应技术、车间任务规划技术；面向再制造产品检测过程的可靠性评估技术、可靠性增长规划技术。这四大类技术分布于再制造生产系统规划的不同环节，并各具特点，根据工程应用的需要可进一步划分，构成再制造生产系统规划的应用技术层。

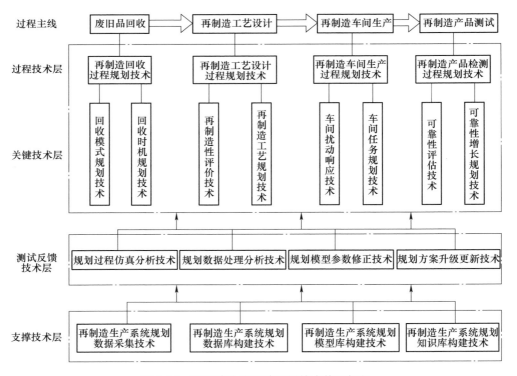

图 2-12　再制造生产系统规划技术体系框架

▶▶ **1. 再制造回收过程规划技术**

在再制造生产系统规划中，通过废旧产品的再制造回收过程，获得足够的生产"毛坯"是实施再制造的生命线。再制造回收过程规划技术是对再制造回收过程实施控制和管理，不仅可以保障稳定、可靠的再制造原材料供应，实现再制造生产系统的规模效益，还能够有效提升废旧品即再制造毛坯的再制造率，并降低再制造毛坯投产时机与数量不确定性对再制造生产系统带来的影响。在工程应用中，如何规划废旧产品的回收模式与回收时机，是再制造回收过程需要解决的两大关键技术问题，其应用技术的具体内容如图 2-13 所示。

其中，再制造回收模式规划主要通过逆向物流规划、多种回收模式的特性对比分析、回收模式规划的多属性指标体系构建与指标量化、回收模式的优化决策等应用技术来实现；回收时机规划则主要包含废旧产品失效预测、废旧产品全寿命周期的成本预测、废旧产品全寿命周期的环境影响预测、回收时机优化决策等应用技术。

▶▶ **2. 再制造工艺设计过程规划技术**

废旧产品及其零部件能被再制造的前提条件是产品或零部件所损伤的性能

可以被恢复或升级。废旧产品再制造性评价以废旧产品为评价对象，综合考虑废旧产品的失效状况，再制造技术性、经济性、环境性等因素，是一个复杂的过程，其评价结果是废旧产品及其零部件实施再制造的决策依据。此外，再制造工艺规划通过设计合适的工艺方法及其加工路线等，来实现对废旧产品及其零部件的修复和改造，是生产准备的第一步。因此，在对废旧产品实施再制造之前，需要对废旧产品及其零部件进行再制造性评估与工艺规划，从而制定科学合理的处理策略、工艺路线与工艺参数，最终形成再制造工艺方案。其应用技术的具体内容如图 2-14 所示。

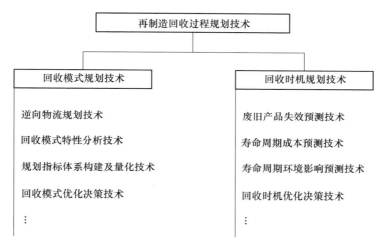

图 2-13　再制造回收过程规划的应用技术体系

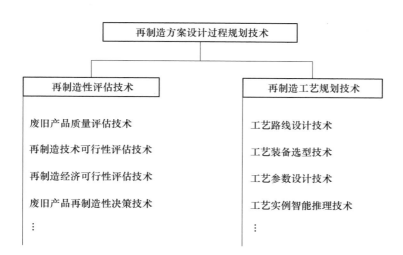

图 2-14　再制造工艺设计过程规划的应用技术体系

其中，再制造性评估技术主要应用废旧产品质量（失效形式与程度、服役状况等）、再制造技术可行性、再制造经济可行性等的评估技术，结合废旧产品再制造性决策技术等进行工程实践；再制造工艺规划技术主要涉及再制造工艺路线设计、工艺装备选型、工艺参数设计、工艺实例智能推理等应用技术。

▶▶ 3. 再制造车间生产过程规划技术

再制造车间面向生产任务，跨越了车间层、工艺单元层、设备层不同层级，再制造车间任务规划主要包括车间层任务批量划分、工艺单元层任务分配、设备层作业任务排序。然而，实际再制造生产过程中存在大量的随机扰动事件，如紧急插单、交货期变动、加工延迟或提前、报废品产生、设备保养与维护等，它们对再制造车间任务规划方案有不同程度的影响。因此，再制造车间任务规划方案并非是一成不变的，再制造车间任务规划系统是一个由"扰动识别-扰动程度判断-扰动响应-任务规划触发"组成的关联关系网络。开展再制造车间任务规划研究，对再制造过程中的扰动事件进行分类，制定扰动响应机制，提出相应的任务规划方法，是保障再制造车间稳定、高效运行亟须解决的问题。其应用技术的具体内容如图 2-15 所示。

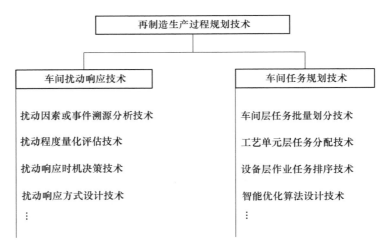

图 2-15 再制造车间生产过程规划的应用技术体系

其中，再制造车间扰动响应需要应用扰动因素或事件溯源分析技术、扰动程度量化评估技术、扰动响应时机决策技术、扰动响应方式设计技术等对车间扰动进行处理；再制造车间任务规划则可根据不同层级不同的规划目标，通过车间层任务批量划分、工艺单元层任务分配、设备层作业任务排序、智能优化算法设计等应用技术进行工程实施。

▶▶ **4. 再制造产品检测过程规划技术**

可靠性是决定再制造产品质量能否获得市场或客户认可的关键基础性指标。由于再制造产品的毛坯来源于废旧零部件，一般具有较高的价值，且往往采用单件生产模式，无法对其零部件实体开展大量的或破坏性的可靠性试验，严重影响了再制造产品可靠性评估的科学准确性，导致再制造产品质量长期受到公众偏见。如何识别影响再制造产品可靠性的关键因素，面向再制造产品再设计、再制造、再服役全寿命周期，设计再制造产品可靠性增长方案，提升再制造产品质量，是消除公众偏见，让更多的客户接受再制造产品的必然选择，是保障废旧零部件高品质再制造亟须解决的问题。其应用技术的具体内容如图 2-16 所示。

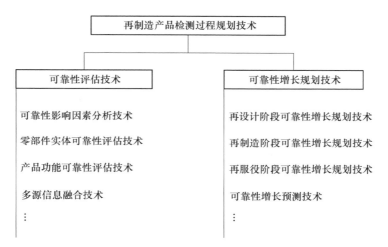

图 2-16　再制造产品检测过程规划的应用技术体系

其中，再制造产品可靠性评估主要涉及可靠性影响因素分析、零部件实体可靠性评估、产品功能可靠性评估、多源信息融合等应用技术；再制造产品可靠性增长规划则从再制造产品全寿命周期出发，运用再设计阶段可靠性增长规划技术、再制造阶段可靠性增长规划技术、再服役阶段可靠性增长规划技术，结合可靠性增长预测技术等进行工程实践。

2.4　再制造生产系统规划的实施体系

再制造生产系统规划涉及生产运作中多环节的多个子问题，实施过程十分复杂，且相对投入也比较大，它的应用实施是一个多因素的系统工程。实施再制造生产系统规划可以采取"需求牵引，技术推动；总体规划，效益驱动；分步实施，重点突破"的指导方针。

"需求牵引，技术推动"指再制造生产系统规划有一定的需求背景，既包括系统本身性能的提升需求，也包括社会对再制造产品的功能要求、资源要求和环境要求，如减少再制造生产过程的资源消耗和环境污染需求。在此基础上，还要考虑生产系统规划技术的推动作用，既要有实现再制造生产系统规划的技术，又包含再制造生产系统性能或功能的提升技术，使得再制造生产系统规划后具有很好的先进性和前瞻性。

"总体规划，效益驱动"指根据再制造生产系统规划的功能需求，以及再制造生产系统规划技术或模块、资金保障、人员配置、实施的难易程度等制定出总体规划方案，明确实施的步骤和顺序，设计再制造生产系统规划的保障环境。总体规划要以效益为驱动力，既包括企业在再制造生产系统规划中所获得的效益，也包括客户所获得的效益和社会所获得的效益，以效益最大化为目标来进行再制造生产系统规划。

"分步实施，重点突破"指在总体规划的基础上，再制造生产系统规划要根据系统不同功能的需求程度、资金能力和实现的难易程度，分步实施，稳妥地推进再制造生产系统规划的实施工作。例如，在实施过程中不断优化各生产环节，重点突破对再制造生产系统规划性能或效益具有重大影响的关键环节，来提高总体的规划效益。

▶▶2.4.1　实施程序与步骤

再制造生产系统规划的实施程序与步骤是在再制造生产系统规划理论与技术体系的基础上，结合生产系统运行的具体环境和需求等问题，制定的再制造生产系统规划实施流程。再制造生产系统规划的实施程序与步骤可以分为以下 7 个方面，如图 2-17 所示。

1）论证再制造生产系统规划的需求。一般需要分析人员和决策者根据再制造生产系统的运行特征和工况特点，论证对其进行决策优化或技术改进的需要，评估其规划的必要性，明确再制造生产系统规划的现实状况与希望状况之间的偏差。

2）制订再制造生产系统规划的性能目标。须结合系统规划的需求、系统运行环境、技术发展特点、再制造生产系统规划的保障情况和资源环境要求，分析和确定为达到系统规划目标所必须具备的性能和技术条件，制订切实可行的再制造生产系统规划所能达到的性能目标。

3）分析相关技术发展、技术标准和资源保障。根据技术发展情况，研究制定技术实施方案的约束条件，从物料、人员、方法、设备、环境等方面综合评价再制造生产系统规划的保障要素。

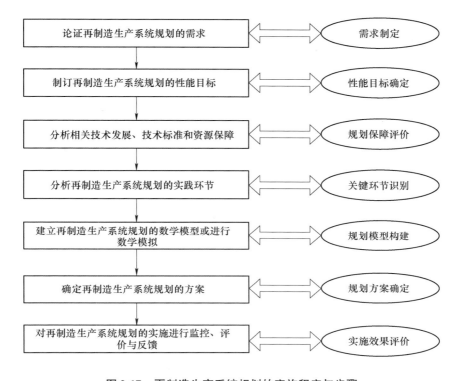

```
论证再制造生产系统规划的需求  ⟸⟹  需求制定

制订再制造生产系统规划的性能目标  ⟸⟹  性能目标确定

分析相关技术发展、技术标准和资源保障  ⟸⟹  规划保障评价

分析再制造生产系统规划的实践环节  ⟸⟹  关键环节识别

建立再制造生产系统规划的数学模型或进行数学模拟  ⟸⟹  规划模型构建

确定再制造生产系统规划的方案  ⟸⟹  规划方案确定

对再制造生产系统规划的实施进行监控、评价与反馈  ⟸⟹  实施效果评价
```

图 2-17　再制造生产系统规划的实施程序与步骤

4）分析再制造生产系统规划的实践环节。找出影响规划性能的主要原因，可以从毛坯品质、模块性能、实施工艺、生产设备、人员水平和组织管理等方面入手分析。

5）建立再制造生产系统规划的数学模型或进行数学模拟。数学模型是对真实系统规划行为特征的反映与描述，是对真实世界认识的升华，再制造生产系统规划数学模型建立的过程，实际上也是行为规律的认知过程，必须经过实践、抽象、实践的多次反复才能得到一个可以付诸实用的模型，从而起到帮助认识系统规划、模拟系统运行和优化系统运行的作用。

6）从技术、经济、环境等角度出发，确定再制造生产系统规划的方案。制定一系列再制造生产系统规划的备选方案，并通过对备选方案的分析和比较，从中选择出最优的生产系统规划方案。

7）对再制造生产系统规划的实施进行监控、评价与反馈。这一工作程序对一些再制造生产系统规划问题，在应用系统工程方法来进行规划、设计管理及运行时都可以参考，常常需要反复穿插进行。

2.4.2 实施体系框架

再制造生产系统规划具有特定的实施目标、功能、流程与数据支撑。通过从系统科学与系统工程的角度，对再制造生产系统规划的运行特征进行研究，提出了一种四层结构的再制造生产系统规划的实施体系框架，如图 2-18 所示。

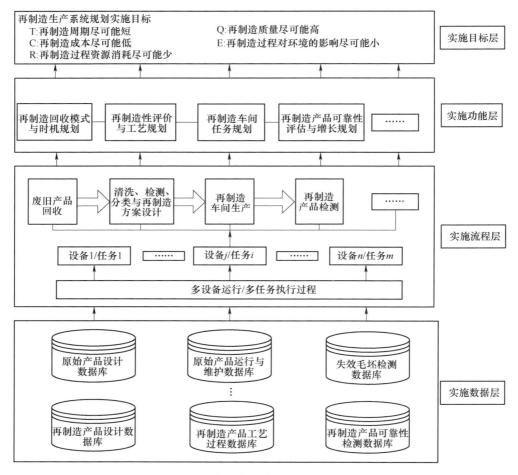

图 2-18 再制造生产系统规划的实施体系框架

再制造生产系统规划的实施体系框架中，四层结构之间的关系非常紧密，形成了一个有机的整体。再制造生产系统规划运行首要的就是确定运行目标以及动力所在，否则就会失去方向性，因此第一层为实施目标层，包括"T、Q、C、R、E"五大实施目标，即期望再制造生产系统在运行过程中实现周期短、质量高、成本低、资源消耗少、对环境的影响小，最终达到经济效益和社会效益协调优化，最大限度地发挥再制造先进技术装备与循环效益优势，是可持续发展战略在再制造工程实践中的直接体现；第二层是第一层战略目标的功能支撑层，为考虑了多目标优化运行目的再制造生产系统规划提供方法与技术支撑，包括再制造回收阶段与再制造生产阶段规划的两大功能，其中，再制造回收阶段主要解决回收模式与回收时机规划问题，再制造生产阶段主要涉及再制造性评价与工艺规划、再制造车间任务规划、再制造产品可靠性评估与增长规划等功能，两大阶段的规划构成了再制造生产系统规划的基本内容模块；第三层为实施流程层，是再制造生产系统规划作用的主要对象环节，包含两条实施流程主线，即多任务执行过程和多设备运行过程，共同面向由废旧产品回收、再制造方案设计、再制造加工、再制造产品检测等生产流程；第四层为实施数据层，为整个再制造生产系统规划的运行提供数据支撑，包含原始产品设计数据库、原始产品运行与维护数据库、失效毛坯检测数据库、再制造产品设计数据库、再制造产品工艺过程数据库、再制造产品可靠性检测数据库等模块。

2.5 本章小结

本章首先对再制造生产系统规划的内容与范围进行了系统的分析，探讨了再制造生产系统规划的目标与关键功能，构建了关键功能模型，明确了再制造生产系统规划的作用要素与运行特性，建立了运行过程模型。围绕什么是再制造生产系统规划、规划什么样的再制造生产系统和怎样规划再制造生产系统三大基本问题，提出了再制造生产系统规划的理论体系框架，并阐述了各理论的主要内容。通过分析再制造生产系统规划的技术内涵，面向再制造生产系统各个环节，构建了全面的技术体系框架，并进一步提出了实施程序与步骤以及实施体系框架，从而整体形成了再制造生产系统规划的运行体系。

参 考 文 献

[1] 徐滨士. 新时代中国特色再制造的创新发展 [J]. 中国表面工程, 2018, 31 (1): 1-6.
[2] 刘丽文. 生产与运作管理 [M]. 5版. 北京: 清华大学出版社, 2016.
[3] 张华, 江志刚. 绿色制造系统工程理论与实践 [M]. 北京: 科学出版社, 2013.
[4] 徐滨士. 绿色再制造工程的发展现状和未来展望 [J]. 中国工程科学, 2011, 13 (1): 4-10.
[5] 崔培枝, 姚巨坤, 李超宇. 面向资源节约的精益再制造生产管理研究 [J]. 中国资源综合利用, 2017, 35 (1): 39-42.
[6] 刘飞. 制造系统工程 [M]. 北京: 国防工业出版社, 1995.

［7］朱胜，姚巨坤．基于再制造的装备多寿命周期工程［J］．装甲兵工程学院学报，2009，23（4）：1-5.

［8］姚巨坤，朱胜．再制造升级［M］．北京：机械工业出版社，2016.

［9］刘飞，曹华军，张华．绿色制造的理论与技术［M］．北京：科学出版社，2005.

［10］夏文汇．现代物流运作管理［M］．成都：西南财经大学出版社，2003.

［11］杜彦斌，李聪波，刘世豪．基于GO法的机床再制造工艺过程可靠性分析方法［J］．机械工程学报，2017，53（11）：203-210.

第 3 章

——

再制造回收模式与时机规划

废旧产品及其零部件回收是再制造活动的起点，其本质是废旧品在用户、分销商、回收商等各回收参与主体间的物流过程。由于再制造回收参与主体众多、流程复杂、废旧品分布范围广、失效特征与时机不确定等，导致再制造回收过程效率低下，严重影响了再制造生产系统的原料供应。本章在分析再制造逆向物流的基础上，对再制造回收模式与时机规划问题进行研究，探讨不同再制造回收模式的特点及效用，建立再制造回收模式规划模型，并提出综合考虑回收过程经济效益与环境效益的废旧品再制造最佳回收时机规划方法，通过对回收品、回收主体及回收流程的组织与优化，为实现再制造生产系统稳定、高效的物流活动提供方法支持。

3.1　再制造逆向物流分析

再制造回收模式规划与回收时机规划旨在对回收参与主体和废旧品的回收时间进行科学合理的组织与决策，是保障再制造生产系统物流活动高效稳定运行的首要环节。再制造回收模式规划中需要考虑哪些参与主体？这些主体与回收模式存在何种关联？废旧品在这些主体之间又是如何进行流通的等，均是再制造回收模式与时机规划需要考虑的关键问题。为便于理解再制造回收模式与时机规划的概念和边界及其对再制造生产系统的影响，需要对再制造逆向物流的特点进行分析。

再制造逆向物流是再制造生产系统的重要组成部分，是指以再制造生产为目的，为重新获取产品的附加价值，产品从其消费地运输至再制造加工地并重新回到销售市场的流动过程。从再制造逆向物流的定义可以看出，其主要具有以下特点：

1）再制造逆向物流的参与主体众多。废旧品的来源包括原始制造商中未通过质检而需要返工的半成品/成品，销售商由于商业返还、库存调整等产生的退货，以及用户或消费者使用后的报废产品等。产品原始制造商、产品供应商、用户、再制造商等主体均可能参与到废旧品回收中。

2）再制造逆向物流过程复杂。在一系列逆向物流活动中，废旧品需要从一个参与主体流通到另一个参与主体，由于各参与主体功能存在交叉，且其间并无严格的流动先后顺序，导致再制造逆向物流的流动过程呈现出多主体交叉的复杂闭环结构，如图3-1所示。

3）再制造逆向物流对象具有不确定性。再制造逆向物流的流通对象主要是各类废旧产品及其零部件，由于产品本身结构复杂，型号、组成零部件类别众多，且这些产品进入再制造逆向物流前的服役时间、服役工况、维修状态等各异，导致废旧产品及其零部件的失效形式、失效程度、失效时机等千差万别，具有很强的不确定性。

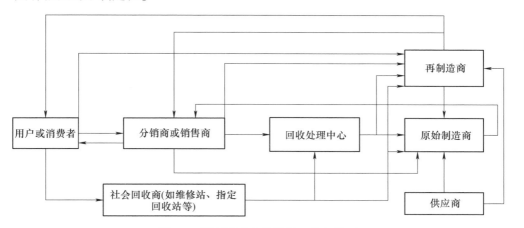

图 3-1 再制造逆向物流闭环流程模型

再制造逆向物流的多参与主体、复杂的闭环流动过程以及高度不确定的回收废旧品等特征，导致了再制造生产系统在原料供应中存在大量不稳定因素，且这些不稳定因素会随着生产系统的运作进程传递到各个子系统或子环节，严重影响再制造生产活动的顺利实施。而选择什么样的回收模式，在什么时机进行废旧品回收，如何保障稳定的回收渠道与回收批量，即实施再制造回收模式与时机规划，对于实现再制造生产系统稳定、高效的原料供应与物流活动具有重要作用，需要科学、有效的模型与方法作为支撑。

3.2 再制造回收模式与时机规划概述

3.2.1 再制造回收模式规划概述

再制造回收模式规划（remanufacturing recycling mode planning，RRMP）是基于再制造企业的组织结构、业务范围与生产条件或能力，协同考虑废旧产品及其零部件回收的经济成本、环境污染和社会影响，对回收过程多参与主体的组织管理模式进行设计和优化的过程。再制造回收模式规划主要具有回收模式的多样性、规划目标的多重性与规划指标的多属性等特点。

（1）回收模式的多样性 由于废旧品回收渠道的组织依赖于产品特性、逆向供应链结构、回收参与主体的再制造能力等，不同类型的废旧品、不同回收参与主体，往往存在多种不同的回收模式，且这些回收模式在回收体系构建成本、经营风险、信息反馈速度、信息保密程度、服务专业化程度等方面均具有各自的优缺点。进行再制造回收模式规划的目的是在不同的回收模式中选择出最符合企业需要、最有利于提升废旧品回收率、最易实现废旧品再制造的模式。

（2）规划目标的多重性　再制造回收模式规划的目标是实现回收过程经济效益、社会效益和生态环境效益的协同优化。其中，经济性是企业实施废旧品回收模式规划的首要目标，另外，由于"生产者责任延伸制"的推行，制造商的责任延伸至废旧产品回收处理的全生命周期，废旧产品在回收、拆解、再制造等处理过程中可能会产生大量的污染，选择合理的回收模式有利于节约资源、保护环境，塑造企业良好的社会形象。因此，在进行再制造回收模式规划时，应注重协调经济、环境、社会效益多重目标的协调优化，这样才能最大限度地发挥再制造回收模式规划的效能。

（3）规划指标的多属性　由回收规划模式的多样性以及规划目标的多重性可以看出，在进行再制造回收模式规划时，必定会涉及大量反映回收过程经济性、环境性、社会性的定性和定量多属性规划指标，这些指标之间存在一定的矛盾性和不可公度性，其量纲不同且相互影响，因此需要建立定性分析与定量计算集成的方法体系，这样才能确保再制造回收模式规划方案的有效性。

▶3.2.2　再制造回收时机规划概述

再制造回收时机规划（remanufacturing recycling timing planning，RRTP）是考虑服役过程对废旧产品及其零部件失效特征与失效时机的影响，以提高废旧产品的回收率、保障稳定的回收物流与批量、最大化废旧产品利用价值为目的，主动对尚处于服役过程中的废旧产品最佳再制造时域进行预测，进而确定废旧产品回收时机的过程。再制造回收时机规划对于提高废旧产品回收率，避免产品被"过度使用"而造成的再制造成本高或无法再制造，以及再制造规模化发展等具有重要的意义和作用。

从多寿命周期的角度来看，再制造回收时机规划的本质在于产品服役周期与再制造综合效益的博弈。产品零部件的故障率是随使用时间而变化的，大致分为三个阶段，即早期故障期、偶然故障期和耗损故障期，其性能演化规律大致服从"浴盆"曲线，如图 3-2 所示。其中，在零部件的偶然故障期，其故障率比较低，接近常数，一般发生故障的原因是超过设备设计强度负荷的偶然波动或其他的偶然因素。随着服役进程进入耗损故障期，零部件磨损加剧，发生失效的零部件数量增多，导致产品性能变差和故障率上升，产品性能急剧下降，直至失效。

当再制造时间选择点为产品失去服役能力后，此时再制造的费用昂贵，难度较大，零部件往往损耗严重，甚至会丧失再制造的价值，造成对资源的极大浪费。若对其关键零部件的回收时间进行控制，在零部件还没有达到损耗失效的情况下就将其回收进行再制造，如在偶然故障期的某个时间进行回收，则零部件的可再制造率即可大大地提高。如图 3-2 所示，通过产品服役周期与再制造综合效益的博弈，规划再制造回收时机，在该时域对产品进行再制造改造和升级，产品可以达到可再制造性最佳、经济性最好、技术性要求最低，具有最高的再制造综合效益。再制造回收时机规划主要有如下特点：

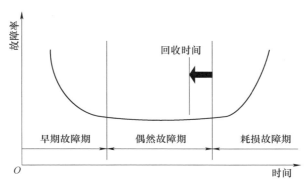

图 3-2　"浴盆"曲线

（1）主动性　再制造回收时机规划是确定产品的最佳回收时机，并主动实施回收再制造的过程。一般而言，回收时间区域位于产品服役终止前，即废旧产品仍处于服役过程中，此时应主动停止产品服役状态，对其关键零部件实施再制造，而非等待产品报废后再进行再制造。

（2）时机最佳性　产品的性能演化规律（"浴盆"曲线）决定了其在服役过程中客观上必定存在最佳的再制造时域，基于这一最佳时域确定回收时机，能够实现该废旧产品及其零部件的再制造综合效益最高。

3.3　再制造回收模式的特点与效用

3.3.1　再制造回收模式的特点

依据再制造逆向物流闭环流程模型和再制造回收活动的主导角色，一般可以将目前的再制造回收模式分为三种：制造商回收（manufacturer take-back，MT）、零售商回收（retailer take-back，RT）、第三方回收（third party take-back，TPT）。这三类不同回收模式的特点如下：

1. 制造商回收（MT）

制造商回收是生产厂家直接回收消费者的废旧产品。这种回收模式需要制造商能够自主完成废旧产品的回收、再制造、再销售等业务，并且能够负担整个过程的所有费用，该模式中，企业既要实施产品的生产和正向销售，还要完成产品的废旧回收等工作。因此，需要独自构建一套符合企业发展战略的逆向物流网络体系。制造商回收模式可以根据网点分布具体分为集中式和分散式两种，如图 3-3、3-4 所示。

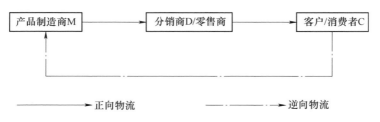

图 3-3　制造商分散式自营回收模式物流

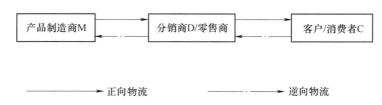

图 3-4　制造商集中式自营回收模式物流

▶▶ 2. 零售商回收（RT）

零售商回收模式是指制造商与零售商达成协议，由零售商负责完成企业的回收任务，并利用已存在的回收渠道和客户信息资源，逐步健全旧件回收网点和回收体系的模式。零售商对已回收的旧件进行一定的筛选，把符合要求的旧件运输到当地的回收处理中心，其物流如图 3-5 所示。

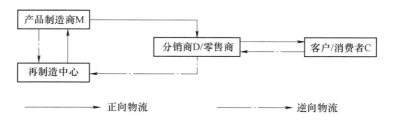

图 3-5　零售商回收模式物流

▶▶ 3. 第三方回收（TPT）

委托第三方回收商回收，即由专业的第三方回收商回收废旧产品。这种模式下，制造商与零售商能够有效避免经营风险，发挥社会化的专业优势，规模经济性较好。其物流过程如图 3-6 所示。

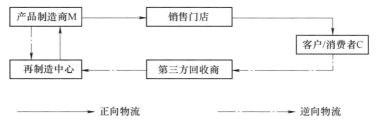

图 3-6　第三方回收模式物流

此外，由于退役产品的来源千差万别、回收产品的质量参差不齐、客户参与到逆向物流中导致市场的供应和需求极不稳定，出于回收规模效益的需要，再制造企业通常不会只考虑某一种回收模式，即存在不同回收模式的混合回收模式，如图 3-7 所示。

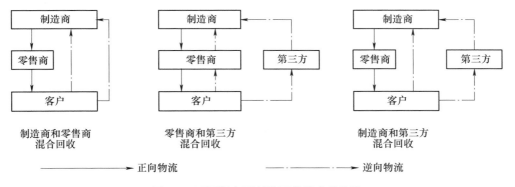

图 3-7　不同混合再制造回收模式的物流

根据供应链逆向渠道参与方的不同，所对应的混合回收模式有：制造商和零售商混合回收（MRHT）模式、零售商和第三方混合回收（RTHT）模式、制造商和第三方混合回收（MTHT）模式。在工程实践中，采用 RTHT 模式的例子比较常见。例如，美国的手机再制造商 ReCellular Inc. 公司就选择从零售商和第三方回收商手中回收旧机进行再制造。作为国内工程机械绿色供应链服务商之一，武汉千里马工程机械集团有限公司选择从自己的零售商网络和第三方二手市场回收退役工程机械产品。

3.3.2　再制造回收模式的效用

一般而言，回收模式本身没有优劣之分，其规划受到实施主体自身情况、所处外部环境和决策者本身偏好等因素的影响，只有当其应用到具体实施主体和决策环境中时，才能评估该模式是否合适。但不同回收模式在回收系统构建成本、经营风险、信息反馈速度、技术保密程度、服务专业化程度等多个方面具有不同的效用特点。

1. 回收系统构建成本

在以上三种回收模式中，零售商回收模式下回收系统构建成本最低，因为在这种模式下，回收网点与销售网点是一致的，而且不需要重新配备回收人员。

无论是从企业角度还是从社会资源配置角度来看，制造商回收模式下的回收系统构建成本都是最高的。从企业角度来说，因为该模式下需要重新配置回收网点和作业人员，生产企业需要投入大量人力、物力和财力进行经营，采用该模式的企业必须具备雄厚的实力。从社会资源配置角度来说，如果每个生产商都建立自己的回收系统，将会造成社会配置严重过剩，而且单个企业回收量少，不能形成规模效应，导致设备处于闲置状态。

第三方回收企业回收模式系统构建成本居中，第三方回收企业回收模式下，能实现规模效应，容易形成废旧产品回收集中化和产业化发展，从社会资源配置角度来看，成本较低。但同时也可以发现，TPT模式下零售商和制造商的获益均是最低的。

2. 经营风险

经营风险是指企业采取某回收模式情况下，会对企业造成的潜在隐患。在集中模式下，制造商回收模式的经营风险最大，因为在该模式下，企业需要增加大量的现金流，如果因此导致资金断裂，对企业来说将是致命的打击，而且在该模式下，由企业自担所有风险。第三方回收模式和零售商回收模式下的经营风险都较小。

3. 信息反馈速度

在废旧产品的回收过程中，回收主体能收集消费者对产品使用过程中的感受和体验信息，并将其反馈给制造商，制造商根据消费者的反馈信息对产品性能进行不断改善，从而生产出更加符合消费需求的新产品。而在回收过程中，消费者离制造商越远，信息反馈速度越慢；反之，则越快。其信息反馈速度由快到慢依次是：制造商回收模式、第三方回收企业回收模式、零售商回收模式。

4. 技术保密程度

技术保密程度是基于原始制造商角度考虑的，如果生产企业自行建立回收系统，将能更好地保护企业生产机密。若采取其他回收模式，将要耗费一定的保护成本，并且要承担机密泄露风险。

5. 服务专业化程度

按照企业性质分类，第三方企业经营下的回收属于服务业，拥有自身的技术和网络优势，相对而言，能提供更专业的服务。而且第三方企业的核心竞争力就是服务质量，要想在行业内脱颖而出，就需要提供更优质的服务。其他两种回收模式下，服务属于附加业务，而非核心竞争力，在服务专业化程度方面，无法与第三方回收模式相比较。

综合考虑成本、风险、信息反馈速度、技术保密程度和专业化服务程度，对制造商回收、零售商回收和第三方回收的效用进行了对比，如图 3-8 所示。

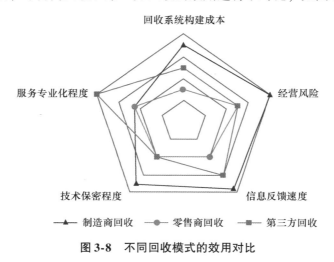

图 3-8 不同回收模式的效用对比

3.4 再制造回收时机规划方法

再制造具有回收时机最佳性特征，因此如何确定旧件再制造的最佳回收时机显得尤为关键。回收时间太早，产品的原始使用价值未得到充分利用，将造成资源浪费；回收时间过晚，旧件的再制造难度增大，可再制造性不高。为了最大限度地利用在役产品的剩余服役价值，同时又能控制再制造毛坯的不确定性，需要在产品完全报废之前的某个时域内主动对其进行再制造回收。在这个主动再制造时域内进行再制造活动，可以使产品在全生命周期内的技术要求、环境排放、经济投入等综合指标达到最优。

▷3.4.1 再制造回收时机规划框架

目前，几乎都是在整机产品不得不退役时才对其进行回收，对其进行再制造时，往往有一部分关键零部件已经严重失效到无法进行再制造，最终只能以废品的形式进行回收，这种形式的回收通常会对环境造成极大的污染以及资源浪费。零部件的故障率是随使用时间规律变化的，大致分为三个阶段，即早期故障期、偶然故障期和耗损故障期。若对产品的回收时间进行控制，在零部件还没有完全失效的情况下就将其回收进行再制造，即在偶然故障期或耗损故障期的某个时间进行回收，则产品的可再制造率将大大地提高，同时还能节约资源、减少环境污染，具有极大的经济效益和社会效益。

从全生命周期的角度出发，分析产品在制造、服役、再制造、再服役这四个阶段的性能变化规律，据此找出产品最佳的回收时间。废旧产品的最佳回收时机不仅需要考虑其性能变化，还需要考虑回收产品对后续再制造活动经济性、环境性等的影响，是一个系统的决策过程。一般而言，再制造回收时机规划可以基于工程经济学及数值分析方法，以年均环境影响和年均成本为评价指标，当产品的环境影响和成本的综合值处于最小值时，即可认为产品在整个服役周期内的技术性、经济性、环境性分别达到最佳，以此确定最佳回收时机，如图 3-9 所示。

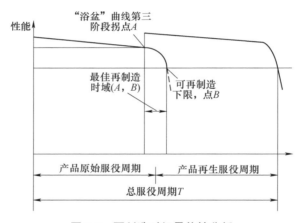

图 3-9　再制造时机最佳性分析

对于如何确定废旧产品最佳再制造回收时机，目前比较常用的方法是以技术经济学相关理论为指导，通过分析产品在原始服役周期和再生服役周期的经济成本费用，综合考虑产品全生命周期的经济成本和环境影响。产品最佳回收时机决策框架如图 3-10 所示。

该决策框架主要包括四个部分，分别是产品多生命周期分析、产品服役过程分析、产品年均环境影响和年均成本计算以及产品最佳回收时机决策，各部分的主要功能与运行步骤分别如下：

▶▶1. 产品多生命周期分析

一般而言，产品生命周期大致要经历产品的研发设计、产品的原始制造、产品的使用、产品的回收等阶段，进而通过再制造进入产品的下一个生命周期，

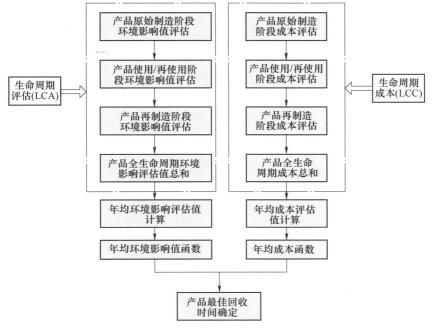

图 3-10 产品最佳回收时机决策框架

即再使用，最终进行产品的环保处理，如图 3-11 所示。

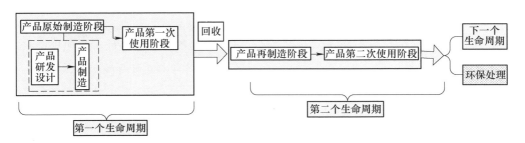

图 3-11 产品的多生命周期

由于再制造是连接产品不同生命周期的关键技术环节，因此在考虑其最佳回收时机时，需要对产品多生命周期进行分析。

▶▶ **2. 产品服役过程分析**

在前期，产品由于缺乏调试和磨合，因此失效率较高，但极易修复，维修成本较低；磨合过程结束后，产品基本处于稳定的工作状态，此阶段的失效往往是由设备操作不规范等人为因素引起的，维修频率较低，维修成本也较低；在"浴盆"曲线的第三阶段，由于磨损量日益增加、腐蚀失效、疲劳破坏等原因，使得产品的故障率偏高，此阶段的维修频率和维修成本均较高，如图 3-12 所示。

图 3-12　产品生命周期阶段

鉴于以上分析，可以基本忽略产品在服役期间第一、二阶段的维修成本，着重从"浴盆"曲线的第三阶段来考虑产品的维修成本。但对于不同的产品，所要求的回收时机略有差异，因此应整体考虑产品的维修成本。

▶ 3. 产品年均环境影响和年均成本计算

零部件的年均环境影响指标函数是基于不同的时间点将其回收进行再制造的平均环境影响指标的拟合函数，是零部件在经历原始制造、使用、再制造、再使用的多生命周期内所产生的年均环境影响评估值。零部件的原始制造成本、使用成本可以由产品在多生命周期内的历史数据分析得到，零部件的再制造成本依靠历史数据预测得到，再制造零部件使用成本等于初始使用成本，根据历史经验数据，可假定期望维修成本为一定值。

▶ 4. 产品最佳回收时机决策

依据产品年均环境影响评估值函数和年均成本函数进行拟合，判断该产品的最佳回收时机。

▶ 3. 4. 2　再制造回收时机规划模型

基于产品最佳回收时机决策框架，可以构建以产品在多生命周期内单位服役时间的环境影响最小和成本最低为目标的多目标规划模型：

$$\min L(t_b) = \alpha_1 F(t_b) + \alpha_2 C(t_b) \tag{3-1}$$

式中，α_1 和 α_2 分别为关键零部件年均环境影响指标和年均成本指标的权重；t_b 为决策变量，即再制造回收时机；$F(t_b)$ 为拟合出的年均环境影响指标函数；$C(t_b)$ 为拟合出的该零部件年均成本指标函数。

▶ 1. 产品多生命周期年均环境影响函数

多生命周期影响评价是根据清单分析的结果，对产品在生命周期内所造成的环境影响进行定量的评估，并计算得到单一的环境影响指标值。影响评价过程可分为分类、特征化、标准化、加权评估和环境影响评估值求解，其评价框架可用图 3-13 描述。

（1）分类　首先要对影响环境的所有清单物质进行分类，即将对环境影响情况相同的清单物质归为一类。例如，原材料煤、石油、天然气等可全部归为初始能源消耗这一类中。

（2）特征化　特征化是在分类的基础上，将各项环境影响类别相联系的子项进行汇总，计算各项环境影响的大小。通俗来说，是将一类环境影响类别中的不同清单物质换算为统一的单元，以方便对各环境影响类目进行比较。例如，可以将各种温室效应气体的清单量全部换算为以

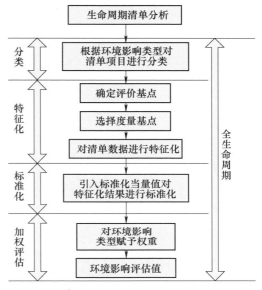

图 3-13　多生命周期影响评价框架

CO_2 的量为标准量来表示。特征化过程是根据所选择的生命周期影响类型，建立特征化模型，然后由特征化模型导出特征化因子（characterization factor），最后根据式（3-2）得到特征化结果。

$$S_n = \sum Q_i EP_i \tag{3-2}$$

式中，S_n 为第 n 种环境影响类型指标的特征化结果；Q_i 为加工单位质量的材料而排放的 i 物质的清单量；EP_i 为特征化因子。

（3）标准化　对特征化的结果数据进行标准化是为了对不同影响类型的大小进行比较，从而比较各种影响类型的贡献大小。标准化值可用式（3-3）进行计算。

$$P_n = S_n \frac{1}{R_r} \tag{3-3}$$

式中，P_n 为第 n 种环境影响类型指标的标准化值；R_r 为标准化当量值，是每年每人平均造成的环境影响潜值，标准化当量值由式（3-4）进行计算。

$$R_r = \frac{\sum EP(i)_r}{POP_r} \tag{3-4}$$

式中，$EP(i)_r$ 为 r 年我国人口造成的第 i 种环境影响潜值；POP_r 为 r 年我国的人口总数。

（4）环境影响评估值求解　数据经过标准化后，偶尔会存在两种不同类型的环境影响潜值相同，但不能视为这两种类型的潜在环境影响同样严重的情况，

因此，需要对不同环境影响类型的严重程度赋予不同的权重后才能进行比较，这一过程称为加权。加权后的影响潜值由式（3-5）确定。

$$WP_n = P_n Wf_n \tag{3-5}$$

式中，WP_n 为加权后第 n 种环境影响类型的环境影响评估值；Wf_n 为第 n 种环境影响类型的权重。

最后的环境影响评估值即为加权后各类型的环境影响评估值之和，由式（3-6）来计算。

$$EI_j = \sum WP_n \tag{3-6}$$

式中，EI_j 为全生命周期中第 j 个阶段的环境影响评估值。

根据式（3-6）即可计算出不同时间点回收的零部件在整个多生命周期中的年均环境影响评估值，然后根据这些评估值即可拟合出该零部件的年均环境影响指标函数 $F(t_b)$。

▶▶ 2. 产品多生命周期年均成本函数

根据全生命周期成本分析法，可计算出产品在多生命周期四个阶段的成本评估值，设产品全生命周期的年均成本为 C_t，C_t 可由式（3-7）计算得到。

$$C_t = \frac{C_{nm} + C_{nu} + C_{rm} + C_{ru} + C_{mr}[N(t_b) - N(t_3)]}{t_b + T} \tag{3-7}$$

式中，C_{nm} 为原始制造成本；C_{nu} 为产品使用成本（不包含维修成本）；C_{rm} 为产品再制造成本；C_{ru} 为再制造产品使用成本；C_{mr} 为维修成本的期望值；$N(t_b)$ 为累计失效次数；t_b 为决策变量，即再制造回收时机；t_3 是"浴盆"曲线中第二阶段的终点；T 为产品的总服役周期。$N(t)$ 的计算方法如下：

$$N(t) = \int_0^t h(s)\,\mathrm{d}s \tag{3-8}$$

式中，$h(s)$ 为产品的失效率函数，可由威布尔（Weibull）分布拟合失效数据确定。

产品的原始制造成本可表示为

$$C_{nm} = (C_m + C_w)(1 + r)(1 + e) \tag{3-9}$$

式中，C_m 为生产单位产品所需的材料成本；C_w 为生产单位产品所发的工人工资；r 为生产单位产品的管理成本与所需材料和工人工资成本总和的比值；e 为单位产品的研发设计成本与制造成本之比。

假设新制造的产品在第一年的使用成本为 C_1，那么，零部件在第 n 年的使用成本 C_n 可表示为

$$C_n = C_1(1 + g)^{n-1} \tag{3-10}$$

式中，g 为劣化度，也就是零部件在使用的过程中因磨损或老化等原因使得使用

成本逐年增加的程度。

因此，新制造产品在第一次使用阶段的成本（C_{nu}）和再制造产品再使用阶段的成本（C_{ru}）可表示为

$$C_{nu} = C_{ru} = \sum_{n=1} C_n \tag{3-11}$$

由于回收旧件的质量状态参差不齐，导致再制造成本中各分解成本具有不确定性和随机性。例如，对于可再制造件加工成本，回收件的质量状况不确定，也即旧件的失效形式以及失效程度不确定，会导致再制造加工的时间不同、再制造加工时消耗的材料及人工成本不同，甚至所采用的加工方法也可能不同，故可再制造件加工成本具有不确定性和随机性。因此，再制造成本通过历史数据预测得到，预测方法可以采用 BP 神经网络、支持向量机等方法。

根据式（3-7）即可计算出不同时间点回收的零部件在整个多生命周期中的年均成本，然后根据这些年均成本评估值拟合出该零部件的年均成本指标函数 $C(t_b)$。

▷▷ 3. 基于可靠度的最佳回收时机决策

为了对最佳回收时机进行决策，选取可靠度和失效率评价指标对产品的服役情况进行量化分析，并通过威布尔分布来表征失效率函数，同时结合再制造时机决策模型来确定旧件再制造的最佳回收时机，如图 3-14 所示，图中 t_d 为可靠度要求下的再制造回收时机。

（1）威布尔分布模型构建　威布尔分布是一种连续型的分布函数模型，由瑞典学者威布尔于 1939 年提出，威布尔曾将该分布模型应用于大量失效数据的拟合分析，证明其提出的分布模型对各种类型的试验数据都具有很强的拟合能力。三参数模型是最基本的表达形式，其可靠度函数表达式为

$$R(t) = \exp\left[-\frac{(t-\gamma)}{\eta}\right]^{\beta} \tag{3-12}$$

式中，β 为形状参数；η 为尺度参数；γ 为位置参数。

不同形状参数的取值使失效率函数呈现不同的形式，因此威布尔分布可以用来拟合不同故障期的"浴盆"曲线，见表 3-1。

表 3-1　威布尔分布与"浴盆"曲线的关系

β	类　　型	概　　述
<1	早期故障期	故障率相对较高，随着磨合时间的增加而下降。失效原因一般为制造质量问题，错误的安装、设置及使用等
≈1	偶然故障期	故障率低且相对稳定，失效原因归结于人为操作和部分零件达到寿命
>1	耗损故障期	故障率明显上升，失效原因为部件老化、疲劳破坏、腐蚀等

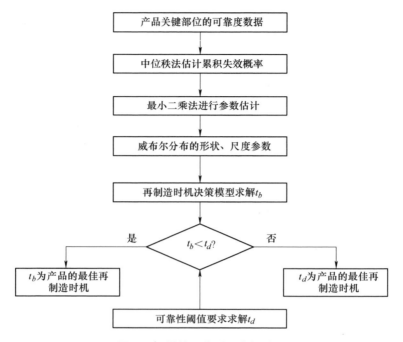

图 3-14 最佳回收时机求解流程

考虑到三参数威布尔分布模型的复杂结构以及参数估计比较困难，在工程实践中应用更多的是简化后的两参数威布尔分布模型，其概率密度函数 $f(t)$ 和累积失效分布函数 $F(t)$ 表达式为

$$\begin{cases} f(t) = \dfrac{\beta}{\eta}\left(\dfrac{t}{\eta}\right)^{\beta-1}\exp\left[\left(-\dfrac{t}{\eta}\right)^{\beta}\right] \\[2mm] F(t) = 1 - \exp\left[\left(-\dfrac{t}{\eta}\right)^{\beta}\right] \end{cases} \tag{3-13}$$

因此，两参数威布尔分布的故障率函数可表示为

$$h(t) = \dfrac{f(t)}{1 - F(t)} = \dfrac{\beta}{\eta}\left(\dfrac{t}{\eta}\right)^{\beta-1} \tag{3-14}$$

将式（3-14）代入决策模型中，由于决策模型较为复杂，利用高等数学中的极值法求导确定再制造最佳回收时机的解析解比较困难，这里通过数值逼近的方式来求解目标函数的数值解。

（2）基于最小二乘法的参数估计　目前，常用来拟合威布尔分布参数值的方法有图估计法、极大似然估计法以及最小二乘估计法等。其中，图估计法和极大似然估计法操作过程较为繁琐，应用相对较少。由于最小二乘法具有计算简单、拟合精度高以及能有效实现数据的线性化处理等优点，因此在威布尔分布参数拟合中得到了广泛的应用。

在运用最小二乘法进行参数估计时，首先需要对产品的累积失效概率进行估计，参数估计精度在很大程度上取决于累积失效分布函数的准确性。对于产品累积失效概率的估计，在工程实践中应用最广泛的是经验分析法，即从故障时间序列中通过经验公式计算出每个故障时间点的累积失效分布函数值，然后对故障数据从小到大进行排列，得到有序的故障时间序列 $(t_1, t_2, \cdots, t_n)$，常采用平均秩法或中位秩法来估计累积失效分布函数值。本文采用中位秩法来计算 t_i 时刻累积失效分布函数 $F(t_i)$ 的估计值：

$$F(t_i) = \frac{i - 0.3}{n + 0.4} \tag{3-15}$$

式中，i 为失效的先后次序；n 为样本大小。

数据样本是进行累积失效概率估计的基础，失效数据能有效地反映产品及零部件在服役过程中的寿命演化机制，是较为理想的参数估计样本。数据来源主要包括产品试验数据和外场使用收集到的现场数据，其中试验数据主要包含整机及零部件的试验数据。在失效数据的基础上，通过中位秩法和最小二乘法对两参数威布尔分布的参数值进行估计，具体过程如下：

两参数威布尔分布的可靠度 $R(t)$ 表达式为

$$R(t) = \exp\left(-\frac{t}{\eta}\right)^{\beta} \tag{3-16}$$

将失效率 $F(t)$ 与可靠度 $R(t)$ 的关系表达式 $1 - F(t) = R(t)$，代入式 (3-16) 后取两次对数可以简化为一个直线方程，具体如下：

$$\frac{1}{1 - F(t)} = \exp\left(\frac{t}{\eta}\right)^{\beta} \tag{3-17}$$

因此，有

$$\ln\frac{1}{1 - F(t)} = \left(\frac{t}{\eta}\right)^{\beta} \tag{3-18}$$

继续取对数

$$\ln\ln\frac{1}{1 - F(t)} = \beta\ln t - \beta\ln\eta \tag{3-19}$$

令 $\begin{cases} y = \ln\ln\left[\dfrac{1}{1 - F(t)}\right] \\ x = \ln t \\ a = \beta \\ b = -\beta\ln\eta \end{cases}$，则式 (3-19) 将变成 $y = ax + b$ 的形式，通过最小二乘法进行参数估计的核心思想是使待求解的拟合函数值与实际数据值之间误差

的二次方和最小，从而得到数据的最佳函数匹配，其计算公式为

$$
\begin{cases}
a = \dfrac{\displaystyle\sum_{i=1}^{n} x_i y_i - \displaystyle\sum_{i=1}^{n} x_i \sum_{i=1}^{n} y_i}{n \displaystyle\sum_{i=1}^{n} x_i^2 - \left(\displaystyle\sum_{i=1}^{n} x_i\right)^2} \\
b = \dfrac{1}{n} \displaystyle\sum_{i=1}^{n} y_i - \dfrac{a}{n} \displaystyle\sum_{i=1}^{n} x_i
\end{cases}
\tag{3-20}
$$

联合式（3-20），求出威布尔分布的两参数值，得到失效率分布函数，从而可以求出产品的失效次数，进而得到维修成本，再联合目标函数两式，利用MATLAB 优化工具箱函数来逼近再制造最佳回收时机的数值解。

3.5 再制造回收模式与时机规划案例

3.5.1 再制造回收模式规划案例

下面以某再制造企业废旧机床主轴为例，利用熵权法和 TOPSIS 法⊖对废旧机床主轴再制造回收模式进行规划决策，主要步骤如下。

1. 评价指标决策矩阵构建及指标量化

机床主轴是机床重要的组成零部件，也是机床易出现故障的零部件，限制着机床的使用寿命。机床主轴具有较高的附加值，其性能优劣影响着零部件的加工精度和加工质量，不同回收模式的选择影响着其附加值的有效利用。通过分析机床主轴服役工况，以及再制造回收模式调研，建立了包括社会、技术、环境、资源和经济五个维度的废旧机床主轴再制造回收模式规划评价体系，如图 3-15 所示。

其中，各维度的指标属性及量化方法如下：

（1）社会性指标

1）生态效益 A1。生态效益的目标是在减少资源使用和环境影响的同时，将产品的附加值增加到最大。再制造回收模式的选取应保证能带来大量的生态效益，保障在物流过程中对环境产生有益影响。生态效益可表示为

$$
A1 = \frac{再制造产品的价值}{资源环境的消耗} \tag{3-21}
$$

⊖ TOPSIS（technique for order preference by similarity to an ideal solution）法是由 C. L. Hwang 和 K. Yoon 于 1981 年首次提出的，TOPSIS 法是根据有限个评价对象与理想化目标的接近程度进行排序的方法，是在现有的对象中进行相对优劣的评价。

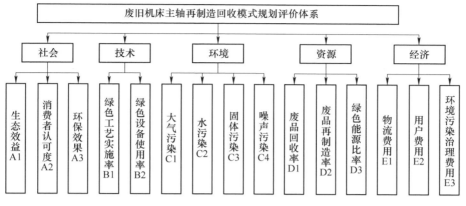

图 3-15　废旧机床主轴再制造回收模式规划评价体系

2）消费者认可度 A2。再制造回收模式的选取应充分考虑消费者的认可度，逆向物流的开展是企业为改善与消费者之间的关系、提高企业竞争力的表现。消费者认可度可表示为

$$A2 = \frac{认可人数}{总人数} \quad\quad (3-22)$$

3）环保效果 A3。实施再制造回收必然会对环境造成影响，且不同的再制造回收模式造成的环境影响不一样，因此选择再制造回收模式时，应保证在同样的技术条件下环保效果最优、资源消耗最少。环保效果可表示为

$$A3 = \frac{\max x_i - x_i}{\max x_i - \min x_i} \quad\quad (3-23)$$

式中，$\max x_i$ 表示采取某再制造回收模式时环保效果的最佳程度；$\min x_i$ 表示采取某再制造回收模式时环保效果的最差程度；x_i 表示采取某再制造回收模式时环保效果的实际程度。

（2）技术性指标

1）绿色工艺实施率 B1。绿色工艺需要从逆向物流的全生命周期角度进行考虑，在其生命周期内采用对废旧产品回收、利用、处理等过程能源损耗少和环境污染少的工艺方案才能有效地促进再制造逆向物流的绿色化发展。绿色工艺实施率可表示为

$$B1 = \frac{采用的绿色工艺总数}{系统所含工艺总数} \times 100\%$$

2）绿色设备使用率 B2。绿色设备的采用能避免设备资源上的严重浪费，同时可提高废旧产品的回收率和再制造率，净化再制造逆向物流环境。绿色设备使用率可表示为

$$B2 = \frac{绿色设备使用台数}{总台数} \times \frac{绿色设备实际使用时间}{计划总时间} \times 100\%$$

（3）环境性指标 再制造回收模式的环境性指标借鉴环境性指标评价方法，主要是针对再制造回收模式对环境的影响程度进行评价，见表 3-2。

表 3-2 再制造回收模式环境性评价矩阵

再制造逆向物流过程	环境影响因素			
	大气污染	水污染	固体污染	噪声污染
废旧产品回收	C_{11}	C_{12}	C_{13}	C_{14}
运输	C_{21}	C_{22}	C_{23}	C_{24}
仓储	C_{31}	C_{32}	C_{33}	C_{34}
处理	C_{41}	C_{42}	C_{43}	C_{44}
再制造	C_{51}	C_{52}	C_{53}	C_{54}

其中，纵向代表再制造回收模式的 5 个过程，横向代表 4 个环境影响要素。专家首先通过再制造逆向物流各个阶段对不同环境影响要素进行分析评价，并建立 5 个等级 $\{0.2, 0.4, 0.6, 0.8, 1\}$，对环境影响最小的取 1，影响最大的取 0.2。最后，在确定每个数值之后，对其求和作为再制造逆向物流模式的环境性评价指标 C。

$$C = \sum_{p=1}^{5} \lambda_p^c \sum_{q=1}^{4} C_p^q \omega_q^c \tag{3-24}$$

式中，C_p^q 为环境性评价矩阵的数值，表示环境影响要素 q 在第 p 阶段的影响程度；$p = 1, 2, \cdots, 5$，$q = 1, 2, \cdots, 4$；λ_p^c 为通过专家打分得到的再制造回收过程中各阶段的权重，$\sum_{p=1}^{5} \lambda_p^c = 1$；$\omega_q^c$ 为经过专家打分得到的再制造回收模式过程中各环境影响要素的权重，$\sum_{q=1}^{4} \omega_q^c = 1$。

（4）资源性指标

1）废品回收率 D1。废品回收是实施再制造逆向物流的前提，废品回收率越高，对减少资源浪费和保护环境越有效。根据目前的企业统计和分析可知，当产品的回收率达到 90% 时，则认为该指标的再制造回收模式绿色性能好，即隶属度为 1；当回收率小于 30% 时，则认为该指标的再制造回收模式绿色性能很差，即隶属度为 0。由此可得该指标的函数为

$$D(x) = \begin{cases} 0 & x < 0.3 \\ (x - 0.3)/(0.9 - 0.3) & 0.3 \leqslant x \leqslant 0.9 \\ 1 & x > 0.9 \end{cases} \tag{3-25}$$

2）废品再制造率 D2。根据目前的企业统计和分析，当废品再制造率达到

85%时，则认为该指标的再制造回收模式绿色性能好，隶属度为1；当废品再制造率小于15%时，则认为该指标的再制造回收模式绿色性能很差，即隶属度为0。由此可得该指标的函数为

$$D(x) = \begin{cases} 0 & x < 0.15 \\ (x - 0.15)/(0.85 - 0.15) & 0.15 \leqslant x \leqslant 0.85 \\ 1 & x > 0.85 \end{cases} \quad (3\text{-}26)$$

3）绿色能源比率 D3。根据目前的企业统计和分析，当绿色能源比率达到90%时，则认为该指标的再制造回收模式绿色性能好，隶属度为1；当绿色能源比率小于25%时，则认为该指标的再制造回收模式绿色性能很差，即隶属度为0。由此可得该指标的函数为

$$D(x) = \begin{cases} 0 & x < 0.25 \\ (x - 0.25)/(0.9 - 0.25) & 0.25 \leqslant x \leqslant 0.9 \\ 1 & x > 0.9 \end{cases} \quad (3\text{-}27)$$

（5）经济性指标　再制造回收模式的经济性指标主要从成本方面考虑，为企业决策再制造逆向物流模式提供支持。再制造逆向物流成本主要由物流费用、用户费用和环境污染治理费用组成，该指标的函数为

$$E_c = \begin{cases} (E_p - E_1 - E_2 - E_3)/E_p & E_p - E_1 - E_2 - E_3 > 0 \\ 0 & E_p - E_1 - E_2 - E_3 \leqslant 0 \end{cases} \quad (3\text{-}28)$$

式中，E_p 为再制造逆向物流带来的利益；E_1 为再制造逆向物流过程中的物流费用；E_2 为再制造逆向物流过程中的用户费用；E_3 为再制造逆向物流过程中的环境污染治理费用。

综合上述指标体系和量化方法，在统计大量数据的基础上进一步精简评价指标，采用所建立的再制造逆向物流模式评价指标的量化方法确定该废旧机床主轴制造商回收、零售商回收和第三方回收三种回收模式的评价指标决策矩阵，见表3-3。

表3-3　废旧机床主轴回收模式评价指标值

回收模式	评价指标									
	A1	A2	A3	B1	B2	C	D1	D2	D3	E
制造商回收	0.8	0.78	0.67	0.76	0.74	0.62	1	1	0.86	0.83
零售商回收	0.8	0.65	0.54	0.85	0.82	0.58	0.95	0.98	0.95	0.89
第三方回收	0.6	0.80	0.75	0.92	0.85	0.56	0.98	1	1	0.94

▶▶ **2. 指标权重计算及决策矩阵构建**

1）利用熵权法计算各指标权重通过计算，得到废旧机床主轴回收模式评价指标的权重 $\omega = (0.295, 0.178, 0.074, 0.983, 0.065, 0.246, 0.074, 0.316, 0.157, 0.119)$。

2）建立废旧机床主轴不同回收模式的决策矩阵。由表 3-3 可知，社会性、技术性和资源性评价准则对应的评价指标属于效益型指标；环境性与经济性评价准则对应的评价指标则属于成本型指标，其指标量化方法分别如式（3-29）和（3-30）所示。

若 x_{ij} 属于成本型指标，则归一化处理后的结果为

$$r_{ij} = \frac{\dfrac{1}{x_{ij}}}{\displaystyle\sum_{i=1}^{m} \dfrac{1}{x_{ij}}}, i = 1, 2, \cdots, m; j = 1, 2, \cdots, n \tag{3-29}$$

若 x_{ij} 属于效益型指标，则归一化处理后的结果为

$$r_{ij} = \frac{x_{ij}}{\displaystyle\sum_{i=1}^{m} x_{ij}}, i = 1, 2, \cdots, m; j = 1, 2, \cdots, n \tag{3-30}$$

对决策矩阵进行归一化处理，得到废旧机床主轴不同回收模式的归一化决策矩阵：

$$\boldsymbol{R} = \begin{pmatrix} 0.364 & 0.350 & 0.342 & 0.300 & 0.307 & 0.315 & 0.341 & 0.336 & 0.306 & 0.355 \\ 0.365 & 0.291 & 0.276 & 0.336 & 0.340 & 0.337 & 0.324 & 0.329 & 0.338 & 0.298 \\ 0.273 & 0.359 & 0.383 & 0.364 & 0.353 & 0.342 & 0.334 & 0.336 & 0.356 & 0.314 \end{pmatrix}$$

进一步结合熵权计算结果，建立其加权标准化矩阵：

$$\boldsymbol{V} = \begin{pmatrix} \omega_1 r_{11} & \omega_2 r_{12} & \cdots & \omega_n r_{1n} \\ \omega_1 r_{21} & \omega_2 r_{22} & \cdots & \omega_n r_{2n} \\ \vdots & \vdots & & \vdots \\ \omega_1 r_{m1} & \omega_2 r_{m2} & \cdots & \omega_n r_{mn} \end{pmatrix} = \begin{pmatrix} v_{11} & v_{12} & \cdots & v_{1n} \\ v_{21} & v_{22} & \cdots & v_{2n} \\ \vdots & \vdots & & \vdots \\ v_{m1} & v_{m2} & \cdots & v_{mn} \end{pmatrix} \tag{3-31}$$

将归一化处理后的矩阵 $\boldsymbol{R}$ 代入式（3-31），可得加权标准化矩阵：

$$\boldsymbol{V} = \begin{pmatrix} 0.107 & 0.062 & 0.025 & 0.295 & 0.020 & 0.077 & 0.025 & 0.106 & 0.048 & 0.042 \\ 0.107 & 0.052 & 0.020 & 0.330 & 0.022 & 0.083 & 0.024 & 0.104 & 0.053 & 0.035 \\ 0.080 & 0.064 & 0.028 & 0.358 & 0.023 & 0.084 & 0.025 & 0.106 & 0.056 & 0.037 \end{pmatrix}$$

▶ 3. 基于 TOPSIS 的废旧机床主轴再制造回收模式决策

（1）计算确定正理想解和负理想解　设效益性指标为 B、成本性指标为 C，确定正、负理想解：

$$A^+ = \left\{ \left(\max_{1 \le i \le m} v_{ij} | j \in B \right), \left(\min_{1 \le i \le m} v_{ij} | j \in C \right) \right\}, i = 1, 2, \cdots, m \tag{3-32}$$

$$A^- = \left\{ \left(\min_{1 \le i \le m} v_{ij} | j \in B \right), \left(\max_{1 \le i \le m} v_{ij} | j \in C \right) \right\}, i = 1, 2, \cdots, m \tag{3-33}$$

（2）各方案与正、负理想解欧式距离的计算

$$S_i^+ = \sqrt{\sum_{j=1}^{n}(v_{ij}-v_i^+)}, S_i^- = \sqrt{\sum_{j=1}^{n}(v_{ij}-v_i^-)}, i=1,2,\cdots,m \qquad (3\text{-}34)$$

（3）各方案接近程度的计算与决策

$$C_i = \frac{S^-}{S^- + S^+} \qquad (3\text{-}35)$$

式中，$0 < C_i < 1$，$j = 1$，2，$\cdots$，m。C_i 的值越趋近于 1，表示相对应的评价对象越接近最佳解。

由式（3-32）、式（3-33）计算出废旧机床主轴回收模式决策的正理想解 A^+ 和负理想解 A^-，其结果如下：

$A^+ = (0.1427, 0.1253, 0.1694, 0.1298, 0.1365, 0.1189, 0.1474, 0.1364, 0.1252, 0.1542)$

$A^- = (0.0523, 0.0846, 0.0386, 0.0546, 0.0737, 0.0621, 0.0148, 0.0247, 0.0421, 0.0574)$

再根据式（3-34）计算各方案与正理想解的欧氏距离为（0.0603，0.0549，0.0807），各方案与负理想解的欧氏距离为（0.0215，0.0129，0.0343）。

最后将各方案的欧式距离代入式（3-35），得到接近程度：

$$C_1 = 0.5246, C_2 = 0.3158, C_3 = 0.7469$$

根据 C_j 的大小排序：$C_3 > C_1 > C_2$，因此，该机床厂在决策再制造回收模式时应先考虑第三方回收模式。

3.5.2 再制造回收时机规划案例

臂架油缸是连接混凝土泵车臂架的关键部件，为臂架旋转提供动力，因此臂架油缸的寿命直接影响着混凝土泵车的寿命。然而，根据再制造厂的统计，在再制造过程中对臂架油缸进行拆解检测时发现，很多活塞杆已严重失效到无法进行再制造，只能以废品的形式进行回收，这种形式的回收将造成极大的环境污染及资源浪费。若在合适的时间对臂架油缸实施再制造，将具有显著的经济效益以及环境效益，从而为企业的发展开辟新的方向。

臂架油缸主要由端盖、活塞、活塞杆、套筒以及其他零件组成，其结构如图 3-16 所示。

开展工程机械再制造的最佳回收时机决策，是原始设备制造商（OEM）主导的再制造模式下，工程机械再制造面临的首要问题。对于臂架油缸来说，一般考虑在其偶然故障期（第二阶段）进行再制造回收，以获得最大的经济和环境价值。在零部件的偶然故障期，其故障率比较低，接近常数。产生故障的原因一般是超过设备设计强度负荷的偶然波动或其他偶然因素。在这个阶段，关键零部件剩余使用寿命的可靠性是满足设备运行要求的。

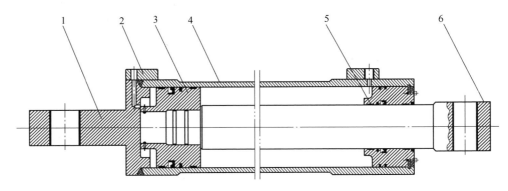

图 3-16　臂架油缸的结构

1—端盖　2—阀安装板　3—活塞　4—缸筒　5—油缸密封件　6—活塞杆

▶▶ **1. 臂架油缸多生命周期环境影响值评估**

（1）原始制造阶段环境影响值（EI_1）评估

1）目标与范围的界定。目标是评估臂架油缸在原始制造阶段的环境影响指标值，其原始制造阶段包括原材料的生产、零部件的加工和组装等，系统边界如图 3-17 所示。

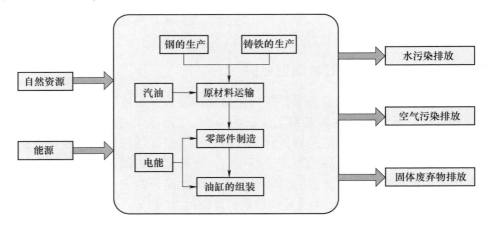

图 3-17　臂架油缸全生命周期环境影响评价系统边界

2）多生命周期清单分析。臂架油缸多生命周期的清单分析中有大量的清单数据，其中臂架油缸的生产数据主要来自于生产企业调研；原材料的加工数据主要采自中国生命周期基础数据库（CLCD），臂架油缸的制造工艺及再制造工艺信息来自于企业的调研，这些信息主要通过零部件的工艺过程卡获取；废弃物排放数据的获取一方面参考 CLCD，另一方面来自于生产企业和再制造企业的废弃物处理清单记录。根据图 3-17 可知，臂架油缸的再制造件主要是端盖、活塞、活塞杆、缸筒等金属构件，其他密封圈等橡胶零部件不在再制造范围内，因此这里不做考虑。臂架油缸的可再制造零部件的原材料主要由钢和铸铁等制造生产。能耗以及排放数据均取自 CLCD，其他的数据主要来自关键零部件的生产企业，计算得到各清单数据总量。

3）生命周期影响评价。其主要通过以下过程进行计算。

步骤 1：分类。分类是将得到的清单物质数据根据不同的环境影响类型进行划分。臂架油缸的全生命周期评估主要考虑 8 大类环境影响的评价类型，分别为初始能源消耗（PED）、全球变暖潜势（GWP）、酸化（AP）、水体富氧化（EP）、呼吸无机物（RI）、化学耗氧量（COD）、固体废弃物、淡水消耗量。

步骤 2：特征化。计算出臂架油缸原始制造阶段的环境影响特征化结果，特征化因子参考 CLCD。

步骤 3：标准化。计算出臂架油缸原始制造阶段的环境影响标准化结果。标准化当量值根据式（3-4）计算，其中的值参考 CLCD，r 取值为 2009 年，即以 2009 年我国的人口为基准来计算标准化当量值。

步骤 4：环境影响评估值求解。根据式（3-6）可计算出臂架油缸原始阶段的环境影响评估值，其中各影响类型的权重参考 CLCD。最终计算结果为 $EI_1 = 329.5$。

（2）臂架油缸使用阶段/再使用阶段环境影响值（EI_2/EI_4）评估 由于再制造产品的性能等同于原始制造产品甚至高于原始制造产品，因此，可以视为臂架油缸在第一次生命周期中的使用阶段和第二次生命周期中的再使用阶段的环境影响相同，即可以一起进行评估。一般臂架油缸的平均寿命是 10 年，其在使用阶段主要消耗液压油，根据企业维修保养记录数据可知，液压油每五个月更换一次，每次更换的液压油量为 50L，液压油的密度为 0.872kg/L，那么，臂架油缸在使用阶段共更换 24 次液压油。按照 EI_1 的计算方法和步骤，可分别计算出臂架油缸在第 2、4、6、8、10 年被回收再制造的使用阶段/再使用阶段的环境影响评估值，计算结果见表 3-4。

表 3-4 不同时间回收的臂架油缸使用阶段/再使用阶段环境影响值

回收时间点	EI_2	EI_4
第 2 年	406.7	1016.3
第 4 年	559.1	1016.3
第 6 年	711.5	1016.3
第 8 年	863.9	1016.3
第 10 年	1016.3	1016.3

（3）臂架油缸再制造阶段环境影响值（EI_3）评估 臂架油缸再制造阶段的环境影响值评估主要依据再制造工艺过程。由臂架油缸的再制造工艺过程可知，其工序主要包括箱体清洗、喷丸、涂底漆、拆解、零件清洗、零件检测、零件再制造、装配、总成试压等。通过搜集混凝土泵车臂架油缸进行再制造的相关数据，可得臂架油缸在第 6 年回收进行再制造的各工艺过程中消耗的自然资源及能耗。对臂架油缸在 5 个不同的时间点进行回收再制造，再制造阶段所消耗的材料和电能总和见表 3-5。

表 3-5 不同时间点回收的臂架油缸再制造的材料消耗和电能消耗总和

回收时间点	汽油消耗量/kg	清洁剂消耗量/kg	电能/kW·h	丸料消耗量/kg	漆料消耗量/kg	低碳钢消耗量/kg	铬消耗量/kg
第 2 年	43.5	0.64	14.5	0.08	0.12	0	0.002
第 4 年	43.5	0.768	18	0.2	0.28	0.0064	0.004
第 6 年	43.5	1.36	24.2	0.5	0.4	0.0096	0.006
第 8 年	43.5	2.08	30.8	0.68	0.55	0.0256	0.0075
第 10 年	43.5	3.2	44.5	0.81	0.96	0.032	0.0115

同样按照 EI_1 的计算方法和步骤，可计算出不同时间点回收的废旧臂架油缸再制造阶段的环境影响评估值，计算结果见表 3-6。

表 3-6 不同时间点回收的臂架油缸再制造阶段环境影响评估值

回收时间点	EI_3
第 2 年	27.5
第 4 年	42.9
第 6 年	78.5
第 8 年	102.8
第 10 年	134.2

最后，不同时间点回收的臂架油缸在四个阶段的环境影响评估值见表 3-7。可以计算出不同时间点回收的臂架油缸全生命周期平均环境影响评估值，计算结果见表 3-8。

表 3-7 不同时间点回收的臂架油缸在四个阶段的环境影响评估值

回收时间点	EI_1	EI_2	EI_3	EI_4
第 2 年	329.5	406.7	27.5	1016.3
第 4 年	329.5	559.1	42.9	1016.3
第 6 年	329.5	711.5	78.5	1016.3
第 8 年	329.5	863.9	102.8	1016.3
第 10 年	329.5	1016.3	134.2	1016.3

表3-8　不同时间点回收的臂架油缸全生命周期年均环境影响评估值

回收时间点	第 2 年	第 4 年	第 6 年	第 8 年	第 10 年
A_i	148.29	139.09	133.46	128.11	124.79

根据表 3-8 的计算结果在 MATLAB 中拟合出臂架油缸的平均环境影响指标函数，用 t_b 表示臂架油缸的服役时间，则拟合函数 $F(t_b)$ 的表达式为

$$F(t_b) = 0.215t_b^2 - 5.479t_b + 158.16 \tag{3-36}$$

2. 臂架油缸多生命周期的成本评估

（1）臂架油缸原始制造阶段成本（C_{nm}）评估　由于臂架油缸原始制造阶段成本数据的获取存在一定的困难，这里为了简化计算，直接将臂架油缸的销售价格视为其原始制造阶段的成本，以行程 1.2m 的臂架油缸为例，其售价为 11000 元，即该臂架油缸原始制造阶段成本为 11000 元。

（2）臂架油缸使用阶段成本（C_{nu}）/再使用阶段成本（C_{ru}）评估　臂架油缸两个生命周期中使用阶段的成本可同时进行评估。该臂架油缸在使用过程中每 5 个月更换一次液压油，每次更换液压油的量为 50L，液压油的单价是 15.4 元/L，根据式（3-10）和式（3-11），可计算出臂架油缸在第一次使用阶段和在不同时间点回收再制造后再使用阶段的成本，见表 3-9。

表 3-9　臂架油缸在第一次使用阶段和在不同时间点回收再制造后再使用阶段的成本

（单位：元）

回收时间点	C_{nu}	C_{ru}
第 2 年	3751.44	21188.25
第 4 年	7734.34	21188.25
第 6 年	11956.62	21188.25
第 8 年	16436.04	21188.25
第 10 年	21188.25	21188.25

（3）臂架油缸再制造阶段成本（C_{rm}）评估　采用 BP 神经网络对臂架油缸再制造阶段的成本进行预测。从再制造车间搜集了 10 组臂架油缸的再制造费用数据，见表 3-10。取表 3-10 中的前 8 组数据作为训练学习样本，用于训练人工神经网络，取后 2 组数据作为验证样本来检测所建立神经网络的精度。经过多次试算，确定隐含层节点数为 13 个。利用训练好的神经网络模型，取后 2 组数据来检测所建立模型的可行性。预测值和实际值的误差见表 3-11。

表 3-10   臂架油缸历史再制造费用

序号	再制造费用/元	再制造零件比率 α_{rm}	材料回收零件比率 α_{rp}	失效程度评分
1	1080	0.25	0.25	2.6
2	890	0.2	0.15	2.3
3	1350	0.25	0.19	2.5
4	4050	0.55	0.32	3.5
5	3200	0.4	0.25	3.6
6	3800	0.4	0.25	4
7	1710	0.35	0.25	3
8	4200	0.5	0.15	3.8
9	3500	0.15	0.3	4.5
10	1860	0.3	0.23	3

表 3-11   预测值与实际值的误差

序号	再制造零件比率 α_{rm}	材料回收零件比率 α_{rp}	失效程度评分	再制造费用		
				实际值/元	预测值/元	误差
9	0.25	0.3	4.5	3500	3591.7	2.62%
10	0.3	0.23	3	1860	1847.4	0.68%

从表 3-11 中可以看出，预测值与实际值很接近，再制费用的误差为 2.62% 和 0.68%。对于大型工程机械上的臂架油缸来说，此误差在可接受范围内，因此该预测模型可用。基于建立的预测模型，臂架油缸在如前所述不同的时间点被回收进行再制造的再制造费用见表 3-12，各个阶段的成本评估见表 3-13。

表 3-12   不同时间点回收的臂架油缸的再制造费用   （单位：元）

回收时间点	第 2 年	第 4 年	第 6 年	第 8 年	第 10 年
再制造费用	311	388	605	2400	5040

表 3-13   不同时间点回收的臂架油缸在四个阶段的成本评估（单位：元）

回收时间点	C_{nm}	C_{nu}	C_{rm}	C_{ru}
第 2 年	11000	3751.44	311	21188.25
第 4 年	11000	7734.34	388	21188.25
第 6 年	11000	11956.62	605	21188.25
第 8 年	11000	16436.04	2400	21188.25
第 10 年	11000	21188.25	5040	21188.25

最后，根据式（3-7）可计算出不同时间点回收的臂架油缸全生命周期的年平均成本，见表 3-14。

表 3-14　不同时间点回收的臂架油缸全生命周期的年平均成本

（单位：元）

回收时间点	第 2 年	第 4 年	第 6 年	第 8 年	第 10 年
C_t	3020.89	2879.33	2796.87	2834.68	2920.83

根据表 3-14 的计算结果，在 MATLAB 中拟合出臂架油缸的年平均成本指标函数，用 t_b 表示臂架油缸的服役时间，则拟合函数的表达式为

$$C(t_b) = 10.3t_b^2 - 135.6t_b + 3251.8 \tag{3-37}$$

⟩⟩ 3. 臂架油缸的最佳回收时机决策

臂架油缸的最佳回收时机要同时考虑多生命周期的环境影响指标和成本指标，即需要结合以上研究中获得的两个拟合函数来计算，确定油缸的最佳回收时机满足如下关系式：

$$\begin{cases} L(t_b) = \alpha_1(0.215t_b^2 - 5.479t_b + 158.16) + \alpha^2(10.3t_b^2 - 135.6t_b + 3251.8) \\ \min L(t_b) \\ 0 < t_b \leqslant 10 \end{cases}$$

$$\tag{3-38}$$

目前在工程机械行业，在追求经济利益最大化的同时，环境影响也越来越受到重视。当将臂架油缸全生命周期环境影响和全生命周期成本指标的权重视为同等重要时，即 $\alpha_1 : \alpha_2 = 1 : 1$。运用 MATLAB 来寻求最优解，最终求得满足条件的最佳回收时间点为 $t_b = 6.58$，即油缸在服役 6.58 年时向用户发出回收产品的指示，对其进行回收再制造，可使环境影响指标和再制造成本指标综合最优。

3.6　本章小结

再制造回收具有参与主体众多、流程复杂，废旧产品失效特征和失效时机的不确定性，回收地域的分散性等特点，造成废旧产品回收模式、回收数量与回收时间等难以确定，导致再制造生产系统原料供应极不稳定。本章在分析再制造逆向物流多参与主体、复杂流动过程及对象强不确定性特点的基础上，对再制造回收模式规划和回收时机规划问题进行了阐述，并对制造商回收、零售商回收和第三方回收三种典型回收模式的特点及效用进行了探讨。基于全生命周期理论，提出了综合考虑经济与环境效益的废旧产品再制造时机规划方法。

最后，以废旧机床主轴再制造回收模式规划，以及工程机械臂架油缸再制造回收时机规划为例，对所提出的模型与方法进行了验证。

参 考 文 献

[1] WANG H, JIANG Z G, ZHANG H, et al. An integrated MCDM approach considering demands-matching for reverse logistics [J]. Journal of Cleaner Production, 2019, 208: 199-210.

[2] WANG H, JIANG Z, ZHANG H, et al. A demands-matching multi-criteria decision-making method for reverse logistics [C]. 51st CIRP Conference on Manufacturing Systems, CIRP CMS 2018, 2018.

[3] 陈铭. 汽车产品的回收利用 [M]. 上海: 上海交通大学出版社, 2017.

[4] 周向红, 成鹏飞. 多元回收模式下再制造逆向物流网络选址规划及应用 [M]. 西安: 西安交通大学出版社, 2017.

[5] XIANG Q, ZHANG H, JIANG Z G, et al. A decision-making method for active remanufacturing time based on environmental and economic indicators [J]. International Journal of Online Engineering, 2016, 12 (12): 32-37.

[6] 向琴, 张华, 孔建益, 等. 基于可靠性评估的维修方式决策模型及应用 [J]. 现代制造工程, 2015 (9): 123-126.

[7] 左旭. 再制造供应链定价决策支持系统 [D]. 武汉: 武汉科技大学, 2016.

[8] 程宏, 江志刚, 向鹏, 等. 基于熵权和 TOPSIS 法的再制造逆向物流模式决策研究 [J]. 制造技术与机床, 2016 (8): 71-76.

[9] 周婷婷, 江志刚, 张华, 等. 基于价值分析的废旧机电产品再制造决策模型研究及应用 [J]. 现代制造工程, 2015 (9): 145-148.

[10] 向琴. 基于 ECC 的工程机械再制造方案决策研究 [D]. 武汉: 武汉科技大学, 2017.

[11] 陈乐. 基于可靠性分析的废旧机电产品主动再制造时域决策研究 [D]. 武汉: 武汉科技大学, 2019.

[12] 钟彤. 废旧铅酸电池逆向物流模式选择及网络构建研究 [D]. 赣州: 江西理工大学, 2015.

[13] 王其锋, 罗丽. 面向服务的主动再制造回收策略 [J]. 装备制造技术, 2016 (8): 238-240.

第 4 章

——

再制造性评价与工艺规划

　　再制造性评价与工艺规划是决定废旧零部件能否再制造以及如何再制造,实施再制造工艺方案设计与优化的必要途径。由于废旧零部件的失效形式与程度、再服役需求等的高度个性化特征,造成再制造工艺决策与方案制定高度依赖于设计人员的经验,再制造工艺高效、高质量的规划需求异常迫切。本章在分析总结再制造工艺特点的基础上,阐述再制造性评价与工艺规划的概念和内涵。从废旧零部件自身失效特征与企业的再制造加工能力两方面分析影响其再制造性评价的关键因素,构建评价指标体系,提出多属性指标逐级量化和评价的模型与方法,并通过提炼历史再制造工艺实例知识,基于实例推理的理论与方法实现工艺实例知识的高效重用,从而有效制定再制造工艺方案,为提升再制造工艺规划的效率与质量提供方法支持。

4.1　再制造性评价与工艺规划概述

▷4.1.1　再制造工艺的特点

　　修复废旧零部件尺寸,实现废旧产品功能和性能的恢复或升级,从而获得再制造新品,是再制造加工的根本任务。由于再制造以废旧零部件为毛坯,再制造毛坯的失效形式与程度、再服役需求等具有高度个性化特征,使得其能否再制造,以及如何再制造存在很大的不确定性。再制造的一般工艺流程如图 4-1 所示。

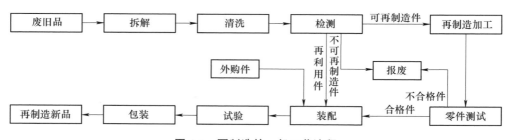

图 4-1　再制造的一般工艺流程

　　相比新品制造工艺流程,再制造工艺流程长、活动密集、复杂程度高,主要表现为:

　　1) 废旧零部件的失效形式与程度差异性大,剩余价值不确定,再制造企业加工能力约束性强,再制造性评估困难。

　　2) 废旧零部件表面性能已定,难以用工序调整,再制造加工余量小,工艺方法设计困难。

　　3) 废旧零部件基准面已破坏,基准面选取不确定性强,再制造工艺质量要求高，加工顺序即工艺路线设计与优化困难。

例如，某废旧机床主轴不同失效形式与程度下的再制造工艺方法如图 4-2 所示。

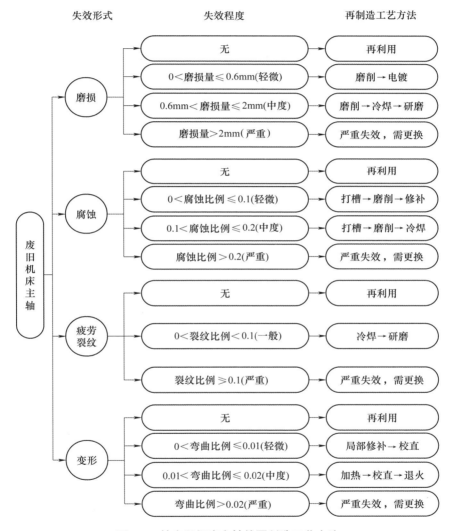

图 4-2 某废旧机床主轴的再制造工艺方法

再制造工艺的上述特点，使得新品制造工艺设计方法难以适应再制造工艺设计的复杂性，在目前的实际应用中，废旧零部件的再制造工艺决策与方案制定高度依赖于设计人员的经验，如何全面分析并有效评估废旧零部件的再制造性，制定其最佳利用方式（再利用、再制造、再循环等），在此基础上开展再制造工艺规划，提升再制造工艺方案设计的效率与质量，是保障再制造工艺过程顺利实施必须解决的问题。

4.1.2 再制造性评价的概念与内涵

再制造性评价是综合考虑废旧零部件的失效特征（失效形式与程度）和再服役环境或需求，通过评估废旧零部件的剩余价值和企业的再制造能力，制定废旧零部件最佳利用方式（再利用、再制造、再循环等）的过程。其本质是对废旧零部件能否再制造的判定及其最佳利用方式的决策。

废旧零部件再制造性评价的内涵主要包含再制造性影响因素的多样性、再制造性评价指标的多属性以及再制造性评价流程的层次性三个方面。

（1）影响因素的多样性　废旧零部件的再制造性主要受其自身实体失效特征以及企业再制造加工能力两方面的影响。由于废旧零部件的服役环境（温度、湿度等）、用户行为、用户需求等的差异性，使其失效形式与程度高度个性化，不同的失效特征决定了废旧零部件不同的剩余价值或寿命，直接影响其再制造性。此外，再制造企业是否有足够的能力对其实施再制造，如技术指标能否实现、是否具有经济效益、环境污染能否达标也从外部间接决定了其能否被再制造。这些来自废旧零部件自身失效特征与企业再制造加工能力的再制造性影响因素，构成了废旧零部件再制造性评价的关键指标体系。

（2）评价指标的多属性　从废旧零部件再制造性影响因素的多样性中可以得出，在对其进行再制造性综合评价时必然会涉及大量定量指标（如再制造成本、效率等）与定性指标（如易清洗性、易检测性等），这些指标之间存在一定的矛盾性和不可公度性，其量纲不同且相互影响。因此，再制造性评价需要考虑其评价指标的多属性，采用定性与定量相结合的方法，这样才能保证废旧零部件再制造性评价的有效性。

（3）评价流程的层次性　废旧零部件的再制造性评价是一个串行的过程，其评价流程分为多个阶段，且各阶段评价之间是按照一定先后顺序逐层递进的。例如，当通过废旧零部件自身失效特征判定其具有剩余价值后，需要首先评估对其实施再制造的技术可行性；当再制造技术能力满足要求时，需要进一步衡量其再制造活动是否具有经济价值；最后，当满足再制造过程的环境排放要求时，才能判定该废旧零部件具有再制造性。而当废旧零部件某一阶段的再制造性评价不通过时，该零部件不具备再制造性，则不需要进行下一阶段评价。

4.1.3 再制造工艺规划的概念与内涵

再制造工艺规划是以废旧零部件为对象，以保证再制造加工工艺质量、降低再制造加工成本、提升再制造加工效率等为目标，通过综合考虑废旧零部件基本属性特征（几何特征、精度特征、材料特征等）及其工艺属性特征（失效特征、工艺要求特征、工艺约束特征等），基于再制造工艺活动所需要的一系列信息，实施再制造工艺方案高效与高质量设计的过程。

再制造工艺规划决定着废旧零部件如何加工，是再制造设计能否实现、再制造生产活动能否顺利实施的桥梁与纽带，如图 4-3 所示。废旧零部件再制造工艺规划的内涵主要体现在个性化规划需求指标多、规划要素映射关系复杂、规划经验知识要求高等方面。

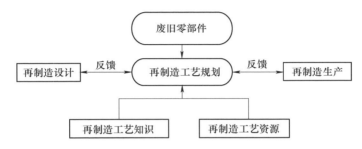

图 4-3　再制造工艺规划 – 再设计与再制造的桥梁与纽带

（1）个性化规划需求指标多　废旧零部件再制造工艺规划需要同时考虑再制造设计阶段的加工技术需求指标，如加工精度、可靠性等，以及再制造生产阶段的加工运行需求指标，如加工效率、生产周期、成本、资源与能源消耗等。由于废旧零部件种类多样，即使是相同的零部件，其再服役环境、用户行为与需求等也存在很大差异，使得上述指标也具有高度个性化特征，而只有在再制造工艺规划过程中统筹考虑这些个性化需求指标，才能设计出既满足用户需求又能达到再制造商期望效益的工艺方案，保证再制造工艺方案的有效性。

（2）规划要素映射关系复杂　再制造工艺方案可以划分成由不同功能区间所构成的规划要素，如工步要素、方法要素、尺寸要素、公差及性能要素等。实现再制造工艺规划的核心在于揭示废旧零部件实体特征与再制造工艺规划要素的映射关系。然而，废旧零部件的实体特征在很大程度上受其失效特征的影响，高度不确定的失效特征使得再制造工艺规划要素的映射关系异常复杂，大大提高了废旧零部件再制造工艺规划的难度。

（3）规划经验知识要求高　从再制造工艺个性化规划需求指标多、再制造规划要素映射关系复杂两方面，可以很清楚地认识到实施再制造工艺规划必然要求工艺规划人员具备高水平的规划经验知识。而如何有效利用这些经验知识，实现知识的高效重用，对于降低再制造工艺规划的人力与时间成本，减少或消除工艺规划人员的知识水平差异，保障再制造产品质量稳定性，提升再制造产品的市场竞争力，促进再制造产业的规模化发展等均具有重要的作用与意义。

4.2 再制造性评价模型与方法

4.2.1 方法框架

影响废旧零部件再制造性的因素主要来源于其自身的失效特征与企业的再制造加工能力，其中，再制造加工能力集中体现在技术性、经济性和环境性三个方面。这些影响因素共同构成了废旧零部件再制造性评价的关键指标，主要包括：①废旧零部件的失效特征指标，即废旧零部件的失效形式与失效程度；②再制造技术实施可行性指标，即再制造企业当前的技术条件能否达到废旧零部件尺寸与性能恢复的再服役需求参数；③再制造经济期望可达性指标，即废旧零部件的再制造经济性指标能否达到再制造商的心理预期；④再制造加工过程环境性指标，即废旧零部件在再制造过程中排放的污染物是否符合政府的排放标准。

围绕上述关键指标，以废旧零部件失效特征为再制造性评价的基础和前提，依次评估废旧零部件是否具有再制造技术实施可行性、再制造经济期望可达性能否实现、再制造加工过程环境性是否达标，可以判定其再制造性。废旧零部件再制造性评价的方法框架如图 4-4 所示。

废旧零部件再制造性评价的具体流程如下：

步骤 1：废旧零部件再制造性评价首先需要对废旧零部件的失效特征进行分析，判断其自身是否具有剩余价值。若其在某一失效形式下的失效程度特征量（磨损量、裂纹量以及变形量等）等于或超过规定的阈值 F_1，即剩余价值较低或无剩余价值，则无法进行再制造，其最佳利用方式为资源再循环；当失效形式下的失效程度评价值小于或等于阈值 F_0 时，不影响零部件的服役性能，其自身剩余价值高，废旧零部件可再利用；若失效形式下的失效程度在区间 (F_0, F_1) 中，说明虽然影响零部件的正常服役，但具有较高的剩余价值，则需要通过再制造进行零部件尺寸和性能恢复。

步骤 2：考虑到不同再制造企业或主体再制造技术水平的差异，废旧零部件再制造实施过程的技术难度具有很大的不确定性，需要基于废旧零部件的失效特征，分析企业再制造技术实施的可行性，以确保可以采用先进的机械加工和表面工程等技术恢复废旧零部件的尺寸和性能。若该零部件的技术实施可行性指标较差或评价值较低（低于设定的阈值 T_0），则对其进行资源再循环，否则进入下一阶段评价。

步骤 3：对具有技术实施可行性的废旧零部件进行再制造经济性评定，将再制造与新品制造的经济性指标（如成本、效率等）进行对比形成再制造经济期望可达性指标。该指标如果小于设定的阈值 C_0，则采取资源再循环的利用方式，否则继续评估下一阶段的再制造性。

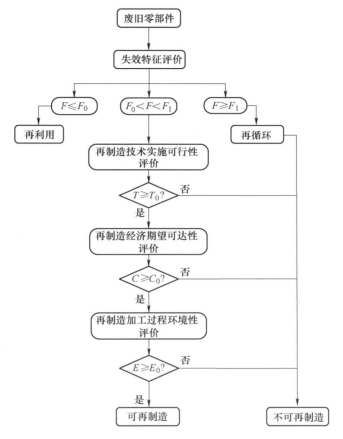

图 4-4　废旧零部件再制造性评价的方法框架

步骤 4：由于废旧零部件的再制造过程环境性是再制造是否能够充分发挥其循环经济效益，生产出满足社会、环境和市场需求的产品的重要指标，因此，最后需要考虑废旧零部件再制造过程的资源环境性即其绿色性或可持续性，判断废旧零部件再制造过程中的固体、液体、气体污染物的排放标准是否符合国家标准。若评价值小于设定的阈值 E_0，则对废旧零部件进行资源再循环；否则，说明该废旧零部件具有再制造性，可以实施再制造。

4.2.2　指标体系与评价方法

1. 指标体系

废旧零部件再制造性评价指标体系由一级指标（废旧零部件失效特征、再制造技术实施可行性、再制造经济期望可达性、再制造加工过程环境性），以及相应的二级指标构成，如图4-5所示。

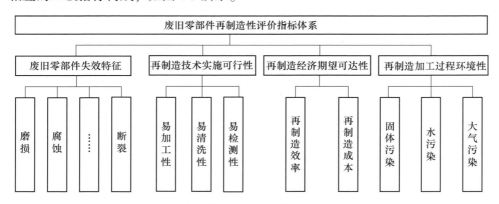

图4-5　废旧零部件再制造性评价指标体系

▶▶ **2. 评价方法**

在废旧零部件再制造性评价指标体系中，由于各二级指标对其所属一级指标的重要程度存在差异，因此需要确定各二级指标的权重，并通过对其加权求和，来得到各一级指标的评价值，从而保障最终评价结果的有效性。根据指标赋权方式的不同，可以将废旧零部件再制造性评价方法分为主观赋权评价法、客观赋权评价法和组合赋权评价法。

（1）主观赋权评价法　主观赋权评价法是根据决策者（专家）主观上对各属性的重视程度来确定属性权重，进而加权求和得出指标综合数值的方法。其原始数据由专家根据经验主观判断得到，常用的主观赋权评价法有专家调查法（Delphi法）、层次分析法（AHP）、二项系数法、环比评分法、最小平方法等。

主观赋权评价法是人们研究较早、较为成熟的一种方法。它的优点是专家可以根据实际的决策问题和专家自身的知识经验合理地确定各属性权重的排序，不至于出现属性权重与属性实际重要程度相悖的情况。但决策或评价结果具有较强的主观随意性，客观性较差，同时增加了决策分析者的负担，在应用中存在局限性。

（2）客观赋权评价法　客观赋权评价法中的属性权重应当是各属性在属性集中的变异程度和对其他属性的影响程度的度量，赋权的原始信息应当直接来源于客观环境，处理信息的过程应当是深入探讨各属性间的相互联系及影响，再根据各属性的联系程度或各属性所提供的信息量大小来决定属性权重，最后对指标数据进行加权求和得到综合数值的过程。常用的客观赋权评价法有主成分分析法、熵值法、离差及均方差法、多目标规划法等。

客观赋权评价法主要是根据原始数据之间的关系来确定权重，因此权重的客观性强，且不增加决策者的负担，具有较强的数学理论依据。但是，这种方法没有考虑决策者的主观意向，因此确定的权重可能与人们的主观愿望或实际情况不一致。

（3）组合赋权评价法　在进行综合评价的过程中权重的确定是很重要的，对最终的结果起着决定性的影响。由于组合赋权评价法能够将主观与客观信息结合起来，最大限度地减少了信息的损失，使赋权的结果尽可能地与实际结果接近，因此被广泛应用于定性与定量指标耦合的复杂评价环境中。

4.2.3　定量指标量化模型

在废旧零部件再制造性评价指标量化过程中，对于定量指标的量化，主要采用数学公式法和现场测试等方法获取二级指标的量化值，再通过专家打分法得到其统一量纲的评分值。

1. 废旧零部件失效特征指标量化

由于服役过程中载荷条件、材料等因素不同，废旧零部件通常具有多种失效特征，主要失效特征为磨损、断裂、腐蚀等，见表4-1。

表 4-1　废旧零部件的主要失效特征

失 效 特 征	失 效 模 式	原　　因	举　　例
磨损	黏着磨损、磨粒磨损、疲劳磨损、腐蚀磨损	在载荷作用下，机械零件表面由于相对运动，导致材料流失	齿轮、轴、轴承磨损
断裂	低应力高周疲劳、高应力低周疲劳、腐蚀疲劳、热疲劳	载荷或应力强度超过材料承载能力	曲轴断裂、齿轮轮齿折断
腐蚀	氧化腐蚀、电化学腐蚀	化学反应或物理化学反应	湿式气缸套外壁腐蚀

（1）磨损特征损伤量化　磨损是指由于两个零件在载荷作用下发生相对运动，导致零件表面材料不断发生损耗的过程。磨损会损坏零件工作表面、消耗材料和影响原始功能，约80%的废旧零部件因磨损而失效。因此，磨损件是废旧产品中大量需要再制造恢复的重用零部件，也是再制造能够获得最大附加值的关键所在。影响零部件磨损的主要因素见表4-2。

表 4-2　影响零部件磨损的主要因素

零部件材料	工 作 条 件	几 何 因 素	环 境 因 素
组成成分	载荷/压力	面积	润滑剂量
组织结构	速度	形状	污染情况

（续）

零部件材料	工 作 条 件	几 何 因 素	环 境 因 素
弹性模量	运动距离	尺寸大小	外界温度
表面硬度	运动时间	表面粗糙度	外界压力
润滑剂种类	循环次数	间隙	空气湿度
润滑油黏度	表面温度	对中性	空气成分
表面理化性质	润滑膜厚度	刀痕	空气含尘量

零部件磨损的过程通常分为三个阶段，分别为磨合阶段（Ⅰ）、稳定磨损阶段（Ⅱ）和急剧磨损阶段（Ⅲ）。图 4-6 所示为机械零部件的磨损过程曲线，不同零部件可能由于服役工况等因素而导致磨损情况也不同，但基本的磨损规律相同。

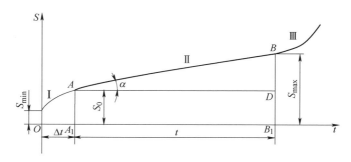

图 4-6　机械零部件的磨损过程曲线

磨损是一个十分复杂的微动态过程，从磨损机理的角度进行分析，黏着磨损、磨粒磨损和接触疲劳磨损是导致废旧零部件磨损失效的主要形式，通过计算磨损过程中的质量损伤量或体积损伤量来量化磨损特征。

1）黏着磨损损伤量化。黏着磨损主要是金属表面原子、分子结合力作用的结果，磨损过程的体积损伤量可用屈服应力和滑动距离来表示。由于金属表面凹凸不平，并且在载荷的作用下，表面球冠形的微凸体会压在另一个微凸体上，因相互作用的两个零部件表面硬度存在差异，设磨损发生在硬度较低的金属表面，且接触面的真实接触面积为微凸体的最大截面面积，则接触点个数的计算公式为

$$n_{\mathrm{j}} = \frac{F_{\mathrm{n}}}{\pi r_{\mathrm{a}}^2 \sigma_{\mathrm{y}}} \tag{4-1}$$

式中，n_{j} 为接触面间的接触点个数；F_{n} 为法向载荷（N）；r_{a} 为微凸体的平均半径（mm）；σ_{y} 为被磨损材料的屈服应力（MPa）。

设当微凸体滑动 $2r_{\mathrm{a}}$ 的距离时，在载荷的作用下会产生磨屑，即在硬度较

小材料上产生一定的磨损，并且在此过程中有 n_j 个微凸体被剪切，则单位滑动距离所剪切微凸体的数量 n_0 和形成半球形的磨屑体积 ΔV（mm^3）的数学模型为

$$n_0 = \frac{n_j}{2r_a} \tag{4-2}$$

$$\Delta V = \frac{2\pi r_a^3}{3} \tag{4-3}$$

设 K_p 为单位滑动距离的 n_0 个接触点中发生磨损的概率，L_s 为总滑动距离（mm），则硬度较小材料的体积损伤量 W_{Vnz}（mm^3）可表示为

$$W_{Vnz} = K_p n_0 L_s \Delta V \tag{4-4}$$

可转化为

$$W_{Vnz} = K_p n_0 L_s \Delta V = K_p \frac{F_n}{\pi r_a^2 \sigma_y} \frac{1}{2r_a} L_s \frac{2\pi r_a^3}{3} = \frac{K_p F_n L_s}{3\sigma_y} \tag{4-5}$$

2）磨粒磨损损伤量化。磨粒磨损是由于硬质点摩擦零件表面，导致零部件在服役时表面材料不断流失的现象。假设在载荷的作用下，单颗圆锥形磨粒压入硬度较低的零件表面，并且在切向力的作用下，在其表面滑动一定的距离，则量化公式为

$$F_n = H\pi r^2 \tag{4-6}$$

式中，F_n 为施加在硬度较低零件表面的法向载荷（N）；H 为被磨材料的硬度（N/mm^2）；r 为压痕半径（mm）。

设圆锥形磨粒的锥面与硬度较低零件表面之间的夹角为 θ，则槽的截面面积 A_g（mm^2）可表示为

$$A_g = \frac{1}{2} \times 2rt = r^2 \tan\theta \tag{4-7}$$

式中，t 为沟槽深度（mm）。

当两零部件相对运动 L_s 的距离时，材料总损伤量 W_{Vml}（mm^3）数学模型为

$$W_{Vml} = A_g L_s \tag{4-8}$$

可转化为

$$W_{Vml} = A_g L_s = \left(\sqrt{\frac{F_n}{H\pi}} \right)^2 \tan\theta L_s = \frac{F_n L_s \tan\theta}{H\pi} \tag{4-9}$$

（2）断裂特征损伤量化　断裂是零部件在力、热、声和腐蚀等的作用下，工作表面产生局部微小裂纹的现象。引起零部件断裂的原因很多，而且在不同的力学、物理和化学环境下产生的断裂形式也不同。

与磨损、腐蚀等失效特征不同，零部件断裂造成重大事故的概率很高。按照零部件受载条件分类，通常可将断裂分为疲劳断裂和一次加载断裂，而因疲

劳断裂失效的零部件占所有因断裂
失效零部件总数的 80% ~ 90%。
图 4-7 所示为废旧零部件的疲劳断
裂曲线，斜线部分为零部件的有限
寿命，其数学模型可表示为

$$N_0 = N_A (\sigma_A / \sigma_r)^{-K_y} \quad (4-10)$$

式中，N_0 为疲劳寿命；N_A 为转折
点的疲劳寿命；σ_A 为相应的应力
水平幅值；σ_r 为疲劳极限；K_y 为
有限寿命部分的斜率。

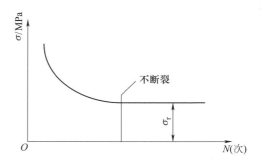

图 4-7　废旧零部件的疲劳断裂曲线

　　零部件疲劳断裂的形式有很多种，主要有切应力引起的切断疲劳和由正应
力引起的正断疲劳。由于裂纹长度或体积损伤量目前缺少准确的数学计算公式，
为了快速、精准地确定裂纹体积损伤量，将废旧零部件损伤模型与原始 CAD 模
型进行配准，并进行布尔减运算，得出废旧零部件裂纹的 3D 模型，利用软件计
算模型的体积，即为裂纹的体积损伤量，具体过程示意图如图 4-8 所示。

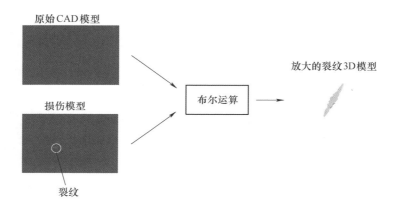

图 4-8　裂纹定位及体积损伤量计算过程示意图

　　（3）腐蚀特征损伤量化　腐蚀是由于零部件表面与工作环境中的介质发生
化学或电化学反应，导致其表面出现损伤的现象。与表面磨损有本质区别，腐
蚀总是从金属表面开始，再往里深入，从而改变零部件的表面形状，并且形成
一些形状毫无规则的凹洞、斑点和溃疡等腐蚀物。腐蚀失效的零部件中大多数
是发生了电化学腐蚀，其原理主要金属表面不断失去电子，反应过程为

$$Me^o \rightleftharpoons Me^+ + e \quad (4-11)$$

式中，Me^o 表示中性原子；Me^+ 表示金属阳离子；e 表示电子。

　　1）氧化腐蚀损伤量化。金属零部件因暴露在空气中，其表面很快会被氧化

并生成金属氧化物，而腐蚀产生的氧化膜会在工作表面间发生摩擦时被磨去，从而形成新的金属表面，但新的表面会继续与空气反应，从而形成新的金属氧化膜，这样周而复始。例如，钢的氧化体积损伤量 W_{Vyh}（mm^3）可表示为

$$W_{Vyh} = L_h \{ A_0 \exp[-Q/(R_m T_e)] L_s/(vh^2 \rho_o^2) \} \frac{F_n}{3H_R} \tag{4-12}$$

式中，L_h 为滑动距离（mm）；A_0 为阿伦尼乌斯常数；Q 为氧化反应的激活能（J/mol）；R_m 为摩尔气体常数 [J/(mol·K)]；T_e 为滑动界面上的热力学温度（K）；ρ_o 为氧化膜密度（kg/m^3）；L_s 为接触的滑动距离（m）；v 为滑动速度（m/s）；h 为氧化膜的临界厚度（$m^3 \cdot s^{\frac{1}{2}}/kg$）；$F_n$ 为法向载荷（N）；H_R 为材料硬度（N/mm^2）。

2）电化学腐蚀损伤量化。与氧化腐蚀的原理有所不同，电化学腐蚀的主要原因是零件表面在潮湿的工作环境下发生原电池反应而导致金属表面产生腐蚀物。由于电化学腐蚀的深度比氧化腐蚀要大，影响电化学腐蚀的因素复杂，以致计算电化学腐蚀的体积损伤量十分困难。为了简化腐蚀损伤量模型，可将在去除金属表面腐蚀产物的过程中，所去除的原金属材料体积视为因电化学腐蚀导致的体积损伤量，可表示为

$$W_{Vdh} = W_{Vcx} + W_{Vxx} \tag{4-13}$$

对于车削加工，材料去除体积 W_{Vcx}（mm^3）可表示为

$$W_{Vcx} = 1000 v_a f a_p t_m \tag{4-14}$$

式中，v_c 为切削速度（m/min）；f 为进给量（mm/r）；a_p 为背吃刀量（mm）；t_m 为切削时间（min）。

切削速度 v_c（m/min）的计算公式为

$$v_c = \frac{\pi d n_s}{1000} \tag{4-15}$$

式中，d 为工件或刀具直径（mm）；n_s 为主轴转速（r/min）。

对于铣削和磨削加工，材料去除体积 W_{Vxx}（mm^3）可表示为

$$W_{Vxx} = \frac{f a_p a_e t_m}{60} \tag{4-16}$$

式中，f 为进给量（mm/s）；a_p 为背吃刀量（mm）；a_e 为侧吃刀量（mm）；t_m 为切削时间（min）。

（4）失效特征评分值　废旧零部件的各失效特征评分值采用专家打分法，将计算所得的失效特征体积损伤量作为输入，通过对不同损伤量进行等级划分，得到各失效特征统一量纲的评分值。例如，某废旧机床主轴零件的失效特征量化打分表见表4-3。

表 4-3　某废旧机床主轴零件的失效特征量化打分表

失 效 特 征	损伤量/mm³	量化值区间
磨损	0	0
	$0 < x < 0.6$	（0，5）
	$0.6 < x < 2.0$	［5，10）
	$x \geqslant 2.0$	10
断裂	0	0
	$0 < y < 1.2$	（0，10）
	$y \geqslant 1.2$	10
腐蚀	0	0
	$0 < z \leqslant 1.5$	（0，5）
	$1.5 < z \leqslant 2$	［5，10）
	$z \geqslant 1.8$	10

▶▶ 2. 再制造经济期望可达性指标量化

废旧零部件再制造的经济期望可达性主要体现在再制造成本与效率层面，指标如下：

1）再制造成本评价指标值 C_1。其计算公式为

$$C_1 = C_{人工} + C_{设备} + C_{材料} + C_{运输} + C_{能源} + C_{其他} \tag{4-17}$$

式中，$C_{人工}$ 为零部件再制造人工成本；$C_{设备}$ 为设备折旧成本；$C_{材料}$ 为辅助材料成本；$C_{运输}$ 为运输成本；$C_{能源}$ 为能源成本；$C_{其他}$ 为其他成本。

2）再制造效率评价指标值 C_2。其计算公式为

$$C_2 = \frac{1}{t_{起动} + t_{准备} + t_{空载} + t_{负载} + t_{待机} + t_{停止}} \tag{4-18}$$

式中，$t_{起动}$ 为单件零部件再制造时设备起动等花费的时间；$t_{准备}$、$t_{空载}$、$t_{负载}$、$t_{待机}$、$t_{停止}$ 分别为单件零部件再制造时准备工作、空载、负载、待机以及停止所花费的时间。

在二级指标量化完成后，采用专家打分法，分别获取再制造成本与再制造效率统一量纲的评分值。

▶▶ 3. 再制造加工过程环境性指标量化

再制造加工过程环境性主要反映零部件再制造过程中产生的固体、液体、气体污染物排放量是否符合国家排放标准。

对于固体废弃物排放量，主要采用现场收集并通过磅秤等进行测量。液体废弃物排放量主要通过现场收集废液，并测验废液中 COD、NH_3、氨氮及 NO_x 等的含量。气体废弃物排放量可现场通过粉尘测定仪等检测空气中 RI 的含量，以

及 HD-5 多合一气体检测仪等检测空气中 CO_2、N_2O、CH_4、NH_3、NO、NO_2、H_2S等的含量。最后，采用专家打分法，获取各污染物统一量纲的评分值。

采用模糊评价法对定性指标进行量化，具体步骤如下：

1）为了度量各再制造性评价指标，定义评价向量为

$$\boldsymbol{E} = [e_1, e_2, e_3, e_4, e_5] = [优秀, 良好, 中等, 合格, 不合格]$$

2）计算第 j 个再制造性评价指标评语集相应的隶属度向量为

$$\boldsymbol{R}_j = [r_i], \quad i = 1, 2, \cdots, 5 \tag{4-19}$$

式中，r_i 为相应再制造评价指标的第 i 个评价结果的隶属度，$r_i = n_{ri}/N$，N 为参与评价的专家总数量，n_{ri} 为选择第 i 个评定值的专家数量。

3）获得第 j 个再制造性评价指标量化数值：

$$S_j = \boldsymbol{E}\boldsymbol{R}_j^{\mathrm{T}} \tag{4-20}$$

式中，S_j 为指标的量化数值，该值越高表示零部件的再制造性越好，反之亦然。

例如，清洗是指对废旧零部件进行清理，去掉其表面的灰尘、油脂、油渍、锈蚀以及油漆涂层等。易清洗性反映了废旧零部件清洗的难易程度。

采用模糊综合评价法进行量化。根据机械零部件的特点，将易清洗性划分为 5 个评价等级。评语集表示为 $M \rightarrow$ [无法清洗，很难清洗，可清洗，较易清洗，易清洗]，对应的评价值为 $M \rightarrow [m_1, m_2, m_3, m_4, m_5]$，$m_i$ 的具体数值可以根据废旧零部件的特点和设备条件确定。运用专家评判法确定清洗难度等级的隶属关系。专家数量假设为 N，评判结果 $\boldsymbol{Y} = [y_1, y_2, y_3, y_4, y_5]$。

4.3 再制造工艺规划模型与方法

相比新品制造，废旧零部件具有基准面破坏、表面性能已定、加工余量小、公差及性能要求高，以及再制造工艺种类多、成形原理差异性大等特点，造成新品制造工艺规划方法已难以适应再制造工艺规划的复杂性。在目前的实际操作中，再制造工艺规划工作高度依赖于高水平工艺设计人员的经验，再制造工艺高效、高质量的规划需求异常迫切。实例推理（case-based reasoning，CBR）作为一种能够利用过去解决相似问题所获得的知识来解决新的类似问题的方法，在再制造工艺方法规划方面具有很好的适用性。基于实例推理的再制造工艺规划方法框架如图 4-9 所示。

第 4 章

再制造性评价与工艺规划

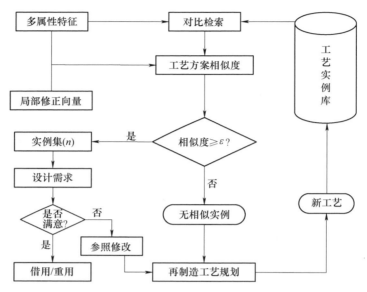

图 4-9　基于实例推理的再制造工艺规划方法框架

基于实例推理的再制造工艺规划是采用实例推理方法，对再制造工艺历史实例进行检索和对比修改，最终形成再制造工艺方案的过程。基于实例推理的再制造工艺规划主要分为三个部分：

（1）再制造工艺实例库的构建　基于实例推理的再制造工艺规划技术将工艺规划问题的实施过程及方案用一个实例来描述，要准确地表达所有已有实例，建立完善的工艺实例库是应用实例推理技术的前提条件。

（2）再制造工艺实例的检索匹配　实例的检索匹配是 CBR 技术的关键，其主要是根据需求问题的不同属性特征从已建立的实例库中匹配最佳的实例作为解决问题的参照。通过选定废旧零部件再制造工艺实例的特征因素，即多属性特征，在工艺实例库中对比检索，引入实例多属性特征的局部相似度修正向量，筛选出满足条件的再制造工艺，形成实例集，根据再制造工艺需求，进一步筛选出实例集，确定最为相似的再制造工艺实例；反之，若没有满足条件，则需要重新进行工艺规划。

（3）再制造工艺实例的参照修改与存储　实例的参照修改是保障再制造工艺规划质量的重要手段。若检索匹配出的实例仍不满足需求问题，则可在此基础上对相似工艺进行参照修改；若无法从实例库中检索匹配出相似实例，则需要重新进行工艺规划。对于输出的实例，根据实际加工结果填写评价意见，最后将满足需求、实施效果好的再制造工艺实例存储在工艺实例库中。

▷▷ 4.3.2　工艺实例库的构建

▷▷ 1. 再制造工艺实例表达

废旧零部件的工艺实例就是其再制造工艺规划方案。实例的描述是实例表达的基础，完整的实例描述一般由问题描述（problem description）、问题求解（problem solution）和问题结果（problem result）三个部分组成，每个部分所包含的具体内容需要由该领域的知识来确定，一般需要遵循以下三个原则：①满足实例的应用规范与要求；②实例信息容易获取；③易于在计算机上实现。

再制造工艺实例描述了废旧零部件在再制造工艺活动中所需要的一系列信息，其问题描述主要包括废旧零部件的基本属性描述以及再制造工艺属性描述两个部分。在实际应用中，由于废旧零部件极具个性化，只根据某一种属性特征进行实例检索一般很难匹配出满足废旧零部件再制造工艺需求的相似实例。因此，在对再制造工艺实例多属性特征进行选择时，应遵循以下三个原则：①对废旧零部件再制造工艺活动有直接指导作用或所需要的属性特征；②废旧零部件的基本属性及其再制造工艺属性特征容易提取并能准确描述问题；③应为具备反映再制造工艺实例共性知识的属性特征，以利于实例的存储。

基于上述原则，可选取废旧零部件的基本属性特征主要包括零件类型、几何特征、精度特征、材料特征等。可选取的再制造工艺属性特征主要涉及废旧零部件失效特征、工艺技术要求、工艺约束等。再制造工艺实例的问题描述是搜索相似实例的核心环节。再制造工艺实例的问题描述见表 4-4。

表 4-4　再制造工艺实例的问题描述

特 征 类 型		内　　容
废旧零部件基本属性特征	零件类型	传动件、连接件、支承件、密封件等
	几何特征	形状、位置、尺寸等
	精度特征	形状精度、位置精度、尺寸精度等
	材料特征	材料硬度、材料类别、材料参数等
	其他特征	连接方式、连接数量等
	……	……
再制造工艺属性特征	失效特征	失效部位、失效形式、失效程度等
	工艺技术要求	先进性、经济性、环保性、安全可靠性等
	工艺约束	加工余量约束、基准面约束、工艺方法约束、加工能力约束等
	……	……

再制造工艺实例的属性特征确定后，可以通过实体关系（entity-relationship,

E-R）模型来描述废旧零部件再制造工艺实例中各类信息的关系，如图 4-10 所示。

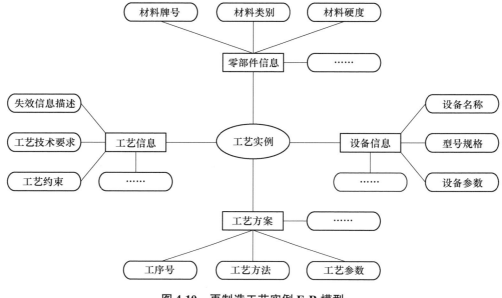

图 4-10　再制造工艺实例 E-R 模型

废旧零部件的再制造工艺实例可以定义为一个四元组集合：

$$CASE = \{CaseID, R, Q, S\} \tag{4-21}$$

式中，$CaseID$ 为实例编号；$R = (R_1, R_2, \cdots, R_n)$ 为废旧零部件的基本属性特征描述集合；$Q = (Q_1, Q_2, \cdots, Q_m)$ 为再制造工艺属性特征描述集合；S 为对应的解决方案，即再制造工艺方案。

废旧零部件的基本属性特征集合 $(R_1, R_2, \cdots, R_n)$ 和再制造工艺特征集合 $(Q_1, Q_2, \cdots, Q_m)$ 中的某个属性特征表达如下：

$$R_i = \{N_i, W_{R_i}, V_i\} \tag{4-22}$$

$$Q_i = \{P_i, W_{Q_i}, X_i\} \tag{4-23}$$

式中，R_i 为废旧零部件基本属性特征集合 $(R_1, R_2, \cdots, R_n)$ 中的第 i 个属性特征；N_i 为废旧零部件基本属性特征 R_i 的特征名；W_{R_i} 为废旧零部件基本属性特征 R_i 的权重系数；V_i 为废旧零部件基本属性特征 R_i 的量化值或信息；Q_i 为再制造工艺属性特征集合 $(Q_1, Q_2, \cdots, Q_m)$ 中的第 i 个属性特征；P_i 为再制造工艺属性特征 Q_i 的特征名；W_{Q_i} 为再制造工艺属性特征 Q_i 的权重系数；X_i 为再制造工艺属性特征 Q_i 的量化值或信息。

基于废旧零部件基本属性特征及其再制造工艺属性特征检索得到的相似实例，即为需求问题的提议解，通常情况下，提议解并不能完全满足废旧零部件再制造工艺需求问题的要求。因此，应在有利于实例修改的基础上，对实例信息进行分层表达。首先可对再制造工艺实例各属性特征进行概括性描述，然后在下一层对各属性特征进行具体描述，实现模块化表达，以利于再制造工艺实例的参照修改与存储。

▷ 2. 工艺实例库设计

再制造工艺实例库设计是依据再制造工艺信息需求与功能需求，设计出相应的数据模式和实例库系统的过程。信息需求是指用户在再制造工艺实例库中储存实例的性质和内容，即实例的数据结构等，反映实例库的静态要求。功能需求是指再制造工艺规划人员所需要完成任务的功能，反映实例库的动态功能与性能。废旧零部件再制造工艺实例库设计主要包括需求分析、结构设计与逻辑设计。

（1）需求分析　需求分析主要是对再制造工艺实例库中的信息需求与功能需求进行分析，从而明确再制造工艺实例库设计所需的数据信息，它决定了再制造工艺实例库设计的有效性。其中，再制造工艺信息需求反映了实例库中实例的性质和内容，包括工艺人员的设计经验、典型的设计实例、废旧零部件信息、设备信息等需要满足的设计需求。功能需求指要完成问题的功能或方式，如利用 CBR 技术实现再制造工艺规划的功能，首先需要输入需求问题描述，然后通过 CBR 实例库检索得到最相似的工艺方案。

（2）结构设计　结构设计是根据需求分析，利用独立的数据结构模型，将实例库中的数据及其关系表示成易于理解的全局数据模型。废旧零部件再制造工艺实例库的结构设计主要包含以下内容。

1）再制造产品表，包括再制造对象 ID、产品名称、部件 ID 等。

2）部件表，包括部件 ID、部件名称、零件 ID 等。

3）零件表，包括零件 ID、零件名称、材料材质、材料牌号、精度要求、尺寸、失效特征 ID 等。

4）失效信息表，包括失效特征 ID、失效位置、失效形式、失效程度、工艺方案 ID 等。

5）工艺方案信息表，包括工艺方案 ID、工艺方法名称、零件图样 ID、工装名称、设备 ID 等。

6）设备信息表，包括设备 ID、设备名称、加工用途、性能参数等。

（3）逻辑设计　逻辑设计的目的是将结构设计的结果转换为计算机所能识别的逻辑数据模型。废旧零部件再制造工艺实例库的逻辑设计主要包含以下内容。

1）废旧零部件再制造工艺项目关系数据模型。

① 项目信息，包括项目编号、项目名称、项目开始时间、预计完成时间、

负责人等。

② 任务信息，包括任务编号、项目编号、任务名称等。

2）再制造工艺实例关系数据模型。

① 再制造工艺实例信息，包括实例编号、废旧零部件基本属性、工艺实例问题属性等。

② 废旧零部件基本属性特征信息，包括零件名称、零件类型、材料类型、表面直线度、表面粗糙度等。

③ 再制造工艺属性特征信息，包括废旧零部件失效部位、材料类型、失效形式、失效程度、加工精度、加工余量、最大相邻误差等。

④ 局部相似度修正向量信息，包括任务编号、失效部位、材料类型、失效形式、失效程度、加工精度、规划目标等。

⑤ 再制造工艺规划目标信息，包括再制造成本、再制造周期、再制造质量等。

3）再制造工艺规划方案有关的数据模型。

① 规划信息，包括任务编号、工序信息、设备信息、加工参数等。

② 工序信息，包括工序号、工序名称、工序内容等。

③ 设备信息，包括设备名称、设备型号、设备参数等。

④ 加工参数信息，包括加工技术规范、加工标准等。

4）再制造工艺材料有关的数据模型。材料信息，包括材料编号、牌号、密度、硬度、抗拉强度、抗弯强度、抗压强度、冲击韧度、弹性模量、热导率、热膨胀系数等。

5）用户有关的数据模型。用户信息，包括用户编号、用户名、密码等。

4.3.3 工艺实例的检索匹配

1. 实例检索

实例检索是基于 CBR 的废旧零部件再制造工艺规划的核心环节。实例推理的重要思想是利用已有的旧问题的经验知识来解决新问题。因此，实例推理的关键是检索出与需求问题相似的旧实例。由于废旧零部件具有多属性特征，在实例的检索过程中，应对这些重要的属性特征进行初步的分类和筛选，从而避免盲目检索。一般应遵循以下两个原则：一是检索到的实例不宜过多；二是检索出来的实例应尽可能地与需求问题最相关。

采用逐步细化的分类原则，将再制造工艺实例的索引划分为三个层面，如图 4-11 所示。再制造工艺实例的索引包括废旧零部件的结构类型，各结构类型不同，导致其属性特征也有所差异，再根据不同的索引选择不同的属性特征参数，用以计算再制造工艺实例的相似度。

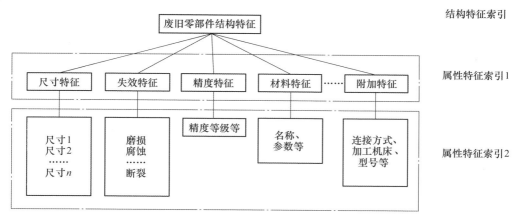

图 4-11   再制造工艺实例索引的结构

在实例检索流程方面，首先需要对废旧零部件的特征进行分类和筛选，选定对其再制造工艺规划具有重大影响的多个属性特征，即特征识别；再基于这些属性特征在实例库中进行匹配，并引入实例属性特征的局部相似度修正向量，计算其与工艺实例库中实例的相似度，筛选出满足条件的再制造工艺，形成实例集，即匹配过程；进一步筛选再制造工艺实例集，确定最为相似的再制造工艺实例，即最佳选定。实例检索的一般流程如图 4-12 所示。

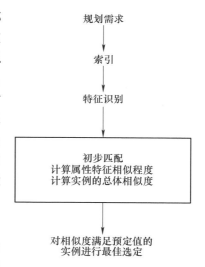

图 4-12   实例检索的一般流程

▷ **2. 实例相似性度量**

再制造工艺实例的相似性度量是通过确定的属性特征，从再制造工艺实例库中匹配出最相似实例的过程。目前较为常用的方法有最近相邻法和归纳索引法两种。其中，最近相邻法通过确定案例属性局部相似度与整体相似度，将相似度满足要求的案例反馈出来解决新问题，其优点在于精度较高且无须训练与估计参数，匹配策略的实现较为容易。而归纳索引法是通过索引来进行检索的一种有效方法，它在一定程度上改进了最近相邻法用固定特征进行搜索的弊端。

在采用最近相邻法来进行检索时，首先将需求问题的属性特征与数据库中的实例进行对比，计算出对应的各属性特征相似度，然后对其属性特征相似度进行加权求和，得到实例的总体相似度。其计算公式为

$$\text{sim}(X,Y) = \sum_{i=1}^{n} w(c_i) \text{sim}(c_i^X, c_i^Y) \tag{4-24}$$

式中，X 和 Y 分别为需求问题和实例库实例；c_i^X 和 c_i^Y 为 X 和 Y 的第 i 个属性特征；$w(c_i)$ 为属性特征 c_i 的权重系数；$\text{sim}(X,Y)$ 是需求问题 X 和实例库实例 Y 的总体相似度；$\text{sim}(c_i^X, c_i^Y)$ 是 c_i^X 和 c_i^Y 的局部相似度。

属性特征的相似度计算是检索最佳工艺实例的基础，在计算再制造新工艺与实例库中工艺实例的相似度之前，必须先确定各属性特征不同取值间的局部相似度。废旧零部件基本属性特征及其再制造工艺规划属性特征的相似度量化方法具有多样性，一般可将属性特征的量化方法分为以下三类：

（1）字符型特征　字符型特征（如零件类型、材料类型、失效形式等）通过对关键字的完全匹配实现局部相似度的计算，即当关键字完成匹配时，局部相似度为 1，反之则为 0，如式（4-25）所示。

$$\text{sim}(c_i^N, c_i^E) = \begin{cases} 1, & c_i^N = c_i^E \\ 0, & c_i^N \neq c_i^E \end{cases} \tag{4-25}$$

式中，c_i^N 与 c_i^E 分别为新实例第 i 个属性特征的特征值与已有实例第 i 个属性特征的特征值。

（2）数值型特征　数值型特征（如加工参数、零件尺寸等）能够通过精确的数值对特征进行表述，因此可以通过最近相邻法对局部相似度进行量化，如式（4-26）所示。

$$\text{sim}(c_i^N, c_i^E) = 1 - \frac{|c_i^N - c_i^E|}{\max(c_i) - \min(c_i)} \tag{4-26}$$

式中，$\max(c_i)$ 与 $\min(c_i)$ 分别为废旧零部件及其再制造工艺的第 i 个属性特征的最大特征值与最小特征值。

（3）枚举型特征　枚举型特征（如失效程度等）通过区间离散型数值对特征进行表述。例如，对于废旧零部件的失效程度（无，轻微，一般，中度，严重）可分别用离散数据（$0, 0.25, 0.50, 0.75, 1$）表示，其局部相似度计算如式（4-27）所示。

$$\text{sim}(c_i^N, c_i^E) = 1 - \frac{|c_i^N - c_i^E|}{H_i} \tag{4-27}$$

式中，H_i 为废旧零部件及其再制造工艺的第 i 个属性特征的最大离散特征值。

考虑废旧零部件再制造工艺规划的目标，为了保证实例检索的有效性，对不同的属性特征引入相应的修正系数向量 $\boldsymbol{P}_k = (p_{1k}, p_{2k}, \cdots, p_{nk})$，其中 k 为问题求解指标，以此体现问题求解对其目标的影响。修正模型如公式（4-28）所示。

$$\text{sim}(X,Y) = \sum_{k=1}^{m} v_k \sum_{i=1}^{n} w(c_i) \text{sim}(c_i^X, c_i^Y) p_{ik} \tag{4-28}$$

式中, v_k 为废旧零部件及其再制造工艺的第 k 个属性特征所占的权重; p_{ik} 为需求问题 X 和实例库实例 Y 对应的第 i 个属性特征的局部相似度在指标 k 下的修正系数。

4.3.4 工艺实例的参照修改与存储

工艺实例的参照修改与存储是基于 CBR 的废旧零部件再制造工艺规划中一个十分重要的环节。最相似的实例不一定是最合理的，需要根据一定的策略进行适当的修改，最后才能应用。主要方法包括约束满足策略、基于规则推理技术和基于组合修正技术等。

实例修正的方法、策略在不同的 CBR 中不尽相同。具体来说，需求问题在检索时会遇到以下几种情况：

假设需求问题与相似实例的相似度为 $m = (m_1, m_2, \cdots, m_n)$ (n 为相似实例数, $0 \leq k_n \leq 1$):

1) 若存在 $k_n = 1$, 则有与需求问题完全匹配的相似实例，直接将该实例用于解决需求问题，不存入实例库。

2) 若所有 $k_n = 0$, 则没有与需求问题匹配的相似实例，将该实例存入实例库。

3) 若检索到的相似实例与需求问题的相似度 k_n 均小于系统设定阈值 β, 则参照实例修改最相似的实例并存入实例库。

4) 若检索到的相似实例与需求问题的相似度 k_n 均大于系统设定阈值 β, 则有与需求问题相似的实例，改写具有最大 k_n 值的实例。

由于影响再制造工艺规划的因素众多，且各种影响因素之间又存在不同的影响。因此，根据再制造工艺实例的表示和设计特点，可采用交互式的修改方法，如图 4-13 所示。对于不满足新问题设计需求和约束的，给出相应的解释，

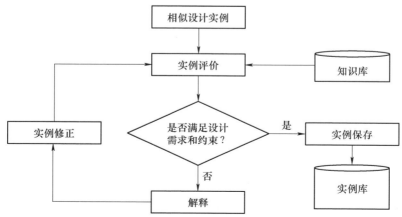

图 4-13 工艺实例的参照修改与存储

调用相关领域知识，采用人机交互方式进行修改。如果最终方案能够满足新需求，则将再制造工艺活动中所涉及的一系列信息以实例的形式保存到实例库中。

4.4 案例分析

本案例以某机床厂废旧车床床身再制造为例，建立了再制造性评价的指标体系，结合再制造性评价方法框架，依次对零部件失效特征、再制造技术实施可行性、再制造经济期望可达性以及再制造加工过程环境性进行评价，得到该机床床身的评价结果为可再制造，进而利用基于实例推理的方法对机床床身进行再制造工艺规划。

再制造工艺实例属性特征见表4-5，用于对比检索的需求问题属性特征描述见表4-6，再制造工艺实例属性特征的局部相似度比较见表4-7。

表 4-5 再制造工艺实例属性特征

实例	C_1	C_2	C_3	C_4	C_5	C_6	C_7	C_8	C_9
X_1	铸铁	7	表面划痕	床身表面	中度	无	0.013	60	320
X_2	铸铁	6	导轨磨损	床身表面	一般	无	0.012	45	320
X_3	铸铁	7	导轨磨损	床身表面	一般	淬火	0.010	55	300
X_4	铸铁	6	表面裂纹	床身表面	一般	无	0.011	60	320
X_5	铸铁	6	表面裂纹	床身表面	中度	无	0.011	55	310
X_6	铸铁	7	表面划痕	床身表面	一般	淬火	0.012	55	310
X_7	铸铁	7	表面裂纹	床身表面	中度	无	0.011	50	300
X_8	铸铁	7	表面裂纹	床身表面	严重	无	0.010	55	310

表 4-6 需求问题属性特征描述

新问题	C_1	C_2	C_3	C_4	C_5	C_6	C_7	C_8	C_9
X_w	铸铁	7	导轨磨损	床身表面	中度	无	0.010	50	320

表 4-7 再制造工艺实例属性特征的局部相似度

特征因素	算法类型	X_1	X_2	X_3	X_4	X_5	X_6	X_7	X_8
C_1	字符串型	1	1	1	1	1	1	1	1
C_2	数值型	1	0.875	1	0.875	0.875	1	1	1

特征因素	算法类型	X_1	X_2	X_3	X_4	X_5	X_6	X_7	X_8
C_3	字符串型	0	1	1	0	0	0	0	0
C_4	字符串型	1	1	1	1	1	1	1	1
C_5	模糊型	1	0.75	0.75	0.5	1	0.75	1	0.75
C_6	字符串型	1	1	0	1	1	0	1	1
C_7	数值型	0.7	0.8	1	0.9	0.9	0.8	0.9	1
C_8	数值型	0.667	0.833	0.833	0.667	0.8633	0.8633	1	0.8633
C_9	数值型	1	1	0.9375	1	0.9688	0.9688	0.9375	0.9688

再制造工艺实例属性特征局部相似度比较过程（以床身 X_2 为例）如下：

1）再制造床身的"加工精度""表面平行度""表面硬度""最大加工直径"属于数值型，用式（4-26）求解。"加工精度"的取值范围为（0,8]，"表面硬度"的取值范围为（40,70]，"表面平行度"的取值范围为（0.01,0.02]，"最大加工直径"的取值范围为（0,320]。对于再制造床身"表面硬度"，已知床身 X_2 的表面硬度为 45HRC，那么"表面硬度"相似度为

$$\text{sim}(c_i^X, c_i^Y) = 1 - \frac{|c_i^X - c_i^Y|}{\max(c_i) - \min(c_i)} = 0.833$$

同理，可求得其他属性特征的相似度。

2）"材料类型""失效模式""失效部位"等属于字符串型，用式（4-25）求解。对于属性特征"材料类型"的相似度为

$$\text{sim}(c_i^X, c_i^Y) = \begin{cases} 1; & c_i^X = c_i^Y \\ 0; & c_i^X \neq c_i^Y \end{cases}$$

由于两实例特征"材料类型"描述均为"铸铁"，则两属性特征相似度为 1。

3）"失效程度"属于枚举型描述，用式（4-27）求解。再制造床身零部件的失效程度可以描述为［无，轻微，一般，中度，严重］。相似度为

$$\text{sim}(\text{中度}, \text{一般}) = 1 - \frac{|c_i^X - u_i^Y|}{M} = 1 - \frac{|1 - 0.75|}{M} = 0.75$$

计算再制造工艺方案相似度（以床身 X_2 为例），根据再制造经验和专家评分，再制造床身三个指标权重分别给定为再制造成本 $(C)_{v_C} = 0.3$、再制造周期 $(T)_{v_T} = 0.3$、再制造质量 $(Q)_{v_Q} = 0.4$（见表 4-8。将以上数据代入式（4-28），

计算结果如下：

$$\mathrm{sim}(X_w, X_2) = \sum_{k=1}^{m} v_k \sum_{i=1}^{n} \mathrm{sim}(c_i^{X_w}, c_i^{X_2}) w(c_i) p_{ik} = 0.9476$$

表 4-8　再制造工艺实例局部相似度比较

属性特征	X_w	X_2	v_C	v_T	v_Q	权重	局部相似度
C_1	铸铁	铸铁	1	1	1	0.286	1
C_2	7	6	0.9	1.2	0.8	0.223	0.875
C_3	导轨磨损	导轨磨损	0.9	1.3	0.95	0.145	1
C_4	床身表面	床身表面	1	1	1	0.112	1
C_5	中度	一般	0.95	1.1	1.2	0.085	0.75
C_6	无	无	1	1	1	0.061	1
C_7	0.010	0.012	0.95	1.2	0.9	0.043	0.8
C_8	50	45	0.8	1.2	0.9	0.028	0.833
C_9	320	320	1	1	1	0.017	1

同理，可求得：$\mathrm{sim}(X_w, X_1) = 0.8323$，$\mathrm{sim}(X_w, X_3) = 0.9201$，$\mathrm{sim}(X_w, X_4) = 0.7769$，$\mathrm{sim}(X_w, X_5) = 0.8633$，$\mathrm{sim}(X_w, X_6) = 0.8158$，$\mathrm{sim}(X_w, X_7) = 0.8513$，$\mathrm{sim}(X_w, X_8) = 0.8358$。经过筛选，最终确定实例 X_2 为最相似实例。

4.5　本章小结

针对废旧零部件能否再制造以及如何再制造的问题，本章系统分析了再制造工艺的特点以及再制造性评价与工艺规划的概念和内涵。提出了以废旧零部件失效特征为再制造性评价的基础和前提，依次评估废旧零部件再制造技术实施可行性、再制造经济期望可达性、再制造加工过程环境性的模型与方法，从而有效制定废旧零部件的最佳利用方式。采用实例推理的方法，通过构建再制造工艺实例库，对再制造工艺历史实例进行检索匹配与参照修改，获取最佳的再制造工艺方案，从而实现历史经验知识的高效重用，保障再制造工艺规划的效率与质量。

参 考 文 献

[1] 向红. 废旧机电产品可再制造性评价研究及应用 [D]. 武汉：武汉科技大学，2016.

［2］ 周帆，江志刚，张华．基于改进实例推理的废旧零部件再制造工艺设计［J］．湖北工业大学学报，2014，29（5）：30-34．

［3］ 黄昊颖．工程机械关键零部件再制造性与评估分析［D］．南宁：广西大学，2013．

［4］ 许焕敏，李东波．工艺规划研究综述与展望［J］．制造业自动化，2008，30（3）：1-7．

［5］ 周敏，任勇，张华，等．基于 CBR 和 RBR 的再制造零件修复工艺智能决策系统［J］．制造技术与机床，2014（1）：111-117．

［6］ 杜彦斌，廖兰．基于失效特征的机械零部件可再制造度评价方法［J］．计算机集成制造系统，2015（1）：135-142．

［7］ 江亚，江志刚，张华，等．基于失效特征的废旧零部件再制造修复方案优化研究［J］．机床与液压，2016，44（21）：168-172．

［8］ 任仲贺，武美萍，龚玉玲，等．机械零部件可再制造性评价模型研究与应用［J］．机械科学与技术，2019，38（2）：244-252．

［9］ 张辉，张华，向琴，等．混凝土泵车再制造性评价与信息管理支持系统的设计及应用［J］．现代制造工程，2015（8）：35-41．

［10］ 张旭刚，张华，江志刚．基于剩余使用寿命评估的再制造方案决策模型及应用［J］．机械工程学报，2013，49（7）：51-57．

［11］ WANG Y N, WANG Y, ZHANG X G, et al. A fault feature characterization based method for remanufacturing process planning optimization［J］. Journal of Cleaner Production, 2017, 161: 708-719.

［12］ 卢超，潘尚峰，孙江宏．重型机床基础件再制造评价指标体系的建立及指标值求解方法［J］．制造技术与机床，2018（1）：60-63．

［13］ 薛怀坤，由世俊，张欢，等．冷水机组可再制造性综合评价研究［J］．暖通空调，2014（8）：12-17．

［14］ DU Y B, LI C B, LIU F, et al. An integrated method for evaluating the remanufacturability of used machine tool［J］. Journal of Cleaner Production, 2012, 20（1）：82-91.

［15］ WANG H, JIANG Z G, ZHANG H, et al. An integrated MCDM approach considering demands-matching for reverse logistics［J］. Journal of Cleaner Production, 2019, 208: 199-210.

［16］ OMWANDO T A, OTIENO W A, FARAHANI S, et al. A bi-level fuzzy analytical decision support tool for assessing product remanufacturability［J］. Journal of Cleaner Production, 2018, 174: 1534-1549.

［17］ 蒋小利，江志刚，张华，等．基于实例推理的废旧零部件可再制造性评价模型及应用［J］．现代制造工程，2013（12）：6-9．

［18］ 周帆．基于实例推理的废旧零部件再制造工艺规划关键技术研究［D］．武汉：武汉科技大学，2015．

［19］ LEI Q, WANG H, SONG Y C. Hybrid knowledge model of process planning and its green extension［J］. Journal of Intelligent Manufacturing, 2016, 27（5）：975-990.

［20］ 涂俊翔．与车间资源匹配最优的工艺规划选择［J］．组合机床与自动化加工技术，2013（4）：125-128．

［21］刘其兵，严红．蜗轮蜗杆参数化设计及运动仿真［J］．工具技术，2012（8）：49-51.

［22］徐滨士．再制造工程基础及其应用［M］．哈尔滨：哈尔滨工业大学出版社，2005.

［23］杜彦斌，李聪波，刘世豪．基于GO法的机床再制造工艺过程可靠性分析方法［J］．机械工程学报，2017，53（11）：203-210.

［24］曹华军，王本涛，刘飞，等．再制造工艺过程二阶优化决策方法［J］．计算机集成制造系统，2010，16（5）：935-941.

［25］张华，刘飞，李友如．绿色工艺规划的决策模型及应用案例研究［J］．中国机械工程，2000，11（9）：979-982.

［26］朱胜，姚巨坤．再制造技术与工艺［M］．北京：机械工业出版社，2011.

第 5 章

——

再制造车间任务规划

再制造车间任务规划是对车间层批量划分、工艺单元层任务分配、设备层作业排序多层级任务配置方案的设计与优化，是再制造车间生产运作管理的核心。由于再制造以废旧零部件为毛坯，毛坯种类多、投产时间随机分布等个性化特征，使得再制造车间随机扰动事件，如突发订单与订单变更、加工时间提前与延期等频繁发生，大大提高了任务规划的复杂性。本章基于再制造车间生产运行特点，阐述再制造车间任务规划的概念与内涵，以随机扰动事件对车间多层级任务配置方案的影响程度评估为突破口，提出基于多层感知器神经网络的扰动响应方法，并通过揭示能源节约、成本控制、效率提升与再制造车间多层级任务配置活动的影响关系，采用多层级模块化集成的递阶建模方法，构建再制造车间任务规划数学模型与算法。为在扰动频发环境下指导再制造车间在合适的时机和位置进行多层级任务优化配置提供方法支持。

5.1　再制造车间任务规划概述

▷▷5.1.1　任务规划的概念与内涵

再制造车间任务规划是基于再制造多品种、小批量的生产特征，考虑多随机扰动事件（如突发订单、交货期变动、物料供给延迟、加工提前或延期、设备故障或维护等）对车间生产运作的影响，以实现再制造车间的平稳、高效、优化运行为目的，在满足车间多相关约束（如资源约束、技术约束、交货期约束等）条件下，对车间层批量划分、工艺单元层任务分配、设备层作业排序多层级任务配置方案的设计与优化过程。

再制造车间任务规划面向生产任务配置过程，跨越了车间层、工艺单元层和设备层三个子系统。其中，车间层子系统包括车间库存区系统与加工区系统，执行任务批量划分；工艺单元层子系统包括工段班组库存区系统与加工区系统，负责设备指派，即指定设备并分配任务；设备层子系统包括机旁储备库存区系统与加工区系统，实施零件派遣，即安排作业顺序。由于再制造车间的各层级任务配置需求与目标各不相同，再制造车间任务规划可以概括为由以下三个子问题构成。

（1）车间层批量划分问题　批量划分是再制造企业对再制造产品的市场需求、车间的加工技术和加工能力等约束进行系统评估后，做出车间任务统筹安排。在生产周期内，以启动成本、持有成本和逾期成本等为目标，合理规划每个时间段投产再制造零部件的类型和数量，形成各时段的待加工批量任务集。

（2）工艺单元层任务分配问题　工艺单元可根据加工任务或实际生产要求的变化快速调整，适用于多品种、小批量再制造柔性生产，工艺单元层任务分配问题，要求基于批量任务集，以生产效益（加工效率、加工成本等）为目标，合理分配加工任务到每个工艺单元，同时从工艺单元中选择最优的加工设备，即为各工艺单元内部各加工设备分配最优的加工任务。

（3）设备层作业任务排序问题　作业任务排序以各设备接收到的生产效益最优的加工批量任务为对象，通过对各设备加工任务中不同零部件划分子批量，并调整子批量的加工顺序，使车间生产任务的完工时间最优。

实质上，再制造车间是一个多扰动事件的离散制造车间，各类扰动如突发订单、交货期变动、物料供给延迟、加工提前或延期、设备故障或维护等随机产生。随着再制造规模化发展速度的加快，扰动环境下的再制造车间任务规划需求也显著增长，已成为目前学术界和工业界共同关注的重点研究课题。

▶ 5.1.2　随机扰动事件分析

再制造车间实际生产运行过程中存在大量的随机扰动事件，会对再制造车间任务配置方案造成不同程度的影响，即其任务配置方案并非一成不变的。因此，再制造车间任务规划可以看作一个由"扰动识别-扰动响应-多层级任务配置"所组成的关联网络的运行过程。而对再制造车间生产运行中的扰动事件进行分析，是识别扰动、制定相应扰动响应策略与方法，从而优化配置再制造车间多层级生产任务的前提。

▶ 1. 扰动事件来源分析

再制造车间中随机扰动事件的来源主要分为以下两类。

（1）来自再制造车间外部环境的扰动　这类扰动的影响来源主要包括：市场经济政策变化、外部环境或条件变化。例如由于市场经济导向发生变化致使产品需求量暴增、价格大幅度上涨、采购周期缩短等，这些扰动的发生与生产车间自身没有关联，但如果不能及时处理这些扰动，将对现有任务配置方案造成影响。

再制造车间常见的来自外部环境的扰动事件主要包括：

1）由于采购计划不合理导致物料短缺，生产加工无法进行，这时原有任务配置方案无法有效执行。

2）原材料质量不合格，需要重新采购合格物料，这时原有任务配置方案执行将会受到影响，如果出现质量问题的物料不多，则对任务配置的影响较小，可进行局部修正，反之需要重新规划任务配置方案。

3）上游物料供应商未能及时交货或交货出现延期，如果物料是当前任务配置方案急需的物料，则原任务配置方案失效。

4）物料发放错误，影响生产加工，可能导致任务配置方案失效。

5）紧急插单。此时需要在生产加工过程中投入新的零件，影响多台设备的加工顺序，原有任务配置方案失效。

6）订单取消。若生产过程中在制品减少的数目较少，则对任务配置方案的影响较小，可以遵循原有任务配置方案；若数目减少得较多，则需要投入新零件，原有任务配置方案失效。

7）订单信息重复或订单信息错误，此时需要根据实际生产情况判断对原有任务配置方案的影响程度，选择进行局部调整或者全部重新配置。

（2）来自再制造车间内部环境的扰动　这类扰动主要体现在任务规划过程中的零件状态与设备处理能力上，是由内部环境变化引起的，这些扰动本质上是由于再制造生产车间复杂的环境与工艺导致的。具体包括设备生产能力变化、在制品存放时间发生变化、零件准备与加工时间发生变化、零件转运时间发生变化等。同时也包括在产品或零部件设计时由于工艺能力或条件考虑不足，导致产品不能顺利加工等各种可能出现的因素。另外，操作人员由于操作不熟练导致的操作错误或失误、因身体或心理原因造成的生产加工效率不稳定等也是非常重要的扰动，这些扰动也会导致原有任务配置方案失效，使得生产效率降低，进一步影响生产系统整体性能。常见的来自再制造车间内部的扰动事件主要包括：

1）产品质量检测标准或者规范错误。若制定新的检测标准，已经加工的产品无质量问题，则对原任务配置方案影响较小或无影响；若有质量问题，则产品需返工或者报废，此时需依据返工数量或报废数量判断任务配置方案的失效程度。

2）零件未按质量标准进行加工造成的工况异常，或者上道工序检验合格的零件在下道工序出现较严重不良导致的异常。此时对任务配置方案的影响等同于质量标准错误造成的异常。

3）零件加工过程中未能及时发现质量异常。此时出现质量异常的零件或返工或报废，生产任务发生变化，对正在执行的任务配置方案有影响。

4）进料检验工作延迟。此时批量划分延迟，任务配置方案需要沿着时间线往后延迟或进行更新调整。

5）质量检测方法不正确造成的异常。例如，检验工序繁琐、检测时间过长等扰动均会给现有任务配置方案的执行带来阻碍。

6）其他因质检工作疏忽所导致的异常。这些异常会使现有任务配置方案不再适应当前工况。

7）设备出现故障。此时导致可用设备数量发生变化，虽然涉及的设备台数较少，但如果不能在可用设备群中合理地安排零件加工，则会对其余设备的生产任务造成影响，故需对现有任务配置方案进行合理的修正。

8）设备加工能力不足，导致大量工件堆积在缓冲区以及零件加工时间发生变化，对原有任务配置方案造成影响。

9）设备保养不充分，导致设备发生故障的概率增大，易对任务配置方案产生影响。

10）未能及时处理故障设备，这时会对原有任务配置方案造成影响。

11）配套工装数量不足，使得无法按照原有任务配置方案加工。

12）人员问题造成的扰动。如人员在加工过程中因操作不熟练造成的操作失误或操作延迟、因身体不适或心情波动造成的工作效率不稳定以及关键技术人员紧缺、操作人员缺工等，对任务配置方案产生影响。

▶▶ 2. 扰动事件分类

从车间内、外部扰动事件的来源分析可知，复杂多变的车间环境给再制造生产调度带来了很多随机扰动。这些扰动事件对生产任务的执行造成影响，导致实际加工进程与任务配置方案偏离，需要通过修正方案以消除随机扰动对车间运行的影响。为了对不同类型的扰动制定有效的响应机制，需要对扰动进行分类处理。根据随机扰动的来源及其对车间任务配置影响的特点，可以将扰动事件分为两类：确定型扰动和模糊型扰动。

（1）确定型扰动事件 明确引起原任务配置方案失效的扰动事件，严重影响车间层任务批量划分。该类扰动事件对原方案影响变化幅度大且变化时间不可预知，必须通过全局调整原任务配置方案以维持生产活动的平稳运行。

（2）模糊型扰动事件 对原任务配置方案的影响不确定，如设备故障、零件返工、原材料短缺等扰动事件。该类扰动事件对原方案的影响程度模糊，可能是轻微影响，也有可能扰动多次积累后，造成原方案的失效，任务若按原方案进行配置，生产性能将受影响，甚至造成巨大经济损失。因此需要根据实际的生产环境与生产条件进行扰动程度的评估分析，从而进一步判断对扰动事件的响应时机等，针对当前工况对原任务配置方案进行局部或全局修正。

5.2 再制造车间扰动响应方法

▶ 5.2.1 方法框架

再制造生产任务具有定制化特征，随着再制造的规模化发展，再制造车间任务规划过程中的随机扰动事件，如突发订单与订单变更、加工时间提前与延期、交货期变动、零件返工等愈发频繁发生，使得原有任务配置方案不再是最优方案甚至是不可行方案，严重影响再制造车间的生产运行。

再制造车间扰动响应的方法框架是确定任务规划在何时、何处触发扰动响应的方法体系及在此过程中涉及的响应机制。再制造车间工艺种类与环节多、协作关系复杂、生产运行情况变化快，当某一局部发生故障，或某一任务配置没有按期实现等，往往会波及整个车间的生产运行。因此，在再制造车间随机扰动的识别和分析评估中，及时了解、掌握生产任务的动态变化，识别影响车间生产运行的各种随机扰动参数，根据不同情况采取相应扰动响应方式，保障任务配置方案的优化效果与效率是至关重要的。对于该问题，需要跟踪机械车间生产现场的环境变化，以便及时准确地捕获所有可能引发任务重新配置的扰动事件（工况），包括来自外部需求（市场因素、客户需求等）的变化，以及来自内部的生产环境和生产工艺等的变化，并通过对收集到的各种扰动事件进行系统的分析、分类，及时、合理地确定出最佳的扰动响应时机和响应位置。基于此，提出图 5-1 所示的再制造车间扰动响应方法框架。

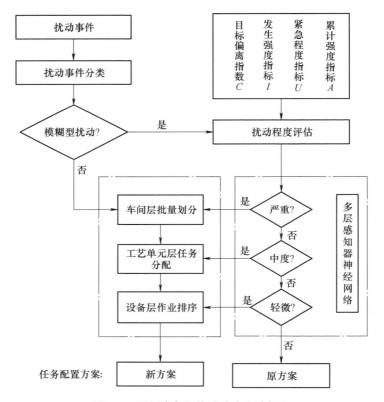

图 5-1 再制造车间扰动响应方法框架

由于确定型扰动事件如客户追加订单、订单加急等，直接影响车间层批量划分方案，因此当该类确定型扰动事件产生时，将即刻从车间层批量划分开始响应。本章主要针对模糊型扰动事件的响应方法进行研究。如图 5-1 所示，对于模糊型扰动事件，选取扰动事件引发的综合目标偏离、发生强度、紧急程度、累计强度作为扰动参数，利用多层感知器神经网络与任务配置的响应层级建立映射关系。最终建立三种响应措施：车间层批量重划分；工艺单元层任务重分配；设备层作业重排序。形成在再制造车间任务规划过程中，当扰动发生时，利用状态信息评估其对任务配置方案的扰动程度，并依此选择相应的响应机制与方法。

▶▶ 5.2.2　扰动程度评估方法

确定再制造车间扰动响应的关键，在于车间扰动事件对任务配置方案影响程度的评估。由于再制造车间大多数扰动事件的概率分布并不能通过试验或者车间历史数据得到，只能依赖于生产建模人员的经验，决定扰动事件的可能性分布或可信性分布等，大大提高了对任务规划人员在数据知识和模型能力方面的要求。多层感知器神经网络在模式识别、函数逼近、风险预测和控制等领域中有广泛的应用，从训练样本中提取"知识"，实现从输入空间到输出空间的映射，最后用训练过的多层感知器神经网络分类器对新到来的未知样本进行有效的分类。由于再制车间扰动程度评估本质上是对扰动数据样本的多重分类问题，因而选用多层感知器神经网络方法对其具有很好的适用性。

多层感知器神经网络的优势主要体现在：①多层感知器神经网络模型的建立是数据自我驱动，不需要给定明确的函数关系或者隐含的数据分布状况；②多层感知器神经网络可以逼近复杂函数并保证精度，可以很容易地找到数据属性和类别之间的一种函数映射关系；③多层感知器神经网络是非线性模型，因此它能更加容易地拟合现实中的实际复杂问题。

在采用多层感知器神经网络对车间扰动程度进行评估时，评估过程分为两部分：扰动参数识别与量化、神经网络多维度分类拟合。即通过对再制造车间的特征进行分析，分别从零件、工序及设备等维度将能反映车间整体扰动程度的各类扰动参数作为多层感知器神经网络的输入，通过多层感知器神经网络实现对扰动程度的训练，建立输入与输出的非线性映射关系，实现多维度的分类拟合。

▶▶ 1. 扰动参数识别与量化

（1）综合目标偏离指数 C　扰动环境下再制造车间生产任务规划问题是异常复杂的系统优化问题，在任务配置方案执行过程中，由于再制造过程中各种随机发生的扰动（设备故障、工序时间误差累积以及零件返工、报废等），使得再制造车间对随机扰动的自适应性以及对工况的耦合能力等需求显著提高，以实现任务加工周期缩短、生产成本节约以及能耗降低等多目标要求。考虑到随机扰动对原始任务配置方案中多优化目标的影响，提出了综合目标偏离指数的概念，并将其作为扰动参数。综合目标偏离指数 C 的量化公式如式（5-1）和式

（5-2）所示。

$$R(O, O') = \frac{|\min(O) - \min(O')|}{\min(O)} \tag{5-1}$$

$$C(O_1, \cdots, O_n) = \omega_1 \frac{R(O_1, O'_1) - R_{\min}(O_1, O'_1)}{R_{\max}(O_1, O'_1) - R(O_1, O'_1)} + \cdots + \tag{5-2}$$

$$\omega_n \frac{R(O_n, O'_n) - R_{\min}(O_n, O'_n)}{R_{\max}(O_n, O'_n) - R(O_n, O'_n)}$$

式中，R 用于评估扰动发生前后对单个目标产生的影响；O 代表原方案的目标函数值；O' 表示受到扰动后车间状态改变但任务配置方案保持不变的目标值；O_n 表示车间多层级任务规划的 n 个目标；ω_n 为相应指标在目标函数值中所占的权重。则综合目标偏离指数 C 用来评估当模糊型扰动事件发生时，若不响应扰动，重新制定任务配置方案，再制造车间任务规划性能目标相比原始预期目标值出现偏离的程度。

（2）扰动事件发生强度指标 I　扰动事件发生强度与受到扰动事件影响的工序数量有关，其计算公式为

$$I = \frac{1}{n} \sum_{i=1}^{n} \frac{p_i^e}{P_i} \tag{5-3}$$

式中，n 表示现有任务配置方案中加工零件的总数量；P_i 表示零件 i 的加工工序数量，$i = 1, 2, \cdots, n$；p_i^e 表示零件 i 的 P_i 道加工工序中受随机扰动事件影响的工序数量。

（3）扰动事件紧急程度指标 U　扰动事件紧急程度指标 U 与受扰动事件影响的工序的优先级有关，计算公式为

$$U = \sum_{i=1}^{n} (p_i^e d_i) \Big/ \sum_{i=1}^{n} (P_i d_i) \tag{5-4}$$

式中，d_i 为零件 i 在现有方案中的优先级。

（4）扰动事件累计强度指标 A　扰动事件累计强度指标描述了到当前时刻为止，未被处理但受扰动事件影响的工序的累计数量，该参数的评估公式为

$$A = \frac{1}{n} \sum_{i=1}^{n} \frac{p_i^a}{p'_i} \tag{5-5}$$

式中，p'_i 为零件 i 尚未加工的工序数量；p_i^a 为到当前时刻为止，零件 i 未被重新配置但受随机扰动事件影响的加工工序数量。

▶▶ 2. 扰动程度分类拟合方法

（1）多层感知器神经网络　多层感知器（multi-layer perceptron，MLP）是一种多层前馈神经网络模型，已被广泛应用于模式识别、图像处理等领域。MLP 分为输入层 U_{in}、隐含层 U_{hidden} 和输出层 U_{out} 三个部分，其中隐含层的层数可以为

一层或者多层。MLP 的同层神经元之间没有连接，也不存在跨层连接，相邻两层之间的神经元两两相连。前一层神经元的输出即为后一层神经元的输入，每层神经元只接收前一层神经元的输出信号，即输入层神经元接收外界输入，隐含层神经元和输出层神经元对信号进行处理，最终的结果由输出层神经元输出。一个典型的 r 层 MLP 的网络结构如图 5-2 所示。

对于 MLP 神经网络中隐含层每个神经元的输入和输出层，每个神经元的输入都是由输入加权和决定的，即 $\forall \mu \in U_{\text{hidden}} \cup U_{\text{out}}$。

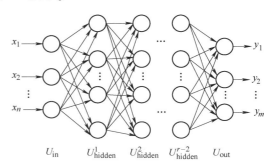

图 5-2 r 层 MLP 的网络结构

$$f_{\text{net}}^{(u)}(w_u, in_u) = w_u in_u = \sum_{v \in \text{pred}(u)} w_{uv} out_v \tag{5-6}$$

式中，$f_{\text{net}}^{(u)}$ 表示第 u 个神经元的输入值 in_u 加权和；w_u 表示第 u 个神经元的权重；$\text{pred}(u)$ 表示 u 的前置神经元，即 u 的上一层神经元；w_{uv} 表示神经元 u 和神经元 v 的连接权重；out_v 表示神经元 v 的输出值。

神经元常用的激活函数为 sigmoid 函数，sigmoid 函数的表达式为

$$f(x) = \frac{1}{1 + e^{-x}} \tag{5-7}$$

该函数为单调非减函数且对于 $f: R \to [0, 1]$，有 $\lim_{x \to -\infty} f(x) = 0$ 和 $\lim_{x \to \infty} f(x) = 1$，因此 MLP 网络中神经元处理信息的函数表达式为

$$f_{act}(net, \theta) = \frac{1}{1 + e^{-(net - \theta)}} \tag{5-8}$$

式中，net 为神经元的输入权重和；θ 为阈值。

（2）BP 反向传播算法 MLP 神经网络具有较强的学习能力，就是根据训练数据来调整 MLP 网络中的各个连接权重并最终达到一个最优的模型。在本书中，多层感知器采用误差反向传播算法（back propagation，BP）进行训练并调整连接权重，BP 算法利用输出值和目标输出值之间的误差，调整上一层的输出权重。这样通过循环的层层逆推，即将所有层的权重都做了微调，当再次进行学习时，其输出值和目标输出值就会更接近一些。

BP 算法基于梯度下降策略，是以目标的负梯度方向对参数 V 进行调整：$V = V + \Delta V$。对 r 层感知器进行单次训练时，网络中单个输出神经元 v 的平方误差为

$$E_v = \frac{1}{2} \left[out - f_{act}(net, \theta) \right]^2 \tag{5-9}$$

式中，$v \in U_{out}$；$f_{act}(net, \theta)$ 为输出神经元的预测值；out 为目标值。

r 层感知器输出神经元 U_{out} 的误差为

$$E = \sum_{v \in U_{out}} E_v \qquad (5\text{-}10)$$

设 u 为一个隐含层神经元或输出层神经元，$u \in U_k$，$0 < k < r$，则其前置神经元 $\mathrm{pred}(u) = \{p_1, \cdots, p_n\} \subseteq U_{k-1}$，对应的权重向量 $\boldsymbol{w}_u = (-\theta, w_{up_1}, \cdots, w_{up_n})$。偏差值可以转换为权重，因此所有的参数都可以做相同的处理。对连接权重进行调整时，需要对误差求导，即

$$\nabla w_u E = \frac{\partial E}{\partial w_u} = \frac{\partial \sum\limits_{v \in U_{out}} E_v}{\partial w_u} = \sum_{v \in U_{out}} \frac{\partial E_v}{\partial w_u} \qquad (5\text{-}11)$$

根据链式法则可得

$$\frac{\partial E_v}{\partial w_u} = \frac{\partial E_v}{\partial net_u} \frac{\partial net_u}{\partial w_u} \qquad (5\text{-}12)$$

式中，net_u 为神经元 u 的输入，$net_u = w_u in_u$，$in_u = (1, out_{p_1}, \cdots, out_{p_n})$，则 $\frac{\partial net_u}{\partial w_u} = in_u$，更新后的连接权重值为

$$\nabla w_u E = \sum_{v \in U_{out}} \frac{\partial E_v}{\partial net_u} in_u = \sum_{v \in U_{out}} \frac{\partial \frac{1}{2} \left[out_v - f_{act}^{(v)}(net, \theta) \right]^2}{\partial net_u} in_u \qquad (5\text{-}13)$$

$$= \sum_{v \in U_{out}} \left[out_v - f_{act}^{(v)}(net, \theta) \right] \frac{\partial f_{act}^{(v)}(net, \theta)}{\partial net_u} in_u$$

$$\forall u \in U_{out}, w_u = w_u + \Delta w_u = w_u - \eta \ \nabla w_u E \qquad (5\text{-}14)$$

式中，η 为 MLP 的学习率，更新连接权重值时是由原权重连接值加上上一次迭代更新量的小部分数值，可以改善网络的运算性能。

通过逐层误差传播后，完成反向传播运算，直到达到停止条件，最后得到连接权重确定的 MLP 模型。

5.3　再制造车间任务规划模型与算法

▶5.3.1　方法框架

扰动触发的机械车间多层级任务配置需要解决三个关键问题：①车间层批量划分问题，即如何配置一个生产周期内每个时段要处理的加工任务的种类和数量；②工艺单元层任务分配问题，即如何合理分配各工艺单元内各机床的加工任务；③设备层作业排序问题，即如何安排每台机床上的加工任务的作业顺序。再制造车间多层级任务规划方法框架如图 5-3 所示。

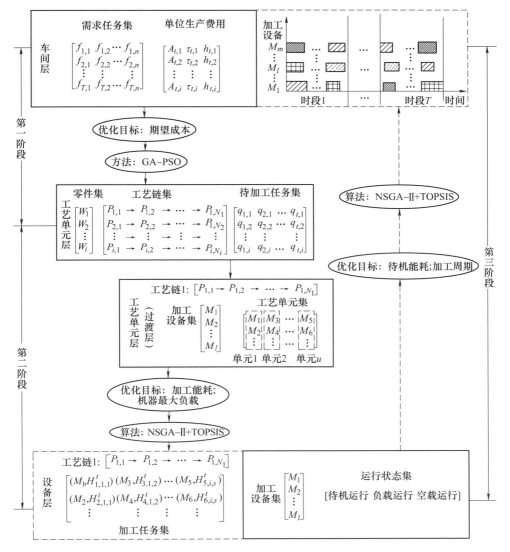

图 5-3　再制造车间多层级任务规划方法框架

车间层从外部接收到加工信息，包括各个时段内零件需求任务集 $f_{t,i}$（$t=1$，$2,\cdots,T$）和单位生产费用。工艺单元层包括待加工零件集 W_i（$i=1,2,\cdots,n$）、工艺链集 P_{i,N_i} 和已规划好的待加工任务集 $q_{t,i}$。各工艺链由一组工艺单元 u（$u=1$，$2,\cdots,U$）构成，工艺单元内设备功能相似或相同，各工艺单元功能互不相同。设备层包括了每台设备的加工任务集 $H^t_{l,i,s}$、加工设备集 M_l 和运行状态集。

在再制造车间多层级任务规划的方法框架中，不同层级的任务配置具有不同的问题特性，针对各层级任务配置的需求，分别制订了不同的优化目标，建立了车间层批量划分、工艺单元层任务分配、设备层作业排序与成本控制、能源节约和效率提升目标之间的关联关系。再制造车间任务规划总体上表现为层次递进关系：

1）在车间层批量划分中，再制造车间批量划分阶段考虑 n 种待加工零件 W_i（$i=1,2,\cdots,n$），待规划周期由等长度的 T 个时段组成，零件 W_i 在时段 t 的需求已知，不同时段内不同零件的需求相互独立。由于每个时段的产量不足造成的需求短缺，将继续作为新的需求归到下一个时段，但必须支付相应的逾期成本。由于产能过剩产生的多余零件将继续保留至下一时段以满足未来需求，但必须支付相应的持有成本。采用遗传算法（genetic algorithm，GA）-粒子群优化算法（particle swarm optimization，PSO）获取各生产周期的加工任务集，使得启动成本、持有成本、逾期成本的总期望成本最小。

2）在工艺单元层任务分配中，每类废旧零部件 W_i 包含 N_i 道工序，每道工序可能有多台设备可供选择，相同加工工艺的设备组成同一工艺单元。任务分配问题要求在满足各时段批量任务的基础上，在各工艺单元内部向各加工设备分配最优的加工任务，达到各工艺单元的加工能耗和设备最大负载最小。针对该多目标优化问题，采用带精英机制的非支配排序的遗传算法（non-dominated sorted genetic algorithm-II，NSGA-II）对该模型进行求解，并利用逼近理想解排序法（technique for order preference by similarity to ideal solution，TOPSIS）从一组帕雷托（Pareto）最优解集中选出一个综合最优解。

3）在设备层作业排序中，针对设备接收到的加工任务，进一步确定各任务的加工顺序，使总完工时间和待机能耗最小。该多目标优化问题同样可以采用 NSGA-II 与 TOPSIS 进行求解，最终获得成本、能源、效率综合性能最优的加工任务配置甘特图（Gantt Chart）。

5.3.2 多层级任务规划模型

1. 模型假设与参数定义

考虑到再制造车间的生产特点，构建模型时需要满足如下假设条件：

1）每个时间段的输出及时满足当前时段的需求，并且仅在每个时间段结束时评估持有成本和逾期成本。

2）在此期间，持有/逾期成本仅在当前时段总产量超过/少于实际总需求时产生。

3）同一设备每次只修复一个零件，且零件的工序在加工后不可中断。

4）加工任务从零时刻开始，并且所有零件都可以在零时刻加工。

5）零件在某台设备上被加工完毕后立即送往工艺路线中规定的下一台

设备。

模型参数定义如下：

W_i：待加工零件号，$i = 1, 2, \cdots, n$；

N_i：零件 W_i 的加工工序集；

s：加工工序号，$s = 1, 2, \cdots, N_i$；

M_l：设备序号，$l = 1, 2, \cdots, m$；

t：计划周期数，$t = 1, 2, \cdots, T$；

$P_{i,s}$：待加工零件 W_i 的第 s 道工序；

E_t：时段 t 内的期望成本，包含启动成本、持有成本和逾期成本；

$A_{t,i}$：时段 t 内生产零件 W_i 产生的启动成本；

$\pi_{t,i}$：时段 t 内持有零件 W_i 产量不足时产生的单位逾期成本；

$h_{t,i}$：时段 t 内持有零件 W_i 产量过剩时产生的单位持有成本；

$f_{t,i}$：时段 t 内零件 W_i 的需求量；

$d_{t,i}$：时段 t 内零件 W_i 的实际需求量；

$q_{t,i}$：时段 t 内零件 W_i 的产量；

$I_{t,i}$：零件 W_i 在第 1 至 t 时段的总需求量；

$S_{t,i}$：零件 W_i 在第 1 至 t 时段的总产量；

$\alpha_{t,i}$：零件 W_i 在时段 t 的单位生产能力；

$\tilde{F}t$：时段 t 的车间生产能力；

u：工艺单元号，$u = 1, 2, \cdots, U$；

$H_{l,i,s}^t$：时段 t，零件 W_i 的第 s 道工序在设备 M_l 上的总加工任务；

$H_{l,i,s,z}^t$：时段 t，零件 W_i 的第 s 道工序在设备 M_l 上第 z 个批量的待处理任务数量，$z = 1, 2, \cdots, y$；

$E_M^{t,u}$：t 时段，工艺单元 u 的总加工能耗，包括负载能耗 $E_{\mathrm{load}}^{t,u}$ 和空载能耗 $E_{\mathrm{idle}}^{t,u}$；

$T_{M_{l,i,s}}$：加工零件 W_i 的第 $P_{i,s}$ 道工序在设备 M_l 上的加工时间，包括负载时间 $T_{M_{l,i,s}}^f$ 和空载时间 $T_{M_{l,i,s}}^k$；

$p_{l,i,s}^f$：加工零件 W_i 的第 $P_{i,s}$ 道工序在设备 M_l 上的平均负载功率；

$p_{l,i,s}^k$：加工零件 W_i 的第 $P_{i,s}$ 工序在设备 M_l 上的平均空载功率；

l^u：工艺单元 u 中的加工设备；

i^u：工艺单元 u 中的待加工零件；

s^u：工艺单元 u 中的待加工零件工序；

$TS_{M_{l,i,s}}^t$：t 时段，加工零件 W_i 的第 $P_{i,s}$ 道工序在设备 M_l 上的加工起始时刻；

$TE_{M_{l,i,s}}^t$：t 时段，加工零件 W_i 的第 $P_{i,s}$ 道工序在设备 M_l 上的加工结束时刻；

$T_{M_{l,i,s}}$：正常情况下，加工零件 W_i 的第 $P_{i,s}$ 道工序在设备 M_l 上的加工时间；

$TS^t_{M_{l,i+,s}}$：t 时段，加工零件 W_{i+} 的第 $P_{i+,s}$ 道工序在设备 M_l 上的加工起始时刻；

$TE^t_{M_{l,i+,s}}$：t 时段，加工零件 W_{i+} 的第 $P_{i+,s}$ 道工序在设备 M_l 上的加工结束时刻；

$x^t_{l,i,s}$：在时段 t 内，零件 W_i 的第 $P_{i,s}$ 道工序在设备 M_l 上加工时，则 $x^t_{l,i,s}=1$，否则 $x^t_{l,i,s}=0$；

TE_{l,i,N_i}：设备 M_l 加工零件 W_i 末尾工序 P_{i,N_i} 的结束时刻。

▶▶ 2. 车间层批量划分模型

考虑 n 个零件和 m 台设备，规划周期由均等长度的 T 个时段组成，时段 $t(t=1,2,\cdots,T)$ 内零件 W_i 的需求量 $f_{t,i}$ 已知，不同时段内不同零件的需求量相互独立。每一时段能生产多种零件，对应产生相应的启动成本、持有成本和逾期成本。启动成本是生产零件的固定成本。产量不足导致的需求缺额继续拖欠至下一时段，并作为新的需求，但必须支付相应的逾期成本；产量过剩导致的余留产品继续持有至下一时段，满足以后的需求，但必须支付相应的持有成本。假设每一时段的产出用于满足当前时段的需求是及时的，只在每一时段结束时对持有成本和逾期成本进行评价。

启动成本包括原材料和半成品的准备成本等，即工作人员使用运输工具将所需材料运输到生产线所发生的成本。运用示性函数 $\delta(x)$ 便于计算启动成本，如果时段 t 内零件产量 $q_{t,i}$ 大于零，则产生相应的启动成本 $A_{t,i}$，示性函数表示为 $\delta(x)=\begin{cases}1, & x>0 \\ 0, & x=0\end{cases}$，因此零件产量 $q_{t,i}$ 在时段 t 的启动成本可表达为 $A_{t,i}\delta(q_{t,i})$。单位持有成本 $h_{t,i}$ 是在时段 t 内零件 W_i 的产量 $q_{t,i}$ 大于当前应生产量 $d_{t,i}$ 时产生的，其中包括库存资金成本和存储成本，库存资金成本意味着库存商品占用可用于其他投资的资金；储存成本包括人工成本，车间和设备折旧、维护成本，水和电能消耗成本以及定期检修消耗柴油并占用劳动力的成本。而单位逾期成本 $\pi_{t,i}$ 则是在时段 t 内零件 W_i 的产量 $q_{t,i}$ 小于当前应生产量 $d_{t,i}$ 时产生的，意味着产能不足，影响客户满意度。由此可见，同一时段内同一零件只产生持有成本和逾期成本中的一种，因此引入示性函数 $\tau(x)=\begin{cases}h_{t,i}, & x>0 \\ 0, & x=0 \\ \pi_{t,i}, & x<0\end{cases}$。则时段 t 产生的持有成本或逾期成本为 $\tau(q_{t,i}-d_{t,i})\,|\,q_{t,i}-d_{t,i}\,|$，期望成本为 $E_t=A_{t,i}\delta(q_{t,i})+\tau(q_{t,i}-d_{t,i})\,|\,q_{t,i}-d_{t,i}\,|$。

批量划分问题要求确定每一时段生产零件的种类和产量，使得整个规划周期内组织生产的启动成本、持有成本和逾期成本的总期望成本最小。

最优批量划分的模型如下：

目标函数：

$$Z = \min \sum_{t=1}^{T} E_t = \sum_{t=1}^{T} \sum_{i=1}^{n} \left[A_{t,i} \delta(q_{t,i}) + \tau(q_{t,i} - d_{t,i}) \mid q_{t,i} - d_{t,i} \mid \right] \quad (5\text{-}15)$$

产量平衡约束：

$$d_{t,i} = I_{t,i} - S_{t-1,i}, q_{t,i} = S_{t,i} - S_{t-1,i}, \forall t, i \quad (5\text{-}16)$$

生产能力约束：

$$\sum_{i=1}^{n} \alpha_{t,i} q_{t,i} \leqslant \widetilde{F}_t, \forall t \quad (5\text{-}17)$$

初始状态约束：

$$q_{0,i} = d_{0,i} = I_{0,i} = S_{0,i} = 0, \forall i \quad (5\text{-}18)$$

变量约束：

$$d_{t,i}, q_{t,i}, I_{t,i}, S_{t,i} \geqslant 0, \forall t, i \quad (5\text{-}19)$$

▶▶ 3. 工艺单元层任务分配模型

（1）再制造加工过程能耗分析　再制造车间加工过程的能源消耗活动以机床设备的电能消耗为主，因此选取能耗作为车间能源消耗的关键指标。为了揭示能源节约与车间多层级任务规划活动的关联关系，首先需要对机床的能耗活动进行分析，而机床的运行能耗实质上是瞬时功率对时间的积分，机床在各状态下，功率随时间的变化曲线应是分析的重点。机床在加工某一任务时的加工状态主要由启停、待机、空转和负载四种状态构成，每种状态对应的机床功率不同，即在任务加工过程中机床的功率是动态变化的。机床时间-状态-功率图如图 5-4 所示。

机床负载能耗是指加工开始后材料被有效去除时所消耗的能量。空载能耗是指加工结束前非切削活动所产生的能耗。待机能耗是指加工结束后设备待机状态下产生的能耗。在图 5-4 中，设备加工每一道工序的加工时间 $TE_{M_{l,i,s}}$ 内都包含空载和负载两种状态下产生的空载与负载能耗，两者之和为总加工能耗，设备在加工不同工序时的运行功率也呈现出较大的差异性。

再制造工艺单元内设备的可选择性导致同一工序产生的加工能耗不同，而设备上加工工序间待机时间的长短直接影响待机能耗，因此需采取分阶段节能策略。在工艺单元层任务分配中，需要明确各工艺单元内设备分配的加工任务，最大限度地降低加工能耗。而在设备层作业排序中，在为加工设备规划加工任务先后次序的同时，还可通过优化工序间的待机时间来降低待机能耗。基于以上考虑，在工艺单元层建立面向最小加工能耗和设备最大负载的任务分配模型。

（2）目标函数与约束　目标函数：

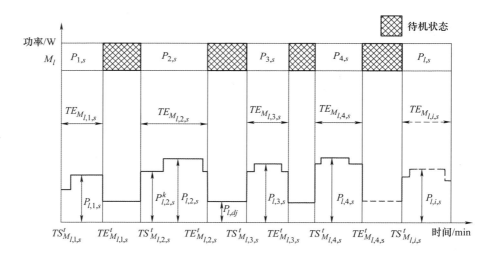

图 5-4　机床时间 – 状态 – 功率图

$$\min E_M^{t,u} = \sum_{l\in l^u}\sum_{i\in i^u}\sum_{s\in s^u} x_{l,i,s}^t (p_{l,i,s}^f T_{M_{l,i,s}}^f + p_{l,i,s}^k T_{M_{l,i,s}}^k) \tag{5-20}$$

$$\min Z^{t,u} = \max(\sum_{i\in i^u}\sum_{u\in s^u} x_{l,i,s}^t TE_{M_{l,i,s}}), l\in l^u \tag{5-21}$$

同一时段零件 W_i 的加工工序 $P_{i,s}$ 中，各设备分配的任务 $H_{l,i,s}$ 之和必须等于该时段该工序零件批量。即

$$q_{t,i} = \sum_{l=1}^{m} H_{l,i,s}^t, \forall t,i,s \tag{5-22}$$

一台设备在同一时刻只能执行一道修复工序。即

$$TS_{M_{l,i,s}}^t \neq TS_{M_{l,i^+,s^+}}^t, i\neq i^+, s\neq s^+, \forall t,l \tag{5-23}$$

加工设备一旦开始加工不允许被中断。即

$$TE_{M_{l,i,s}}^t - TS_{M_{l,i,s}}^t = T_{M_{l,i,s}}, \forall t,l,i,s \tag{5-24}$$

所有工序起始加工时间大于或等于 0。即

$$TS_{M_{l,i,s}}^t \geqslant 0, \forall t,l,i,s \tag{5-25}$$

▶▶ 4. 设备层作业排序模型

在各加工设备上分配最优子批量加工任务后，优化不同零件在加工设备上的加工顺序，旨在达到最大完工时间和待机能耗最小化。

目标函数：

$$f(1) = T_p = \min(\max TE_{l,i,N_i}) \tag{5-26}$$

$$f(2) = E_{dj}^{t,u} = \sum_{l\in l^u}\sum_{i\in i^u}\sum_{s\in s^u} p_l \left[\max(TE_{M_{l,i,N_i}}^t) - \sum_{i\in i^u}\sum_{s\in s^u} x_{l,i,s}^t (TE_{M_{l,i,s}}^t - TS_{M_{l,i,s}}^t) \right] \tag{5-27}$$

各批量所规划的各子批量任务之和为所对应的设备任务批量。即

$$H_{l,i,s}^t = \sum_{z=1}^{y} H_{l,i,s,z}^t, \forall\, t,l,i,s \tag{5-28}$$

对于任一零件，只有在前一工序完成后才可以加工后一工序。即

$$TS_{M_{l,i,s}}^t \geqslant TE_{M_{l,i,s+1}}^t, \forall\, t,l,i \tag{5-29}$$

此外，在加工顺序的优化过程中，仍需要满足作业分配优化模型中的约束条件［式（5-23）~式（5-25）］。

5.3.3 多层级任务规划算法

1. 基于遗传算法-粒子群优化算法的批量划分求解

标准粒子群优化算法（PSO）通过追随个体极值和群体极值完成极值寻优，虽然操作简单且能够快速收敛，但随着迭代次数的不断增加，在种群收敛集中的同时，各粒子也越来越相似，可能在局部最优解周边无法跳出。混合粒子群优化算法摒弃了传统粒子群算法中的通过跟踪极值来更新粒子位置的方式，而是引入了遗传算法（genetic algorithm，GA）中的交叉和变异操作，通过粒子个体极值和群体极值的交叉以及粒子自身变异的方式来搜索最优解。利用遗传算法的快速求解能力和粒子群算法的并行优化能力，采用遗传算法-粒子群优化算法优化批量划分，其流程如图5-5所示。

图5-5 遗传算法-粒子群优化算法流程

其中，种群初始化包括种群规模、惯性因子、加速因子等参数以及粒子的速度和位置的初始化；适应度计算则是计算粒子群个体的适应度值并更新，个体极值与种群极值分别为粒子和种群的历史最优值；更新粒子速度与位置即一旦确定了粒子的最佳位置，就可以更新粒子的速度和染色体，同时个体和种群的极值也被更新；个体最优交叉即把个体和个体最优粒子进行交叉得到新粒子；群体最优交叉即把个体和群体最优粒子进行交叉后得到新粒子；粒子变异即指粒子自身变异得到新粒子；输出即达到最大迭代次数时停止迭代，输出最优解。

GA-PSO算法具体实现过程如下：

（1）个体编码 粒子个体编码采用整数编码的方式，每个粒子代表一个规划好的加工方案，比如规划2种工序数均为5的零件在5个时间段内的批量划分方案，个体编码为［4 7 3 3 8 9 5 5 6 2］，"4"表示零件1在时段1的加工数量，"7"表示零件1在时段2的加工数量，……，"9"表示零件2在时段1的加工

数量，依此类推，得到 2 种零件在 5 个时段内的批量划分方案。

（2）交叉操作　个体通过与个体极值和群体极值交叉来更新，交叉方法采用整数交叉法。首先选择两个交叉位置，然后把个体和个体极值或个体与群体极值进行交叉，假定随机选取的交叉位置为 4 和 6，交叉操作如图 5-6 所示。

个体—[4 7 3 3 8 9 5 5 6 2]

极值—[4 8 2 3 9 8 5 6 4 3]

$\xrightarrow{\text{交叉}}$ 新个体—[4 7 3 3 8 8 5 5 6 2]

图 5-6　交叉操作

对得到的新个体采用保留优秀个体策略，只有当新粒子适应度值好于旧粒子时才更新粒子。

（3）变异操作　变异方法采用个体内部两位互换方法，首先随机选择变异位置 1 和 2，然后把两个变异位置互换，假设选择的变异位置为 3 和 5，变异操作如图 5-7 所示。

[4 7 3 3 8 9 5 5 6 2]　$\xrightarrow{\text{变异}}$　[4 7 8 3 3 9 5 5 6 2]

图 5-7　变异操作

对得到的新个体同样采用保留优秀个体策略，只有当新粒子适应度值好于旧粒子时才更新粒子。

▶▶ **2. 基于 NSGA-II 的任务分配与作业排序求解**

多目标优化问题与单目标优化问题有很大差异。当只有一个目标函数时，可以找到最好的解，这个解优于其他所有解，通常是全局最大或最小解，即全局最优解。而当存在多个目标时，由于目标之间存在冲突往往无法比较，因此很难找到一个解使得所有的目标函数同时最优，也就是说，一个解可能对于某个目标函数是最好的，但对于其他的目标函数却不是最好的，甚至是最差的。因此，对于多目标优化问题，通常存在一个解集，这些解之间就全体目标函数而言是无法比较优劣的。即无法在改进任何目标函数的同时不削弱至少一个其他目标函数。这种解称为非支配解（non-dominated solutions）或帕累托最优解（Pareto optimal solutions），具体有如下定义：

定义 1　MOP。MOP $= (\boldsymbol{x}, \boldsymbol{y})$，$\min \boldsymbol{y} = f(\boldsymbol{x})$。其中，$\boldsymbol{x} \in X$，$\boldsymbol{y} = (y_1, y_2, \cdots, y_b) \in Y \in R^b$，$\boldsymbol{x}$ 是决策变量向量，X 为决策空间，$\boldsymbol{y}$ 为目标向量，Y 为目标空间。

定义 2　Pareto 支配。假设 $\boldsymbol{x}$ 与 $\boldsymbol{x}'$ 为进化种群 Pop 中任意两个不同的决策变量，存在对于所有决策变量 $\forall c \in \{1, 2, \cdots, b\}$，$f_c(\boldsymbol{x}) < f_c(\boldsymbol{x}')$，即 $\boldsymbol{x}$ 不比 $\boldsymbol{x}'$ 差，且至少存在一个决策变量 $\exists d \in \{1, 2, \cdots, b\}$，使 $f_c(\boldsymbol{x}) < f_c(\boldsymbol{x}')$，即 $\boldsymbol{x}$ 比 $\boldsymbol{x}'$ 好，则称 $\boldsymbol{x}$ 支配 $\boldsymbol{x}'$，记为 $\boldsymbol{x} > \boldsymbol{x}'$。

定义 3 Pareto 最优解。假设 $x \in X$ 为集合 E（$E \subseteq X$）上的非受控解，当且仅当 $\forall e \in E$ 时，$e < x$；特别地，当 $E = X$ 时，称 x 为 Pareto 最优解。

定义 4 非受控解集与其前沿。假设 $E \subseteq X$，令 $non(E) = \{x \in E : x$ 是 E 上的非受控解$\}$，则集合 $non(E)$ 称为 E 上的非受控解，所对应的目标向量空间中的解集 $f[non(E)]$ 称为 E 上的非受控前沿。

定义 5 Pareto 最优解集与 Pareto 前沿。令 $X^* = \{x \in X : \forall x' \in X$ 满足 $x' < x\}$，则集合 X^* 称为 Pareto 最优解集，记为 P_{ture}。对应的目标向量空间中的解集 $Y^* = \{y = f(x), x \in X^*\}$ 称为 Pareto 前沿，记为 PF_{ture}。其中，P_{ture} 与 PF_{ture} 由所构建的多个优化函数所确定。

Pareto 最优解集采用 NSGA-II 算法构造，算法流程图如图 5-8 所示。

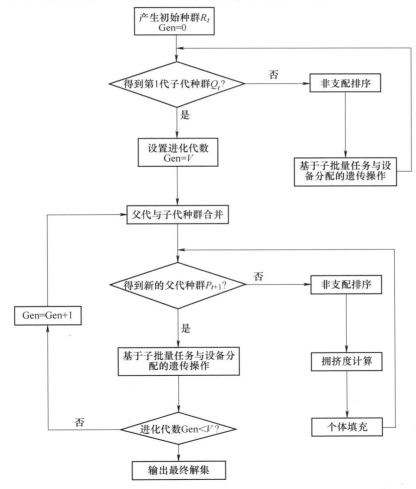

图 5-8 NSGA-II 算法求解多目标作业分配问题流程

1）产生初始种群 R_t，该种群的个数为 N，对种群 R_t 根据非支配关系进行排序。然后通过选择、交叉、变异等遗传操作，得到第 1 代子种群 Q_t。

2）从第 2 代开始，将父代种群与子代种群合并进行快速非支配排序，同时对每个非支配层中的个体进行拥挤度计算。将非支配等级低的个体填充到新的父代种群中，这样就形成了新的父代种群 P_{t+1}。

3）进行遗传步骤，产生子代种群 Q_{t+1}。

NSGA-Ⅱ 算法主要采用了精英保留策略，包括非支配排序和拥挤度计算两个步骤。由于 NSGA-Ⅱ 算法在多目标分配过程中获得的是一组有限的解决方案，即由多目标作业分配的更好的近似非子集解决方案集。虽然 NSGA-Ⅱ 算法保持了近似最优解集的多样性，但同时也产生了 Pareto 解集。要使决策者凭借经验直接选取其中一个或者几个最优解的难度较大。通过采用 TOPSIS 方法，能在一个近似最优解的集合中挑选出最终解。其方法流程如下：

1）根据近似最优解集和 2 个优化目标函数建立评价决策矩阵 $G = (g_{o,p})_{h \times 2}$。其中，$g_{o,p}$ 为近似最优解集中的元素，$o = 1, 2, \cdots, h$，$p = 1, 2$。

2）对评价决策矩阵 $G = (g_{o,p})_{h \times 2}$ 中的元素 $g_{o,p}$ 进行规范化处理，得到规范化决策矩阵 $K = (k_{o,p})_{h \times 2}$，其中 K 矩阵的元素 $k_{o,p} = g_{o,p} / \sqrt{\sum_{o=1}^{h} g_{o,p}^2}$。

3）计算加权规范决策矩阵 F，其中的元素 $f_{o,p} = w_p g_{o,p}$，w_p 为目标函数的权重，可以通过层次分析法（analytic hierarchy process，AHP）或熵权法（entropy weight method，EWM）等获得。

4）计算各近似最优解与正理想解 S_i^+ 及负理想解 S_i^- 之间的欧拉距离：$S_o^+ = \sqrt{\sum_p^h (g_{o,p} - b_p^+)^2}$，$S_o^- = \sqrt{\sum_p^h (g_{o,p} - b_p^-)^2}$。

5）计算各近似最优解的相对贴近度：$C_p = S_o^- / (S_o^+ + S_o^-)$，并对贴近度值进行比较，相对贴近度 C_p 最大值所对应的近似最优解即为最佳的任务分配方案。

5.4　算例分析

以某机床再制造车间 4 种机床零件的任务规划为例。该车间配备了 7 台加工设备共 4 个工艺单元来组织生产。该车间具体运作情况如下：将待配置周期分为 7 个时段，且 4 种零件在不同时段的需求已知。不同零件之间的单位启动成本、单位逾期成本、单位持有成本，4 种零件在不同时段的任务需求与成本参数信息，零件加工过程中的工艺、能耗和时间参数信息，工艺单元与加工设备参数信息，分别见表 5-1 ~ 表 5-3。扰动事件发生在 90 ~ 133min 时，扰动事件为设备 2 故障。

表 5-1　零件在不同时段的任务需求与成本参数信息

零件需求量	时段1	时段2	时段3	时段4	时段5	时段6	时段7	启动成本/（元/批）	逾期成本/（元/件）	持有成本/（元/件）
W_1	10	5	5	6	4	7	6	200	22	38
W_2	5	7	5	6	3	4	6	142	18	29
W_3	6	6	8	7	8	4	8	121	14	21
W_4	6	5	4	5	6	7	4	118	11	20

表 5-2　零件加工过程中的工艺、能耗和时间参数信息

待加工零件（W_i）	工序编号（$P_{i,s}$）	工艺单元（u）	设备编号（M_i）	时间/min	加工能耗/kJ
W_1	$P_{1,1}$	4	M_7	7.0	3131
	$P_{1,2}$	2	M_3	18.3	4080
		2	M_4	18.3	4080
	$P_{1,3}$	1	M_1	9.2	3754
		1	M_2	10	3982
	$P_{1,4}$	3	M_5	6.1	3504
W_2	$P_{2,1}$	2	M_3	16.0	5782
		2	M_4	16.0	5782
	$P_{2,2}$	3	M_6	6.7	1409
	$P_{2,3}$	4	M_7	8.0	1856
	$P_{2,4}$	2	M_3	7.0	2284
		2	M_4	7.0	2284
W_3	$P_{3,1}$	1	M_1	9.2	4050
		1	M_2	9.0	4103
	$P_{3,2}$	3	M_5	18.5	4320
		3	M_6	21.0	4320
	$P_{3,3}$	1	M_1	9.5	2411
		1	M_2	9.2	2320
	$P_{3,4}$	3	M_5	5.4	2206
W_4	$P_{4,1}$	4	M_7	10.1	3007
	$P_{4,2}$	3	M_5	9.7	5966
		3	M_6	9.6	6040
	$P_{4,3}$	1	M_2	10.0	6071
	$P_{4,4}$	3	M_5	7.6	3011

表 5-3　工艺单元与加工设备参数信息

工艺单元（u）	设备编号（M_l）	加工能力/（件/次）	待机运行功率/kW
1	M_1	1	1.1
	M_2	1	1.4
2	M_3	1	2.1
	M_4	1	2.1
3	M_5	1	2.0
	M_6	1	1.8
4	M_7	1	2.0

▶ 1. 车间层批量划分

利用 GA-PSO 算法对问题进行求解，其中的参数设置见表 5-4。

表 5-4　GA-PSO 算法参数设置

参　　数	种群规模	最大迭代次数	惯性因子	加速因子	交叉概率	变异概率
取值	100	200	0.4	2.05	0.7	0.05

由图 5-9 可以看出，遗传迭代到 80 代时已开始收敛。根据启动成本、逾期成本和持有成本计算规则，在满足整体车间任务规划的前提下，计算得到最低期望成本为 4239 元，最优解见表 5-5。

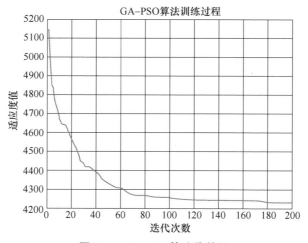

图 5-9　GA-PSO 算法收敛图

表 5-5　规划周期内最优批量划分结果

零件生产量	时段 1	时段 2	时段 3	时段 4	时段 5	时段 6	时段 7
W_1	9	10	7	8	4	7	6
W_2	5	5	7	6	3	4	6
W_3	6	6	7	8	7	5	8
W_4	6	5	5	3	6	8	4

▶ 2. 工艺单元层任务分配

在规划好 4 种零件的生产量后，还要为每一个待加工的零件选择设备。针对本层级的调度优化，利用 NSGA-II 通过 MATLAB 2016b 软件求解任务分配的能效优化模型，最后使用 TOPSIS 方法确定最优解。

NSGA-II 的参数值见表 5-6，得到满足约束条件下设备加工能耗和最大负载的综合最优解，如图 5-10 所示。

表 5-6　NSGA-II 的参数值

参　　数	种 群 规 模	最大迭代次数	交 叉 概 率	变 异 概 率
取值	40	100	0.8	0.2

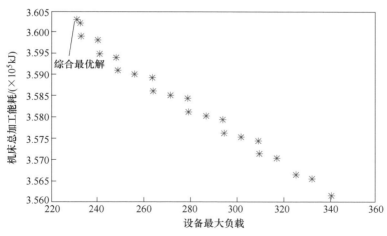

图 5-10　加工能耗和设备最大负载的综合最优解

表 5-7 显示了每台加工设备加工的零件数。工艺单元 4 仅包含一台加工设备，因此不存在任务分配的问题。由于工艺单元 2 包含两个相同类型的设备，加工操作完全相同，因此选择其中任意一个均是合理的。即这两个工艺单元只有唯一的最优解决方案，其能耗分别为 99192kJ 和 95726kJ。而工艺单元 1 和 3

131

中存在不同类型的处理设备，并且通过 NSGA-II 算法计算的能量消耗为 118505kJ 和 46877kJ。

表 5-7　加工设备任务分配结果

加工设备	（工序号）/（待加工零件量/件）/（加工时间/min）				
M_1	$(P_{1,3}/6/55.2)$	$(P_{3,1}/4/36)$	$(P_{3,3}/4/38)$	—	—
M_2	$(P_{3,1}/2/18.4)$	$(P_{3,3}/2/18.4)$	$(P_{4,3}/6/60)$	$(P_{1,3}/3/30)$	—
M_3	$(P_{2,1}/2/32)$	$(P_{1,2}/5/91.5)$	$(P_{2,4}/5/35)$	—	—
M_4	$(P_{2,1}/3/48)$	$(P_{1,2}/4/73.2)$	—	—	—
M_5	$(P_{3,2}/4/74)$	$(P_{4,2}/3/29.1)$	$(P_{1,4}/9/54.9)$	$(P_{3,4}/6/32.4)$	$(P_{4,4}/6/40.8)$
M_6	$(P_{3,2}/2/42)$	$(P_{2,2}/5/33.5)$	$(P_{4,2}/3/28.8)$	—	—
M_7	$(P_{1,1}/9/63)$	$(P_{4,1}/6/60.6)$	$(P_{2,3}/5/40)$	—	—

3. 设备层作业排序

考虑每台设备上的加工顺序对完工时间和待机能耗的影响，作业排序采用 NSGA-II 和 TOPSIS 方法进行求解，其参数值见表 5-6。在得到 Pareto 解集后运用 TOPSIS 方法，得到如图 5-11 所示的关于待机能耗和完工时间的综合解。最佳作业排序方案保持在 240.4min，待机能耗为 6952.2kJ。

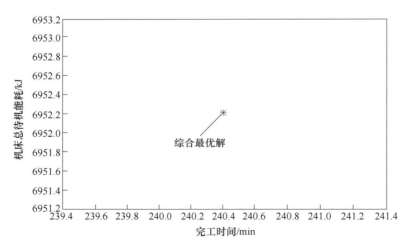

图 5-11　待机能耗和完工时间的综合解

最后生成图 5-12 所示的最优任务配置方案的甘特图，详细信息见表 5-8。

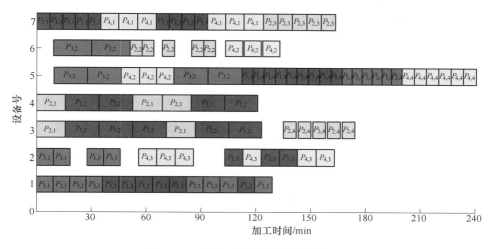

图 5-12　时段 1 任务配置方案甘特图

表 5-8　加工设备作业排序结果

加 工 设 备	加工路线（工序号/子批量）
M_1	$P_{3,1}/4 \rightarrow P_{1,3}/5 \rightarrow P_{3,3}/3 \rightarrow P_{1,3}/1 \rightarrow P_{3,3}/1$
M_2	$P_{3,1}/2 \rightarrow P_{3,3}/2 \rightarrow P_{4,3}/3 \rightarrow P_{1,3}/1 \rightarrow P_{4,3}/1 \rightarrow P_{1,3}/2 \rightarrow P_{4,3}/2$
M_3	$P_{2,1}/1 \rightarrow P_{1,2}/3 \rightarrow P_{2,1}/1 \rightarrow P_{1,2}/2 \rightarrow P_{2,4}/5$
M_4	$P_{2,1}/1 \rightarrow P_{1,2}/2 \rightarrow P_{2,1}/2 \rightarrow P_{1,2}/2$
M_5	$P_{3,2}/2 \rightarrow P_{4,2}/3 \rightarrow P_{3,2}/2 \rightarrow P_{1,4}/9 \rightarrow P_{3,4}/6 \rightarrow P_{4,4}/6$
M_6	$P_{3,2}/2 \rightarrow P_{2,2}/5 \rightarrow P_{4,2}/3$
M_7	$P_{1,1}/5 \rightarrow P_{4,1}/3 \rightarrow P_{1,1}/4 \rightarrow P_{4,1}/3 \rightarrow P_{2,3}/5$

4. 多层感知器神经网络训练

为响应再制造车间扰动，算例收集了 1968 条样本数据，其中有 1377 条用于多层感知器网络的训练，591 条用于测试网络的性能，算例中样本数据信息见表 5-9。样本输入包括扰动事件的综合目标偏离指数、发生强度指标、紧急程度指标、累计强度指标这四个维度，隐藏层为三层，每个隐藏层的神经元数量为 60，批量大小为 90，学习率为 0.001，迭代次数为 10。本算例基于 TensorFlow 平台实现，TensorFlow 是第二代分布式机器学习系统，是目前较为流行的深度学习框架，是用于大规模分布式数值计算的开源框架，目前已经被广泛应用于图像识别、语音识别、自然语言处理等领域。

表 5-9　算例中样本数据信息

样本数量	不响应	轻微	中度	严重	合计
训练集	363	388	348	278	1377
测试集	156	167	149	119	591
合计	519	555	497	397	1968

为了准确地对比各网络模型的性能，采用混淆矩阵作为量化评价标准。混淆矩阵主要使用三种指标度量检测方法的性能：召回率（recall）、精度（precision）及准确率（accuracy）。其中，准确率表示整个样本集中被预测正确的比例，精度表示预测结果为正的测试样本被正确预测的比例，召回率表示测试集中正样本部分被正确预测的比例。

在验证各检测模型性能时，本文采用交叉验证的方式。即将源码样本集分成若干子集，其中一部分作为训练集用于训练各检测模型，剩余部分作为验证集用于对训练的结果模型进行性能验证。为减小试验测试过程中的测量误差，这里对所有测试模型都进行了 10 次交叉验证，并取各性能指标的平均值作为最后的性能结果。

根据以上数据，分别对比了单层、双层、三层隐藏层的多层感知器网络的混淆矩阵，见表 5-10。

（1）混淆矩阵　混淆矩阵的每一列代表了预测类别，每一行代表了数据的真实归属类别。每一列中的数值表示真实数据被预测为该类的数目，如表 5-10，第一行第一列中的 "103" 表示有 103 个实际归属为不响应的实例被预测为不响应，同理，第一行第二列的 "12" 表示有 12 个实际归属为轻微实例被错误预测为不响应。

表 5-10　不同数量隐藏层网络的混淆矩阵对比

预测值	真实值											
	单隐藏层网络				双隐藏层网络				三隐藏层网络			
	不响应	轻微	中度	严重	不响应	轻微	中度	严重	不响应	轻微	中度	严重
不响应	103	12	2	0	86	31	0	0	105	12	0	0
轻微	74	43	30	3	3	127	20	3	3	144	3	0
中度	15	14	93	45	0	27	157	8	0	6	160	1
严重	1	0	6	150	1	0	14	142	1	0	13	143

由表 5-10 可以大致看出，在预测 "不响应" 事件时，三隐藏层 > 单隐藏层 > 双隐藏层；预测 "轻微" 事件时，三隐藏层 > 双隐藏层 > 单隐藏层；预测 "中度" 事件时，三隐藏层 > 双隐藏层 > 单隐藏层；预测 "严重" 事件时，单隐

藏层 > 三隐藏层 > 双隐藏层。

（2）准确率、精度、召回率 根据混淆矩阵，可计算出对应的准确率、精度和召回率，计算公式如式（5-30）～式（5-32）所示。

准确率：

$$accuracy = \frac{TP + TN}{TP + TN + FP + FN} \tag{5-30}$$

精度：

$$precision = \frac{TP}{TP + FP} \tag{5-31}$$

召回率：

$$recall = \frac{TP}{TP + FN} \tag{5-32}$$

式中，TP（true positive）表示预测为正样本，实际也是正样本；TN（true nega-tive）表示预测为负样本，实际也是负样本；FP（false positive）表示预测为正样本，实际是负样本；FN（false negative）表示预测为负样本，实际是正样本。

表 5-11 对比了三种具有不同数量隐藏层网络的性能指标，包括"不响应""轻微""中度""严重"这四类标签下的准确率、精度、召回率。可见，同样是多层感知器网络，当隐藏层从一层增加到三层时，四类标签分别的准确率和精度均是呈线性增加，准确率从 65.82% 提升至 93.4%，精度从 65.6% 提升至 93.7%，召回率从 67.0% 提升至 93.2%，大幅提升了网络性能，表明基于三隐藏层的多层感知器神经网络具有更好的拟合能力和更好的对未知样本的分类能力。

表 5-11 不同数量隐藏层网络的性能指标对比

| 性能指标 | 网络结构 | | | | | | | | | | | |
| | 单隐藏层网络 | | | | 双隐藏层网络 | | | | 三隐藏层网络 | | | |
	不响应	轻微	中度	严重	不响应	轻微	中度	严重	不响应	轻微	中度	严重
准确率	0.789	0.745	0.776	0.876	0.936	0.897	0.921	0.952	0.972	0.958	0.96	0.974
精度	0.534	0.623	0.71	0.758	0.956	0.793	0.822	0.947	0.963	0.889	0.91	0.993
召回率	0.88	0.287	0.56	0.955	0.735	0.847	0.94	0.905	0.897	0.96	0.958	0.911

（3）ROC 曲线和 AUC 值 ROC（receiver operating characteristic）曲线是显示分类模型真正率和假正率之间折中的一种图形化方法，可以弥补单指标评估的不足。

真正率（true positive rate，TPR）也称为灵敏度，表示正样本被正确分类的样本数与正样本的样本数的比率，即 TP/（TP + FN）；假正率（false positive rate）也称为误报率，表示负样本被错分为正样本的样本数与负样本的样本数的比率，即 FP／（FP + TN）。因此，当真正率为 1、假正率为 0（TPR = 1，FPR = 0）时为理想模型，也就是一个好的分类模型应该尽可能靠近图形的左上角。

ROC 曲线下方的面积（area under curve，AUC）提供了评价模型平均性能的另一种方法，AUC 值越大，模型越好，理想模型的 AUC 值为 1。三种网络结构的 AUC 值见表 5-12。

表 5-12　不同数量隐藏层的 AUC 值对比

AUC 值	不 响 应	轻 微	中 度	严 重
单隐藏层	0.95	0.83	0.82	0.97
双隐藏层	0.96	0.98	0.94	0.99
三隐藏层	0.99	0.99	0.99	0.99

从表 5-12 中可以看出：在各类样本中，AUC 这一性能指标均随着隐藏层数量的增加而上升。在"不响应"和"严重"事件的预测中，三隐藏层的性能略优于单、双隐藏层；而在"轻微"和"中度"事件的预测中，三隐藏层分别将 AUC 指标从 0.83 和 0.82 提升至 0.99。在各类事件预测中，三隐藏层的 AUC 值均达到 0.99，十分接近理想模型。

▶▶ **5. 扰动响应**

基于已训练好的网络结构，已知设备 M_2 在第 90 ~ 140min 扰动事件产生，根据 5.2.2 小节提出的扰动参数，需要先计算综合目标偏离指数，即扰动产生后不予处理对目标产生的影响。目标函数系数根据企业的重视程度分配以下值：$\omega_1 = 0.4$、$\omega_2 = 0.25$、$\omega_3 = 0.25$、$\omega_4 = 0.1$。当该扰动产生时，再制造车间综合目标偏离指数为

$$C(O_1,\cdots,O_n) = \omega_1 \frac{R(O_1,O'_1) - R_{\min}(O_1,O'_1)}{R_{\max}(O_1,O'_1) - R(O_1,O'_1)} + \cdots + \omega_n \frac{R(O_n,O'_n) - R_{\min}(O_n,O'_n)}{R_{\max}(O_n,O'_n) - R(O_n,O'_n)} = 0.26$$

扰动发生强度指标为

$$I = \frac{1}{n} \sum_{i=1}^{n} \frac{p_i^e}{P_i} = 0.29$$

扰动紧急程度指标为

$$U = \sum_{i=1}^{n} (p_i^e d_i) \Big/ \sum_{i=1}^{n} (P_i d_i) = 0.23$$

扰动累计强度指标为

$$A = \frac{1}{n} \sum_{i=1}^{n} \frac{p_i^a}{p'_i} = 0.45$$

将以上各计算结果作为多层感知器的输入参数，输出结果为"轻微"，即应

对作业排序层进行重新规划。对作业排序层再次使用 NSGA-II 和 TOPSIS 算法进行求解，得到任务重新规划后的甘特图（见图 5-13）和作业排序结果（见表 5-13）。

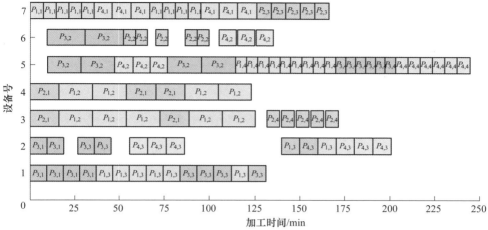

图 5-13 任务重新规划后时段 1 的甘特图

表 5-13 任务重新规划后的作业排序结果

加 工 设 备	加工路线（工序号/子批量）
M_1	$P_{3,1}/4 \to P_{1,3}/5 \to P_{3,3}/5 \to P_{1,3}/1 \to P_{3,3}/1$
M_2	$P_{3,1}/2 \to P_{3,3}/2 \to P_{4,3}/3 \to P_{1,3}/3 \to P_{4,3}/3$
M_3	$P_{2,1}/1 \to P_{1,2}/3 \to P_{2,1}/1 \to P_{1,2}/2 \to P_{2,4}/5$
M_4	$P_{2,1}/1 \to P_{1,2}/2 \to P_{2,1}/2 \to P_{1,2}/2$
M_5	$P_{3,2}/2 \to P_{4,2}/3 \to P_{3,2}/2 \to P_{1,4}/6 \to P_{3,4}/6 \to P_{1,4}/3 \to P_{4,4}/6$
M_6	$P_{3,2}/2 \to P_{2,2}/5 \to P_{4,2}/3$
M_7	$P_{1,1}/5 \to P_{4,1}/3 \to P_{1,1}/4 \to P_{4,1}/3 \to P_{2,3}/5$

5.5 本章小结

本章旨在搭建再制造车间随机扰动事件与多层级任务规划的桥梁，以随机扰动事件对车间多层级任务配置方案的影响程度量化评估为突破口，构建了由综合目标偏离指数、扰动事件发生强度指标、扰动事件紧急程度指标、扰动事件累计强度指标组成的随机扰动指标参数体系，在此基础上提出了基于多层感知器神经网络的扰动事件响应方法。并通过分析再制造车间不同层级不同任务配置的功能特点，探讨了批量划分、任务分配和作业排序活动与成本控制、能源节约和效率提升性能指标的关联关系，从而构建了与各层级问题特性相适应的数学模型，并给出了相应的求解算法。该方法由于其模块化递阶的建模求解特点，能够很好地与扰动响应协同，从而保障再制造车间各层级任务配置方案制定的及时性与准确性。

参 考 文 献

［1］陈伟达，刘碧玉. 再制造系统生产计划与调度模型构建与算法设计：基于综合集成优化视角［M］. 北京：科学出版社，2016.

［2］刘明周，吴文瑞，张铭鑫，等. 不确定环境 Job Shop 重调度执行成本研究［J］. 中国机械工程，2013，24（6）：765-769.

［3］张旭刚，教秀奕，江志刚. 基于作业成本法的设备再制造成本分析［J］. 制造技术与机床，2018（7）：25-28.

［4］LEE S，CHOEH J Y. Predicting the helpfulness of online reviews using multilayer perceptron neural networks［J］. Expert Systems with Applications，2014，41（6）：3041-3046.

［5］宁晓枫，史峰，徐光明. 离散随机需求下共用装配线生产计划优化［J］. 计算机集成制造系统，2014（4）：847-853.

［6］WANG，H，JIANG Z G，WANG Y，et al. A two-stage optimization method for energy-saving flexible job-shop scheduling based on energy dynamic characterization［J］. Journal of Cleaner Production，2018，188：575-588.

［7］朱硕. 机械加工过程多分辨率实体碳效率优化研究［D］. 武汉：武汉科技大学，2017.

［8］俞超，江志刚，张旭刚. 废旧机械装备再制造成本分析与预测［J］. 组合机床与自动化加工技术，2018（5）：176-180.

［9］李飞，江志刚，王艳红. 再制造成本效益的一种定量分析模型及应用［J］. 组合机床与自动化加工技术，2018（9）：156-160.

［10］顾泽平，杨建军，周勇. 不确定因素扰动下多目标柔性作业车间鲁棒调度方法［J］. 计算机集成制造系统，2017，23（1）：66-74.

第 6 章

————

再制造产品可靠性评估
与增长规划

可靠性是衡量再制造产品质量及其稳定性的重要基础性指标，同时也是再制造产品能否获得社会与客户认可，保障产品市场竞争力的关键因素。本章依据可靠性的定义，阐述再制造产品可靠性评估与增长规划的概念和内涵，针对再制造产品可靠性试验困难、数据样本量小等特点，基于再制造工艺质量数据与再制造产品多源运行数据，构建再制造产品实体与功能的可靠性评估模型。面向影响再制造产品可靠性的再设计、再制造、再服役三大环节，设计各环节的可靠性增长规划流程框架，获取可靠性增长方案，并建立可靠性增长模型对可靠性增长方案的有效性进行验证，为从系统的角度全面提升再制造产品的可靠性、保障高品质再制造提供模型与方法支持。

6.1 可靠性评估与增长规划概述

▷6.1.1 再制造产品的可靠性问题

与新产品相比，再制造产品的毛坯来源于废旧零部件，其质量长期受到公众的偏见，被认为是"二手产品"，功能与性能难以保证，加上宣传力度不足，造成再制造产品市场份额低，再制造产业发展缓慢。而只有让再制造产品质量不低于新产品，才能确保其使用性能，才能扭转公众对再制造产品质量的偏见，以更大的优势参与市场竞争。

产品或系统在规定的条件下和规定的时间内，完成规定功能的能力称为可靠性。对于再制造产品而言，可靠性是衡量其质量及稳定性的重要基础性指标。然而，再制造以废旧零部件为毛坯，在不同的再服役环境或再服役需求下，再制造产品的功能系统等与原产品相比会有一定的改变，往往表现为定制化特征，其可靠性分析评估的对象与过程必然与新产品存在差异。此外，再制造产品与新产品的全寿命周期活动存在明显区别，如再制造工艺主要采用增材制造技术与表面工程技术，且全寿命周期过程中受到大量不确定因素的扰动等，其可靠性增长控制的手段与方法相比新产品更为复杂。总体来说，影响再制造产品可靠性的因素主要有以下几点：

（1）毛坯质量波动大　即使是同一产品，其服役过程中的温度、湿度、运行状态、用户行为与需求等因素均不尽相同，且各因素对产品寿命的影响程度也不同，使得废旧零部件即再制造毛坯的失效形式与程度具有高度不确定性，毛坯质量波动大，导致同一产品在不同时期进行再制造也会使得再制造产品的可靠性存在差异。

（2）产品组件来源混杂　再制造产品同新产品一样，其组件所构成的功能系统往往存在复杂的耦合结构，然而再制造产品组件来源十分混杂，其中采用了仍有再服役价值的重用件、经过再制造恢复或升级的再制造件，也有更换或增加的新件，功能系统的各个子功能模块中各类来源的组件比例存在较大差异，导致再制造产品的功能系统极不稳定，可靠性难以保持一致。

（3）工艺过程个性化程度高　再制造毛坯质量的波动，使得再制造工艺呈现高度个性化的特征，因不同客户需求、不同失效形式与程度所采用的再制造工艺设备、工艺方法、工艺人员、工艺环境等复杂多变，其所形成的多品种单件个性化的生产模式，也严重影响了再制造产品的可靠性。

综上所述，影响再制造产品可靠性的因素多、范围广，且无论是在可靠性的分析评估上，还是在可靠性的增长控制上，再制造产品相比新产品都有其特殊性与复杂性，而如何评估再制造产品的可靠性，识别影响可靠性的关键因素，设计再制造产品可靠性增长方案，提升再制造产品质量，保证再制造产品功能和性能优良、经久耐用、不出故障，是消除公众偏见、让更多的客户接受再制造产品的必然选择，是再制造企业亟须解决的问题。

6.1.2　可靠性评估的概念与内涵

再制造产品可靠性评估是基于再制造产品功能系统的结构特征，以及组件来源分布类型等，以判断产品零部件实体在规定的条件下和规定的时间内，完成规定功能的能力能否达到交付标准为目的，采用概率统计的方法，对产品在足量数据样本下的可靠性特征量进行分析的过程。其中可靠性特征量为给定置信度下的产品可靠性参数，如平均故障时间间隔、可靠度、无故障运行时间等的下限估计值。

可靠性评估实际上是建立在大数据样本基础上对产品零部件实体的功能实现能力进行评估的过程。对于批量生产的新产品而言容易实施，而再制造产品往往是单件生产模式，且再制造毛坯一般具有较高的价值，无法对其零部件实体开展大量的或破坏性的可靠性试验，造成再制造产品可靠性评估的数据样本不足，严重影响了再制造产品可靠性评估的科学准确性，进而无法保证再制造产品质量。因此，数据样本少是再制造产品可靠性评估的瓶颈问题，而扩充数据样本可以从以下两方面着手：

1）引入再制造加工过程的工艺质量数据扩充样本，评估产品实体的可靠性。再制造产品的可靠性主要由再制造设计过程与再制造加工过程所决定。其中，再制造设计过程制定了再制造产品满足再服役需求或再服役环境的可靠性目标，决定了再制造产品的初始可靠性或标准可靠性。而在再制造加工过程中，任一组件、工序等出现偏差都会影响再制造产品的标准可靠性，决定了再制造产品的最终可靠性或实际可靠性。相比新产品"过墙式"的生产过程，即设计阶段、制造阶段等的相对独立，再制造产品在设计时就必须集成考虑生产过程的各个阶段，一般不允许出现由于设计偏差造成的再制造毛坯价值浪费和经济损失，因此再制造设计方案需要具有高准确性，当废旧零部件再制造过程的工艺质量高度符合设计标准时，可以认定产品实体可靠性满足设计或交付标准，即再制造加工过程的工艺质量数据可以作为再制造产品实体可靠性评估的数据样本。

2）融合再制造产品的多源运行数据扩充样本，评估产品功能的可靠性。再制造由于其单件生产模式与毛坯价值等方面的原因，导致再制造产品实体不可能进行大量或破坏性的现场功能运行测试，加之个性化再制造产品整机的系统级仿真测试模型与平台构建极为困难，成本高且难以准确模拟再服役过程中所有工况环境。基于这些问题，可以在确保再制造产品实体可靠性满足设计或交付标准的前提下，依据再制造产品设计方案，通过同类或相似设计的产品再服役运行与维护数据、产品子功能运行的仿真试验数据等，与实际少量现场运行试验数据结合，即融合多源运行数据，使再制造产品可靠性评估的数据样本达到要求水平。

6.1.3 可靠性增长规划的概念与内涵

再制造产品可靠性增长规划是面向再制造产品多寿命周期的再制造设计、再制造加工、再服役三大阶段，通过发现再制造产品缺陷源和问题，识别影响再制造产品可靠性的各阶段关键因素，设计并持续改进可靠性增长方案，实现再制造产品多寿命周期多阶段可靠性提升的过程。

通过不断消除影响可靠性的潜在问题，使再制造产品可靠性得到保证和提升是再制造产品可靠性增长规划的本质。其实现的关键是面向再制造产品多寿命周期的再制造设计、再制造加工、再服役各阶段影响可靠性的瓶颈环节提出设计或改进方案，并通过可靠性增长模型验证方案的有效性。再制造产品多寿命周期不同阶段的可靠性增长规划具有不同的内涵：

（1）再制造设计阶段　再制造设计主要包括对再制造产品的功能、性能、结构、尺寸、公差等的设计。再制造设计阶段的可靠性增长规划通过虚拟样机等技术，可以暴露再制造产品设计上的各种可靠性缺陷和问题，如工作条件、器件间的相互影响等，在此基础上通过可行性分析、权衡分析、故障模式以及影响分析、故障树分析、热分析、潜在通路分析及设计评审等方式，对增长规划方案不断加以改进与完善，最终为后续再制造加工提供符合产品再服役环境或再服役需求的图样和设计文件。

（2）再制造加工阶段　再制造产品再制造加工阶段可靠性增长规划是通过验证试验对其可靠性水平进行评测，是在模拟真实使用环境下，发现和消除再制造加工阶段中存在的元器件缺陷和工艺缺陷等薄弱环节，使得产品在再制造加工阶段达到所要求的工艺质量，从而保障最终产品的可靠性目标。在再制造加工阶段可使用的试验类型多样，包括原理样机试验、研制试验、性能试验、环境试验及可靠性鉴定试验等。产品接受试验的组件来源主要包含新件、更换件和再制造件等状态各异的零部件。所试验的产品层次涵盖元器件、部件、组件、设备及系统。

（3）再服役阶段　再服役阶段的可靠性增长规划主要是收集再制造产品再服役阶段使用和维护中出现的故障及其处理方法等外场信息，分析再制造产品的可靠性水平信息，检验产品的运维效率与效果，为正确制定再制造产品运维方案提供指导，同时也可为设计与制造部门改进产品设计、优化产品性能提供依据。即收集-分析-改进（collection, analyses and fix, CAAF）过程是这一阶段实现可靠性增长的主要手段。

通过再制造产品可靠性增长试验，针对暴露出来的设计和制造中的缺陷，经过再设计、再制造、再服役后，再制造产品质量又会不断地完善，再制造产品的可靠性得以提高。但与此同时，再制造产品的功能、性能、结构等也因此处于不断的变动之中，其可靠性也随之变动。而每次变动后的可靠性水平需要采用统计分析的方法对改进的方案进行分析、评价和验证，实现对未来故障发生时间的预测，为动态分析再制造产品可靠性增长趋势、调整试验规划等提供重要指导。

6.2　可靠性评估模型与方法

由于再制造以剩余价值高的废旧零部件为毛坯，再制造产品无法同新产品一样开展大量的或破坏性的可靠性试验，导致再制造产品的可靠性评估实施困难，可靠性数据样本量不足。为此，分别引入再制造过程的工艺质量数据以及再制造产品多源运行数据作为可靠性评估的数据样本，基于工艺质量数据评估再制造产品零部件实体可靠性，在保证产品实体满足设计及交付标准的前提下，依据设计标准，采用多源数据融合技术融合同类或相似设计的产品再服役运行与维护数据、产品子功能运行的仿真试验数据、少量实际现场运行试验数据等，评估再制造产品功能的可靠性，使得再制造产品可靠性评估的数据样本达到要求水平，确保再制造产品可靠性评估的有效性。再制造产品的可靠性评估框架如图6-1所示。

▷ 6.2.1　实体可靠性评估方法

再制造产品实质上是由其零部件实体按照一定的层级组织结构，为执行特定行为所形成的功能系统。由于再制造产品可靠性评估是判断其在规定的条件下和规定的时间内，完成规定功能的能力，因此，对再制造产品实体的可靠性评估也必须考虑实体与其功能系统的关系，通过功能系统将零部件实体的可靠性特征量传递到产品，从而获得产品整机的实体可靠性评估结果。根据实现功能的因果关系对产品功能系统进行逐级分解，可以获得各级子功能的零部件构成与关联关系，如图 6-2 所示。再制造产品功能系统一般由多级子功能组成，1级功能包括实现产品总功能所需要采取的所有手段功能及其零部件实体，2级功能包括实现 1 级功能所采取的所有手段功能及其零部件实体，直至分解到最小支持功能为止，获得再制造产品各级功能下的全部零部件实体。

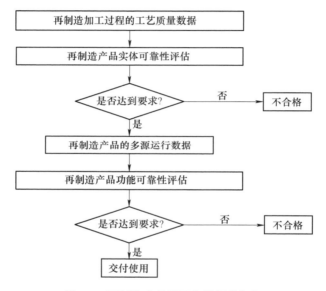

图 6-1　再制造产品的可靠性评估框架

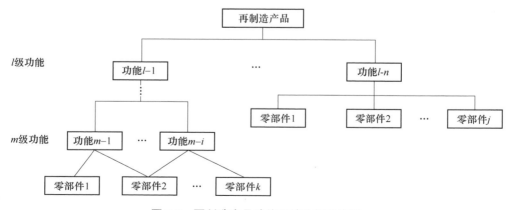

图 6-2　再制造产品功能系统分解示意图

由于再制造产品实体以零部件的工艺可靠度为其可靠性特征量，且再制造产品以废旧产品零部件为毛坯，毛坯的失效形式、失效程度等失效特征存在很大的不确定性，各类失效特征对应多条可选工艺路线，导致即使同一零部件的工艺可靠度也会存在很大差异，使得再制造产品零部件实体的工艺可靠度测算过程具有高度个性化特征。此外，还需要注意的是，功能系统的实体结构形式是多样化的，主要包括串联型、并联型、混联型、冗余型与储备型五种类型，功能系统在不同实体结构形式下的工艺可靠度的传递机制各不相同。基于上述考虑，设计如图 6-3 所示的再制造产品实体可靠性评估流程。通过对再制造产品功能系统的实体结构形式进行分析，针对不同结构形式分别建立其工艺可靠度传递函数，并利用工艺质量数据测算各零部件实体的工艺可靠度，从而实现对再制造产品实体的可靠度评估。

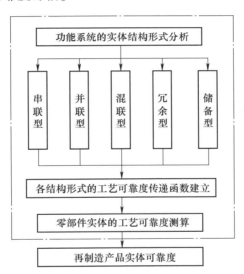

图6-3　再制造产品实体可靠性评估流程

▶▶ **1. 串联型结构的工艺可靠度传递函数**

串联型结构再制造产品功能系统由 n 个零部件实体（$A_1, A_2, \cdots, A_n$）组成，当每个实体都正常工作时，系统正常工作，当其中任何一个实体失效时，整体系统失效。串联系统的可靠性框图如图 6-4 所示，图中 R_1，R_2，$\cdots$，R_n 分别为第 n 个零部件实体的工艺可靠度。

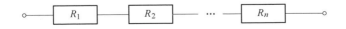

图6-4　串联系统的可靠性框图

在串联系统中，假设各实体相互独立的情况下，其工艺可靠度传递函数为

$$R_s(t) = \prod_{i=1}^{n} R_i(t) \tag{6-1}$$

式中，$R_s(t)$ 为产品实体的可靠度；$R_i(t)$ 为第 i 个单元的工艺可靠度。

工艺可靠度是指工艺在规定时间和规定条件下，保持加工质量和实现规定工艺过程的能力。例如，在一定的工艺条件下和加工周期内，刀尖振幅位移低于失效阈值 D_μ 的数目 M 与总样本点数 N_a 的比值记作 R_g，表达式为 $R_g = M/N_a$。

如果各零部件实体的寿命分布都是指数分布，且 $R_i = e^{-\lambda_i t}$（$t > 0$），式中 λ_i 是第 i 个实体的工艺故障率，则产品实体的工艺可靠度传递函数为

$$R_s(t) = \prod_{i=1}^{n} e^{-\lambda_i t} = e^{-\sum_{i=1}^{n} \lambda_i t} = e^{\lambda_s t} \tag{6-2}$$

式中，$\lambda_s = \lambda_1 + \lambda_2 + \cdots + \lambda_n = \sum_{i=1}^{n} \lambda_i$。

工艺故障率是指在规定时间内和规定条件下到某一时刻尚未失效的工艺，在该时刻后，单位时间内工艺发生失效的概率。式（6-2）表明整体系统的寿命分布仍服从指数分布，其故障率为各零部件实体的工艺故障率之和，而产品实体的平均无故障时间为

$$\text{MTBF} = \frac{1}{\lambda_s} = \frac{1}{\sum_{i=1}^{n} \lambda_i} \tag{6-3}$$

当 $\lambda_s t < 1$ 时，利用近似公式 $e^{-\lambda_s t} = 1 - \lambda_s t$，则有

$$F_s(t) = 1 - R_s(t) = 1 - e^{-\lambda_s t} \approx \lambda_s t = \sum_{i=1}^{n} \lambda_i t = \sum_{i=1}^{n} F_i(t) \tag{6-4}$$

式中，$F_s(t)$ 为产品实体的不可靠度；$F_i(t)$ 为第 i 个零部件实体的不可靠度。

可见，在这种情况下，产品实体的不可靠度近似等于各零部件实体的不可靠度之和，由此可以近似求得产品实体的可靠度。由上述可知，串联型结构产品实体的可靠度不会超过各零部件实体工艺可靠度的最小值，即 $R_s \leqslant \min\{R_i\}$。

▶▶ 2. 并联型结构的工艺可靠度传递函数

并联型结构的再制造产品由 n 个零部件实体（$A_1, A_2, \cdots, A_n$）组成，只要存在实体可以工作，系统就能工作，当所有实体都失效时，系统才失效。并联系统的可靠性框图如图 6-5 所示，图中 R_1，R_2，$\cdots$，R_n 分别为第 n 个零部件实体的工艺可靠度。

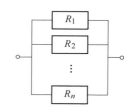

图 6-5　并联系统的可靠性框图

在各零部件实体相互独立的情况下，产品实体的不可靠度 $F_s(t)$ 为

$$F_s(t) = \sum_{i=1}^{n} F_i(t) \tag{6-5}$$

$$R_s(t) = 1 - F_s(t) = 1 - \prod_{i=1}^{n} F_i(t) = 1 - \prod_{i=1}^{n} [1 - R_i(t)] \tag{6-6}$$

如果各单元的寿命分布都是失效率为 λ_i 的指数分布，则产品实体的可靠度 $R_s(t)$ 为

$$R_s(t) = 1 - \prod_{i=1}^{n} (1 - e^{-\lambda_i t}) \tag{6-7}$$

进一步，可表示为

$$R_s(t) = \sum_{i=1}^{n} e^{-\lambda_i t} - \sum_{1 \le i < j \le n} e^{-(\lambda_1 + \lambda_2) t} + \cdots + (-1)^{n-1} e^{-(\lambda_1 + \lambda_2 + \cdots + \lambda_n) t} \tag{6-8}$$

这表明并联系统的寿命分布已不是指数分布，这时系统的平均无故障时间为

$$\begin{aligned}
\mathrm{MTBF} &= \int_0^\infty t f_s(t) \, \mathrm{d}t \\
&= \int_0^\infty R_s(t) \, \mathrm{d}t \\
&= \int_0^\infty \left[\sum_{i=1}^{n} e^{-\lambda_i t} - \sum_{1 \le i < j \le n} e^{-(\lambda_1 + \lambda_2) t} + \cdots + (-1)^{n-1} e^{-(\lambda_1 + \lambda_2 + \cdots + \lambda_n) t} \right] \mathrm{d}t \\
&= \sum_{i=1}^{n} \frac{1}{\lambda_i} - \sum_{1 \le i < j \le n} \frac{1}{\lambda_i + \lambda_j} + \cdots + (-1)^{n-1} \frac{1}{\sum\limits_{i=1}^{n} \lambda_i}
\end{aligned}$$

$$\tag{6-9}$$

即 $R_s(t) = e^{-\lambda_1 t} + e^{-\lambda_2 t} - e^{-(\lambda_1 + \lambda_2) t}$，则

$$\mathrm{MTBF} = \frac{1}{\lambda_1} + \frac{1}{\lambda_2} - \frac{1}{\lambda_1 + \lambda_2} \tag{6-10}$$

由上述可知，并联型结构产品实体的可靠度不会小于各零部件实体的工艺可靠度的最大值，即 $R_s \ge \max\{R_i\}$。

▶ 3. 混联型结构的工艺可靠度传递函数

由串联型结构系统和并联型结构系统混合组成的系统称为混联型结构系统。根据组成不同，可将其分为串并联系统和并串联系统。

（1）串并联系统（附加单元系统）　一个串并联系统串联了 n 个组成单元，而每个组成单元都由 m 个零部件实体并联而成。串并联系统的可靠性框图如图 6-6 所示。

若零部件实体 R_i 的工艺可靠度为 $R_i(t)$，则产品实体的可靠度 $R_{s1}(t)$ 为

$$R_{s1}(t) = \prod_{i=1}^{n} [1 - (1 - R_i(t))^m] \tag{6-11}$$

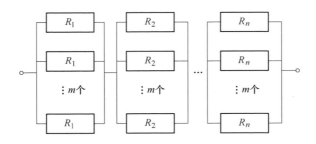

图 6-6　串并联系统的可靠性框图

（2）并串联系统（附加通路系统）　一个并串联系统并联了 m 个组成单元，而每个组成单元都由 n 个零部件实体串联而成。并串联系统的可靠性框图如图 6-7 所示。

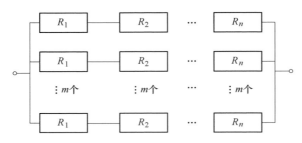

图 6-7　并串联系统的可靠性框图

若零部件实体 R_i 的工艺可靠度为 $R_i(t)$，则此产品实体的可靠度 $R_{s2}(t)$ 为

$$R_{s2}(t) = 1 - \left[1 - \prod_{i=1}^{n} R_i(t) \right]^m \tag{6-12}$$

对于更为复杂的混联系统，如图 6-8 所示，可以利用等效可靠性框图进行系统可靠性计算。

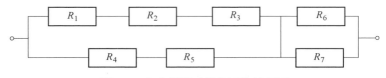

图 6-8　复杂混联系统的可靠性框图

设各零部件实体的工艺可靠度相互独立，则其等效可靠性框图如图 6-9 和图 6-10 所示。

最终可求得产品实体的可靠度 R_s 为

$$\begin{aligned} R_s &= R_{s4}R_{s3} = \left[1 - (1-R_{s1})(1-R_{s2}) \right]\left[1 - (1-R_{s6})(1-R_{s7}) \right] \\ &= \left[1 - (1-R_1R_2R_3)(1-R_4R_5) \right]\left[1 - (1-R_6)(1-R_7) \right] \end{aligned} \tag{6-13}$$

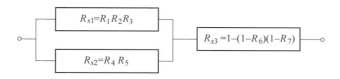

图 6-9　等效可靠性框图（一）

图 6-10　等效可靠性框图（二）

▶ 4. 冗余型结构的工艺可靠度传递函数

当一个产品功能系统由 n 个零部件实体组成时，只要其中可以正常工作的零部件实体数不少于 $k(k=1,2,3,\cdots,n)$，该系统就可以正常工作，这种系统便称为冗余系统，也称为表决系统，简称 k/n (G) 系统（G 表示"正常"）。显然，当 $k=1$ 时，冗余系统为纯并联系统；当 $k=n$ 时，冗余系统为纯串联系统；当 $1<k<n$ 时，为 $k/n(G)$ 冗余系统。典型 $k/n(G)$ 冗余系统的可靠性框图如图 6-11 所示。

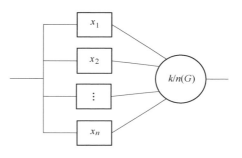

图 6-11　冗余型结构系统的可靠性框图

当 $k/n(G)$ 冗余系统中每个零部件实体的工艺可靠度相同且相互独立时，即 $R_i=R(i=1,2,\cdots,n)$，则 $k/n(G)$ 冗余系统的产品实体可靠度为

$$R_s = \sum_{i=k}^{n} \binom{n}{i} R^i (1-R)^{n-i}, k \leqslant n \tag{6-14}$$

式中，$\binom{n}{i}=\dfrac{n!}{i!\ (n-1)!}$。

▶ 5. 储备型结构的工艺可靠度传递函数

当一个产品功能系统由 n 个零部件实体组成，若其中一个零部件实体可以正常工作，则整个系统便处于正常工作状态，其他 $n-1$ 个实体作为该实体的储备实体进行待命；当该实体失效时，储备实体中的一个接替其进行工作，确保系统正常运行，直到所有 n 个实体皆发生失效时，系统才会失效，这样的结构系统称为储备型结构系统。储备型结构系统的可靠性框图如图 6-12 所示，其中 SW 表示开关类元件。

按照储备实体的状态进行划分，可将储备型结构系统分为热储备型结构系

统与冷储备型结构系统，两者的不同之
处为：热储备型结构系统的储备实体在
系统正常工作时处于一定的工作状态，
此状态下也有发生故障的可能性，但这
种失效概率与工作状态时的概率不同。
因此，对于可靠性评估与预测而言，相
较于冷储备型结构系统，热储备型结构
系统更为复杂。

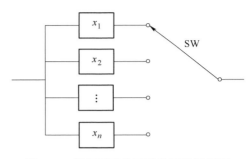

图 6-12　储备型结构系统的可靠性框图

　　不同于热储备型结构系统，冷储备
型结构系统的储备实体处于一种完全的"停机"状态，因此也被称为旁联状态。
在系统正常运行时，储备实体的性能不会发生劣化，系统整体的工作寿命也不
会随着储备期时间的变化而变化。因此，对于冷储备型结构系统而言，激活储
备实体时需要借助相应的转换元器件实现与故障实体的转换，在进行可靠性评
估与预测时，需要考虑转换元器件的可靠性，当转换元器件出现问题时，整个
系统的可靠性便会发生显著下降。

　　在由 n 个零部件实体组成的储备型结构系统中，系统正常运行需要 k 个实体
正常工作，各实体的寿命均为 λ 且服从指数分布，在不考虑转换元器件可靠性
的影响时，储备型结构系统的产品实体的可靠度为

$$R_s = \mathrm{e}^{-kt} \sum_{i=0}^{n-k} \frac{(k\lambda t)^i}{i!}, k \leqslant n \tag{6-15}$$

6.2.2　功能可靠性评估方法

1. 方法框架

　　再制造产品功能可靠性评估主要采用多源信息融合技术，依据设计标准，
对同类或相似设计的产品再服役运行与维护数据、产品子功能运行的仿真试验
数据、少量实际现场运行试验数据等进行融合，评估再制造产品功能的可靠性。
基于多源运行数据融合的再制造产品功能可靠性评估流程如图 6-13 所示。首先
收集再制造产品的多源数据，采用信息融合技术处理这些数据之前，需要对不
同总体的数据进行一致性检验和数据预处理，进而对多源运行数据进行融合处
理，实现对再制造产品功能的可靠性评估。

2. 再制造产品功能的可靠性评估模型

（1）模型参数与定义

1）可靠度：再制造产品在规定时间内和规定条件下无故障运行并完成关键
功能的概率，以时间为计量单位，则可靠度记为 $R(t)$，数学表达式为 $R(t) = $

$P(T>t)=\int_{t}^{\infty}g(t)\mathrm{d}t$，$T$ 为再制造产品发生故障时间，$g(t)$ 为再制造产品失效概率密度函数。

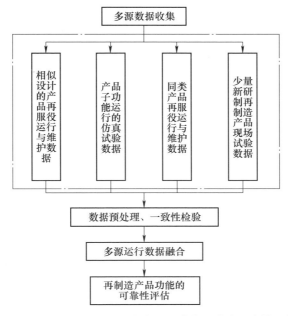

图 6-13   基于多源运行数据融合的再制造产品功能可靠性评估流程

2）累积故障概率：再制造产品在规定的条件下和规定的时间内尚未完成规定功能或因故障无法运行的概率，也称不可靠度，记为 $F(t)$，其数学表达式为
$F(t)=P(T\leqslant t)=1-R(t)=\int_{0}^{t}g(t)\mathrm{d}t$，$g(t)$ 为再制造产品故障概率密度函数。

3）故障率：再制造产品某一时刻尚未发生故障但在该时刻后的单位时间内发生故障的概率，记作 $\lambda(t)$，数学表达式为 $\lambda(t)=\dfrac{\mathrm{d}\ln R(t)}{\mathrm{d}t}$，其中 $R(t)$ 为可靠度。

4）平均无故障工作时间：再制造产品平均正常运行多长时间，才发生一次故障，记作 $\mathrm{MTBF}(t)$，数学表达式为 $\mathrm{MTBF}(t)=1/\lambda(t)$，其中 $\lambda(t)$ 为失效率。

5）信息融合技术：通过合理协调多源数据，利用特定的规则进行分析、关联及融合处理，得到比单一数据或信息源更准确、更可靠、更有价值的综合信息，提高在复杂环境中的正确分析能力。利用信息融合技术实施可靠性评估，主要涉及以下定义。

① 矩估计（moment matching）：用样本矩（已知量）去估计总体矩（含有未知参数 θ）的方法，即用样本矩度量总体矩，并由此而得参数 θ 的过程。

② 熵（entropy）：可以用来表示分布中所含的信息量的平均值。连续函数 $f(\lambda)$ 的熵为 $S = \int_{-\infty}^{+\infty} f(\lambda) \ln[f(\lambda)] d\lambda$。

③ 信息熵：若信息源 $X = \{x_1, x_2, \cdots, x_i, \cdots, x_n\}$ 中单一信息 x_i 的概率为 $P(x_i)$，且 x_i 相互独立，则信息源的平均不确定性为单个信息不确定 $-\log P(x_i)$ 的统计平均值，称该统计平均值为信息熵，其表达式为 $H(X) = -\sum_{i=1}^{n} P(x_i) \log P(x_i)$。

再制造产品可靠性评估中常用分布函数及其相关信息见表 6-1，若用样本的均值和标准差 (m, s) 代替总体的均值和标准差 (μ, σ)，则可以得到总体分布中的分布参数和熵函数的估计值。

表 6-1 常用分布函数及其相关信息

分布类型	正态分布	对数正态分布	伽马分布
分布函数	$\mathrm{gauf}[(\lambda - \mu_x)/\sigma_x]$ $-\infty < \lambda < +\infty$	$\mathrm{gauf}[(\ln(\lambda) - \mu_y)/\sigma_y]$ $-\infty < \lambda < +\infty$	$\mathrm{gauf}(\beta\lambda, \alpha)$, $\alpha > 0, \beta > 0$
分布参数	$\mu_x = \mu$ $\sigma_x^2 = \sigma^2$	$\mu_y = \ln(\mu) - \frac{1}{2}\ln(1 + \sigma^2/\mu^2)$ $\sigma_y = \ln(1 + \sigma^2/\mu^2)$	$\alpha = \mu^2/\sigma^2$ $\beta = \mu/\sigma^2$
熵函数	$S = \frac{1}{2}\ln(2\pi e \sigma_y^2) + \mu_y$	$S = \frac{1}{2}\ln(2\pi e \sigma_y^2)$	$S = \alpha + (1 - \alpha)\Psi(\alpha) + \ln\Gamma(\alpha) - \ln(\beta)$

（2）评估模型

1）可信度及相容性检验。在完成多源运行数据的收集后，数据信息的类别、分布形式等不同导致其难以全部直接进行融合，例如再制造产品的现场试验数据可以直接融合，但是再制造产品子功能单元功能数据、相似再制造产品功能的数据、同类型不同型号再制造产品功能的可靠性数据则需要进一步预处理，检验其可信度，此外对于无法满足数据融合要求的数据应该去除。

设 $(X_1, X_2, \cdots, X_{n_1})$ 是再制造产品试验样本，$X_{i_1}^{(0)}$，$X_{i_2}^{(0)}$，$\cdots$，$X_{i_{n_2}}^{(0)}$ 为再制造产品验前信息样本，则该产品检验统计假设可表述为：

H_0——两子样来自同一总体

H_1——两子样不属于同一总体

将两子样进行混合排序（由小到大排序），形成有序统计量（$Z_1 \leqslant Z_2 \leqslant \cdots \leqslant Z_j, j = 1, 2, \cdots, n_1 + n_2$），其中 j 为 Z_j 的秩。若 $X_k = Z_j$，即再制造产品试验样本 $(X_1, X_2, \cdots, X_{n_1})$ 内元素 X_k 在混合排序中的秩为 j，记为 $r_k(x) = j$。将再制造产品试验样本的秩和作为检验的统计量，即 $R_1 = \sum_{k=1}^{n_1} r_k(x)$。$R_2$ 为验前信息样

本的秩和，由于 $R_1 + R_2 = \frac{1}{2}(n_1 + n_2)(n_1 + n_2 + 1)$ 为常数，故当其中一个样本的秩和确定后，另一个也随之确定，因此只需考虑 R_1。在给定的显著性水平 α 下，由显著性检验表查得 R_1 的值，从而得到满足式（6-16）的 $C_L\left(\dfrac{\alpha}{2}\right)$、$C_U\left(\dfrac{\alpha}{2}\right)$ 的值。

$$P\left\{C_L\left(\frac{\alpha}{2}\right) < R_1 < C_U\left(\frac{\alpha}{2}\right)\right\} = 1 - \alpha \tag{6-16}$$

若 $R_1 \leqslant C_L\left(\dfrac{\alpha}{2}\right)$ 或 $R_1 \geqslant C_U\left(\dfrac{\alpha}{2}\right)$，则拒绝接受 H_0，即两子样不属于同一个总体；否则，两子样属于同一总体。

记 $A=$ 采纳 H_0 的事件，若采纳 H_0，则 H_0 成立的概率，即再制造产品试验样本 $(X_1, X_2, \cdots, X_{n_1})$ 与再制造产品验前样本 $(X_{i1}^{(0)}, X_{i2}^{(0)}, \cdots, X_{in_2}^{(0)})$ 为同一总体的概率，称为再制造产品验前子样 $(X_{i1}^{(0)}, X_{i2}^{(0)}, \cdots, X_{in_2}^{(0)})$ 的可信度。由贝叶斯（Bayes）公式，可信度的表达式为

$$P(H_0 | A) = \frac{P(A | H_0) P(H_0)}{P(A | H_0) P(H_0) + (1 - P(H_0)) P(A | H_1)} \tag{6-17}$$

式中，$P(A | H_0) = 1 - \alpha$，$P(A | H_1) = \beta$（β 为采伪概率）。

2）基于信息熵法的再制造产品单元可靠性信息折合。子功能相对于再制造产品功能系统来说试验数据的性质是不同的，需要先将该类数据进行折合处理，即将该数据映射到整体，然后进行融合。

假设再制造产品由 k（$k \geqslant 2$）个成败型子功能单元及 m（$m \geqslant 2$）个指数型子功能单元组成，它们彼此相互独立，子功能单元是指可以单独验收的零部件或组件。由信息熵理论得，在成败型子功能单元中，第 $i(i = 1, 2, \cdots, k)$ 个成败型子功能单元在 n_i 次可靠性试验中总信息量为 $H_i = -[P_i \ln P_i + (1 - P_i) \ln(1 - P_i)]$，成功次数为 s_i；其中 P_i 为其每次试验成功的概率。则再制造产品的全部成败型子功能单元在所有可靠性试验中的总信息量为

$$I_b = -\sum_{i=1}^{k} n_i [P_i \ln P_i + (1 - P_i) \ln(1 - P_i)] \tag{6-18}$$

在指数型子功能单元中，第 $j(j = 1, 2, \cdots, m)$ 个指数型子功能单元在等效 η_j 任务数中可靠性总信息量为 $H_j = -\eta_j [R_j \ln R_j + (1 - R_j) \ln(1 - R_j)]$，等效故障次数为 z_j；其中 $\eta_j = t_j / t_{0j}$，R_j 为该任务中的可靠度，t_j、t_{0j} 分别为第 j 个子功能单元总可靠性试验时间、完成任务时间。则再制造产品的全部指数型子功能单元在全部可靠性试验中的总信息熵为

$$I_e = -\sum_{j=1}^{m} \eta_j [R_j \ln R_j + (1 - R_j) \ln(1 - R_j)] \tag{6-19}$$

假定将所有子功能单元或子系统的可靠性试验信息全部折合到再制造产品整机的等效可靠性试验中，再制造产品等效故障次数为 Z，等效完成任务时间为 t_0，整机可靠性等效试验时间为 T，整机等效任务数 $\eta = T/t_0$，各等效任务数中整机的可靠度为 R_{t0}，则再制造产品在折合为指数分布，且在总可靠性试验时间 T 内的总信息量为

$$I = -\eta\left[R_{t0}\ln R_{t0} + (1 - R_{t0})\ln(1 - R_{t0})\right] \tag{6-20}$$

由信息熵理论中信息量守恒原理可知：各子功能单元可靠性试验提供的信息量和应与折合到再制造产品整机可靠性试验中的信息量相等，即 $I = I_b + I_e$；且由极大似然估计理论可知，$\hat{P}_i = s_i/n_i$、$\hat{R}_j = \exp(-z_j/\eta_j)$、$\hat{R}_{t0} = \exp(-Z/\eta)$，则再制造产品基于信息熵法折合的等效任务数和故障次数为

$$\begin{cases} \eta = \dfrac{\sum\limits_{i=1}^{k} s_i\ln s_i + (1 - s_i)\ln(1 - s_i) - n_i\ln n_i}{R_{t0}\ln R_{t0} + (1 - R_{t0})\ln(1 - R_{t0})} + \\ \dfrac{\sum\limits_{j=1}^{m}\left\{\dfrac{z_j}{\eta_j}\ln\left(-\dfrac{z_j}{\eta_j}\right) + \left[1 - \exp\left(-\dfrac{z_j}{\eta_j}\right)\right]\ln\left[1 - \exp\left(-\dfrac{z_j}{\eta_j}\right)\right]\right\}}{R_{t0}\ln R_{t0} + (1 - R_{t0})\ln(1 - R_{t0})} \\ Z = -\eta\ln R_{t0} \end{cases} \tag{6-21}$$

3）基于最大熵-矩估计理论的再制造产品多源运行数据融合。通过最大熵-矩估计理论的多源验前信息融合方法将验前信息进行融合，进而得到更准确、更有价值的融合综合验前分布。该方法与其他融合方法不同的是，可以从再制造产品少量现场试验数据本身出发，结合各类信息源的可信度及各分布优选策略，获得最保守但更可靠、更准确的融合结果。

设新研制再制造产品现场试验信息 E_s 为 $\{K_s, T_s\}$，即 T_s 期间内发生了 K_s 次故障，故障时间依次为 t_{sj}，$j = 1, \cdots, K_s$；类似或相似型号的再制造产品试验信息、单元及分系统试验折合信息等验前信息记作 E_g，表现为 N 个独立样本组 $\{K_i, T_i\}$，$i = 1, \cdots, N$。其中 $\{K_i, T_i\}$ 是指 T_i 期间内发生了 K_i 次故障，其故障时间依次为 t_{ij}，$j = 1, \cdots, K_i$。假设 E_g 中每组样本信息可用泊松（Poisson）过程描述，即

$$P\{K_i \mid \lambda_i T_i\} = \frac{(\lambda_i T_i)^{K_i}e^{-\lambda_i T_i}}{K_i!}, i = 1, 2 \cdots, N \tag{6-22}$$

式中，λ_i 可通过 E_g 中第 i 个样本组信息 $\{K_i, T_i\}$ 的极大似然估计得到，为 $\lambda = K_i/T_i (i = 1, 2, \cdots, N)$，$\lambda$ 表示单位时间内发生故障的次数，即再制造产品的故障

率。同时，可以得到 λ 的均值和方差分别为

$$E(\lambda_i) = K_i/T_i, \mathrm{var}(\lambda_i) = (K_i/T_i)^2 - E(\lambda_i) \tag{6-23}$$

假设各组数据已通过相容性检验，与现场试验数据属于同一总体。令第 i 组验前数据相对于现场数据均值 $(\overline{t_s})$ 的偏差为 s_i，则 $s_i = \dfrac{1}{k} \sum\limits_{j=1}^{k_i} (t_{ij} - \overline{t_s})^2$，其中 $\overline{t_s} = \dfrac{1}{k_s} \sum\limits_{j=1}^{k_s} t_{sj}$，该偏差 s_i 可表示第 i 组试验数据相对于现场试验数据的偏离程度。偏差 s_i 越小，表明该类验前可靠性信息的可靠程度越高、越可信，其可信度为 $v_i = 1/(1 + s_i)$。由该可信度可确定该类信息在验前信息中的权重，即 $\xi_i = v_i \Big/ \sum\limits_{i=1}^{N} v_i$。借助该权重，则再制造产品验前信息样本的均值和方差可表达为

$$m = E(\lambda) = \sum_{i=1}^{N} \xi_i (K_i/T_i)$$

$$s^2 = \mathrm{var}(\lambda) = \frac{N}{N-1} \sum_{i=1}^{N} \xi_i [(K_i/T_i) - m] \tag{6-24}$$

结合矩估计法原理，利用该均值 m 和方差 s^2，可依次计算出表 6-1 中 3 种分布形式的熵函数 $\{f_j(\lambda), j = 1, 2, 3\}$ 的参数值 (μ_x, σ_x)、(μ_y, σ_y)、(α, β) 及各自熵函数的值，熵函数的值越大，表示该分布主观信息引入得越少，该验前分布的可信度就越高。由此可知，各验前分布的融合权重为

$$w_j = S_j \Big/ \sum_{l=1}^{3} S_l, j = 1, 2, 3 \tag{6-25}$$

式中，S_j 为第 j 种分布形式的熵，$j = 1$，2，3。则验前分布的融合熵为

$$S = \sum_{j=1}^{3} w_j S(f_j(\lambda)) = \sum_{j=1}^{3} w_j \int_{0}^{\infty} f(\lambda) \ln f_j(\lambda) \mathrm{d}\lambda \tag{6-26}$$

由相对最大熵原理可知，融合熵与各验前分布的熵相差越大，则由融合熵得到的均值及方差估计就越大，说明该估计人为假定最小，符合客观性要求。对表 6-1 中 3 种常见分布函数的熵函数进行分析可知，在样本均值、方差相同的情况下，正态分布的熵与融合熵最接近，对数正态分布和伽马分布的熵函数有相交点，故只需从后两者中选择熵最小（即相对熵最大）的分布作为再制造产品的验前分布，即

$$\pi(\lambda) = \begin{cases} f_G(\lambda), & |S_G - S| \geqslant |S_{LN} - S| \\ f_{LN}(\lambda), & |S_G - S| \leqslant |S_{LN} - S| \end{cases} \tag{6-27}$$

$f_G(\lambda)$、$f_{LN}(\lambda)$ 分布中的分布参数 (α, β) 和 (μ_y, σ_y) 可由式（6-28）求得。

$$\delta_r = \min(|(\mu_y, \sigma_y) - (\mu_y, \sigma_y)_0|)$$

$$\text{s. t.} \quad S_{LN}(\mu_y, \sigma_y) = S$$

或
$$\delta_r = \min(\,|\,(\alpha,\beta) - (\alpha,\beta)_0\,|\,)$$
$$\text{s. t.} \quad S_G(\alpha,\beta) = S \tag{6-28}$$

式中，$(\mu_y,\sigma_y)_0$ 和 $(\alpha,\beta)_0$ 分别为由矩估计法得到的分布函数参数值。

结合融合验前分布和再制造产品现场试验样本信息，在贝叶斯（Bayes）理论下可得 λ 的验后分布为

$$\pi(\lambda\,|\,E_s) \propto \pi(\lambda)P\{K_s\,|\,\lambda\} = \pi(\lambda)\frac{(\lambda T_s)^{K_s}}{K_s!}e^{-\lambda T_s} \tag{6-29}$$

式中，$P\{K_s\,|\,\lambda\} = \text{point}(K_s;\lambda T_s) = \dfrac{(\lambda T_s)^{K_s}}{K_s!}e^{-\lambda T_s}$。

4）基于多源运行数据融合的可靠性评估。依据再制造产品故障率的参数 λ 的验后分布，可对再制造产品故障率 λ 及平均无故障时间（MTBF）进行估计。再制造产品故障率的点估计可用其期望表示，即

$$\hat{\lambda}(E_s) = E(\lambda\,|\,E_s) = \int_0^1 \lambda\pi(\lambda\,|\,E_s)\mathrm{d}\lambda$$
$$= \int_0^1 \pi(\lambda)\frac{\lambda^{K_s+1}T_s^{\,K_s}}{K_s!}e^{-\lambda T_s}\mathrm{d}\lambda \tag{6-30}$$

当 λ 满足 $P(\lambda_L \leqslant \lambda \leqslant \lambda_U) = \gamma$ 时，称 $[\lambda_L,\lambda_U]$ 为置信度 γ 下的故障率置信区间：

$$P(\lambda_L \leqslant \lambda \leqslant \lambda_U) = \int_{\lambda_U}^{\lambda_L} \pi(\lambda\,|\,E_s)\mathrm{d}\lambda$$
$$= \int_{\lambda_U}^{\lambda_L} \pi(\lambda)\frac{(\lambda T_s)^{K_s}}{K_s!}e^{-\lambda T_s}\mathrm{d}\lambda = \gamma \tag{6-31}$$

式中，λ_L、λ_U 为置信度 γ 下的置信下限和置信上限。

再制造产品平均无故障工作时间（MTBF）的点估计为

$$M(E_s) = 1/\hat{\lambda}(E_s) \tag{6-32}$$

置信度 γ 下的 MTBF 置信区间估计为 $[1/\lambda_U,1/\lambda_L]$。

▶ 6.2.3 案例分析

以某型号再制造机床为例，从基于工艺质量数据的产品实体的可靠性评估和基于多源运行数据的产品功能的可靠性评估两个方面，来解决再制造机床样本小、可靠性难以评估的问题。

▶ 1. 再制造机床实体的可靠性评估

采用本文所提出的基于工艺质量数据的产品实体的可靠性评估方法，对机床实体的可靠性展开分析。首先通过对废旧机床失效零部件的识别，将机床的组成部件进行分类，见表6-2。

表 6-2 机床的组成部件分类

零部件编号	名称	是否损伤	损伤形式	损伤部位	损伤程度	处理方式
1	床身	是	磨损	床身导轨	中度	再制造
2	床脚	无	无	无	无	无
3	主轴箱	是	主轴磨损	主轴	中度	再制造
4	丝杠	是	磨损，轻微变形	滚道，丝杠外表面	中度	再制造
5	刀架	是	无回转刀架	无	无	更换
6	床鞍	是	床鞍导轨磨损	床鞍燕尾导轨接触面，底导轨面	中度	再制造
7	滑板	是	导轨面磨损	燕尾导轨接触面	轻微	再制造
8	尾座	是	套筒磨损	套筒	轻微	清洗可用
9	电动机	是	主电动机老化，电动机轴承损坏	电动机零件	轻微	更换
10	数控系统	是	无数控系统	无	无	更换
11	伺服系统	是	无伺服系统	无	无	更换
12	电气系统	是	缺少相关电气元件	配电柜	中度	更换
13	外围电路系统	是	无相关电气元件及行程限位组件	工作台	严重	更换
14	冷却系统	是	冷却水泵及其冷却水管老化	冷却水泵及其冷却水管	严重	更换
15	润滑系统	是	无润滑系统	无	无	更换
16	机床防护	是	无机床防护	无	无	更换

表 6-2 中需要再制造的零部件包括主轴箱主轴、导轨、滑板、丝杠、床鞍，再制造工艺路线分别见表 6-3 ～ 表 6-7。

表 6-3 主轴再制造工艺路线

工序号	工序名称	工艺内容	加工设备
P1	拆解，除油	拆解，清洗主轴箱主轴	无
P2	冷态重熔焊补	修复凸凹槽或磨损面	无
P3	刷镀	刷镀轴承位、内锥部位	刷镀机
P4	磨削加工	精磨轴承位	磨床
P5	磨削加工	上磨床，精磨轴承位、外锥部位、端面、内锥部位	磨床

表 6-4　导轨再制造工艺路线

工序号	工序名称	工艺内容	加工设备
P1	拆解，清洗	拆解，清洗车床导轨	清洗机
P2	高频淬火	床身导轨淬火处理	高频淬火机
P3	磨削加工	磨削上导轨平面、凸形导轨面和凹形导轨面，使其平面度，垂直度达标，表面粗糙度达到 $Ra = 1.6\mu m$ 的要求	导轨磨床
P4	硬度测量	导轨磨削后硬度检测	激光超声波无损检测仪
P5	上油	床身导轨上加油润滑	无

表 6-5　滑板再制造工艺路线

工序号	工序名称	工艺内容	加工设备
P1	拆解	拆解车床滑板	无
P2	刷镀	刷镀燕尾导轨接触面	刷镀机
P3	精磨	精磨燕尾两侧平面，使燕尾面尺寸达标，表面粗糙度达到 $Ra = 1.6\mu m$ 的要求	导轨磨床

表 6-6　丝杠再制造工艺路线

工序号	工序名称	工艺内容	加工设备
P1	拆解	拆解丝杠	无
P2	校直	校直	无
P3	精车	精车的同时适当修正中心孔，保证精度	数控车床
P4	研磨	磨削加工，表面粗糙度达 $Ra = 1.6\mu m$ 的要求	数控磨床

表 6-7　床鞍再制造工艺路线

工序号	工序名称	工艺内容	加工设备
P1	拆解	拆解车床床鞍	无
P2	铣削	加工燕尾两侧平面和山形导轨两侧平面，表面粗糙度达 $Ra = 1.6\mu m$ 的要求	数控铣床
P3	磨削加工	精磨燕尾面和溜板箱接合面，表面粗糙度达 $Ra = 1.6\mu m$ 的要求	导轨磨床
P4	配产	与床身刮研达精度要求	铲刀、直尺、表面粗糙度样板

　　基于实际工艺路线测算零部件的工艺可靠度是高度个性化的过程。以铣削加工工艺为例，通过再制造铣床激振试验和铣削力试验，获得再制造铣床的动态特性参数和铣削力模型参数，由此确定再制造铣床铣削加工过程中的

非线性动力学模型，然后采用仿真方法得到在一个加工周期内不同工艺参数条件下刀尖振动的轨迹，计算出一个加工周期内加工表面精度值，根据再制造铣床在该加工周期内加工表面精度的合格率来评估被加工件的工艺可靠度。

如果刀具刀尖振幅过大，其一部分运动轨迹将超出规定加工毛坯表面质量要求，铣削深度与铣削力之间存在非线性的耦合关系。在研究再制造铣床加工过程中的刀尖振动轨迹时，可将其看作单自由度阻尼系统，其加工过程的非线性动力学模型为

$$\frac{k\ddot{x}_n(t)}{w_n^2} + \frac{2k\xi\dot{x}_n(t)}{w_n} + kx_n(t) = -\Delta F(t) \tag{6-33}$$

式中，$x_n(t)$ 为再制造机床铣刀切削刃相对工件在铣削表面法向的振动位移；$\Delta F(t)$ 为铣削进给方向、宽度方向及刀具轴向三者的综合铣削力的动态变化部分；w_n、ξ、k 分别为再制造机床固有频率、阻尼系数、刚度系数，再制造机床的结构动态特性也是由这三个参数体现出来的。

再制造机床加工过程因各种干扰因素的影响，使瞬时铣削力成为波动铣削力和静态铣削力两者的综合表现，则 $\Delta F(t)$ 的表达式为

$$\begin{cases} \Delta F(t) = F_1(t) - F_2(t) + F_3(t) \\ F_1(t) = Ka_p s^{\mu}(t) \\ F_2(t) = Ka_p s_0^{\mu}(t) \\ F_3(t) = Ka_p c\mu s_0^{\mu-1} \dfrac{60 \dot{x}(t)}{zn} \end{cases} \tag{6-34}$$

式中，$F_1(t)$ 为再制造机床总的瞬时铣削力，由瞬时铣削厚度 $s(t)$ 引起；$F_2(t)$ 为再制造机床平均铣削力，由名义铣削厚度 $s_0(t)$ 引起；$F_3(t)$ 为切削刃切入工件时受到的阻力；a_p 为铣削深度；c 为切入率系数；n 为主轴转速；z 为铣刀齿数；K 和 μ 为系数，可由铣削力试验得到。

瞬时铣削厚度 $s(t)$ 的表达式为

$$s(t) = \begin{cases} 0, & x(t) \leq h(t) \\ x(t) - h(t), & x(t) > h(t) \end{cases} \tag{6-35}$$

式中，$h(t)$ 为规定的工件表面波纹深度，若加工过程中刀尖超过工件表面，则 $s(t)$ 为零，此时切入率系数 c 也为零。

采用刀尖的频率响应函数法辨识再制造机床的结构特性参数 ω_n、ξ、k，将再制造机床简化成单自由度阻尼系统，其频率响应函数为

$$H(\omega) = \frac{1/k}{1 - (\omega/\omega_n)^2 + \mathrm{i}2\xi(\omega/\omega_n)} \tag{6-36}$$

式中，ω 为激励频率；ω_n、ξ、k 分别为再制造机床固有频率、阻尼系数、刚度系数。

由此可知，再制造机床的幅频、相频特性为

$$\begin{cases} |H(\omega)| = \dfrac{\omega_n^2}{k\ \sqrt{(\omega_n^2 - \omega^2)^2 + (2\xi\omega_n\omega)^2}} \\ \varphi(\omega) = \arctan \dfrac{2\xi\omega_n\omega}{\omega_n^2 - \omega^2} \end{cases} \tag{6-37}$$

通过再制造机床动态特性试验，对刀尖进行激励并测试得到频率响应函数曲线，然后采用非线性最小二乘法拟合该曲线辨识出 ω_n、ξ、k。

再制造机床动态特性试验的原理是通过对刀具刀尖部分采用冲击力锤激振试验，采用多点激励单点测量的方式，利用固定在铣刀上的加速度传感器测量再制造机床结构响应，经信号处理后得到频率响应试验数据，采用参数辨识方法即可得到再制造机床的固有频率 ω_n、刚度系数 k、阻尼系数 ξ 等动态特性参数，试验原理如图 6-14 所示。

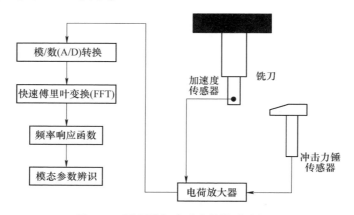

图 6-14　再制造机床动态特性试验原理

由铣削力的泰勒（Taylor）经验公式，可得到再制造机床在铣削加工过程中的铣削力模型为

$$F = Ka_p f^\mu \tag{6-38}$$

式中，F 为铣削过程中的铣削力；a_p 为铣削过程中的铣削深度；f 为铣削过程中的铣削进给量；K 和 μ 为系数。a_p 和 f 为可以选择的工艺参数。K 和 μ 这两个系数是加工过程中各种影响因素的综合体现。通过切削力试验，可得到一系列数据集 (F, a_p, f)，采用线性最小二乘法可计算出系数 K 和 μ。

铣削力试验原理如图 6-15 所示，采用压电式测力仪，将其安装在试件与工作台之间，铣削加工时，即可得到 X、Y、Z 方向上的铣削力。由所得试验数据，采用线性最小二乘法得到 K、μ。

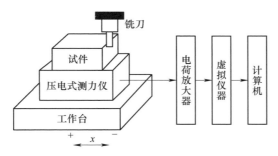

图 6-15 铣削力试验原理

利用再制造机床铣削加工过程中建立的非线性动力学模型进行仿真，即可分析再制造机床在某个加工周期（该周期内，再制造机床的动态特性和刀具参数是不变化的）内和不同加工工艺条件下，铣刀切削刃相对工件在铣削表面法向的振动仿真位移 $x_n(t)$；在所给该周期内的工艺条件范围内，利用随机抽样法生成 N 组不同的工艺条件，将其代入所建立的非线性动力学模型中，可以得到 N 个表面粗糙度 Ra 的值。Ra 的表达式为

$$Ra = \frac{1}{l}\int_0^l |d|\,\mathrm{d}x \approx \sum_{i=1}^n |d_i|/n \tag{6-39}$$

式中，l 为某种工艺条件下的加工距离；d_i 为在该段加工距离内，振动位移上的各点到该段振动位移曲线中线的距离。

假定该加工周期的加工失效域为 D_μ，计算出 $Ra \notin D_\mu$ 的数目 M，从而得到再制造机床在该加工周期中的工艺可靠度和工艺失效率为

$$R = M/N, \quad F_R = 1 - M/N \tag{6-40}$$

再制造机床在该加工周期内的工艺性能水平，即工艺性能劣化度，可用在该加工周期内，再制造机床铣刀切削刃相对工件在铣削表面法向的振动位移与其振幅均值之差相对于失效阈值 ρ 与振幅均值之差的比值去衡量，表达式为

$$Z(t) = \begin{cases} 1, & |x_n(t) - \rho| \leqslant \varepsilon \\ \dfrac{x_n(t) - x_0(t)}{\rho - x_0(t)}, & \text{其他} \\ 0, & |x_n(t) - x_0(t)| \leqslant \varepsilon \end{cases} \tag{6-41}$$

式中，$x_n(t)$ 为再制造机床铣刀切削刃相对工件在铣削表面法向的振动位移；$x_0(t)$ 为规定振动正常值；ρ 为其规定失效阈值。

首先通过该机床的动态特性试验获取再制造机床的刚度系数、固有频率及阻尼比，将测得数据导入 MATLAB 软件中，通过非线性最小二乘法拟合得到如

图 6-16 和图 6-17 所示的再制造机床刀尖频率响应函数的实部和虚部曲线，可得到 $w_n = 7.310\mathrm{e}+003$，$\xi = 0.07454$，$k = 2.7422\mathrm{e}+009$。图 6-18 所示是选取 [600Hz, 1000Hz] 段内一系列幅频值进行的拟合，两者之间的平均偏差为 0.01（μm/N），可认为拟合的动态特性参数是合理的。

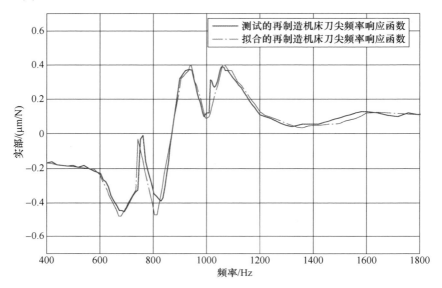

图 6-16 再制造机床刀尖频率响应函数实部曲线拟合

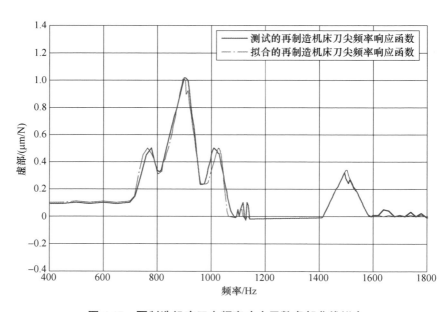

图 6-17 再制造机床刀尖频率响应函数虚部曲线拟合

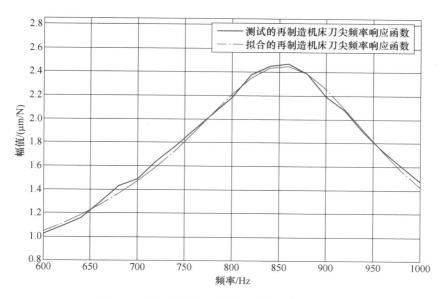

图 6-18 再制造机床刀尖频率响应函数幅值拟合

然后结合表 6-8 中的铣削力试验条件，进行铣削力试验，以获取铣削力模型中的参数 K、μ。

表 6-8 铣削力试验条件

主轴转速/（r/min）	800
进给速度/（mm/min）	100，150，200，250，300，350，400，450，500
铣刀齿数	5
铣削深度/mm	0.5，0.8，1.1
试件	45 钢，尺寸为 200mm × 200mm × 100mm

根据以上条件进行试验，经整理后部分试验结果见表 6-9。

表 6-9 铣削力试验结果（部分）

试验序号	试验输入参数		试验结果		
	a_p/mm	f/（mm/r）	F_x/N	F_y/N	F_z/N
1		0.0068	51.7751	21.956	57.6844
2		0.0137	91.4645	53.8759	114.2997
3	0.5	0.0229	125.4678	71.4629	163.3531
4		0.0258	163.305	94.7242,	224.56277
5		0.0347	183.0286	116.42	262.372406

（续）

试验序号	试验输入参数		试验结果		
	a_p/mm	f/（mm/r）	F_x/N	F_y/N	F_z/N
6		0.0586	246.1047	147.4654	321.3187
7		0.0695	259.1237	157.327	332.4587
8	0.5	0.0758	272.6874	163.567	348.4977
9		0.0864	279.258	177.853	358.5864
10		0.0695	289.1237	172.657	372.257
11		0.0068	66.5596	36.4036	76.53076
12		0.0137	140.19346	94.7995	169.2853
13		0.0229	230.216	164.1817	299.8350
14		0.0258	255.906	181.0975	339.9567
15	0.8	0.0347	288.3953	196.9074	366.7496
16		0.0586	319.8531	212.4458	392.2203
17		0.0695	322.8624	224.587	397.207
18		0.0758	329.8527	228.98	403.852
19		0.0864	334.654	232.786	413.853
20		0.0695	339.547	242.853	421.2573
21		0.0068	96.6245	42.2852	124.2434
22		0.0137	181.4536	119.8643	234.6053
23		0.0229	239.4096	163.3254	326.6784
24		0.0258	291.9273	180.8779	370.4241
25	1.1	0.0347	334.8645	223.4637	418.3456
26		0.0586	356.4566	234.1456	446.6234
27		0.0695	366.753	246.247	456.5761
28		0.0758	376.453	247.573	467.654
29		0.0864	379.4856	259.1676	496.583
30		0.0695	386.987	267.158	499.5876

由所得试验数据，在每种铣削深度下采用线性最小二乘法得到 K、μ，然后分别取两者的平均值，最终得到 $K = 2462.3$、$\mu = 0.6598$。当 $a_p = 1.5\text{mm}$ 时，铣削力模型的计算值与实测值的比较如图6-19所示，两者之间的平均偏差为 5.4623N，由此可知，该铣削力模型能反映出实际加工过程中的情况。

通过以上再制造机床的动态特性参数试验和铣削力试验，得到再制造机床的动态特性参数 $\omega_n = 7.310\text{e} + 003$，$\xi = 0.07454$，$k = 2.7422\text{e} + 009$；铣削力模型

参数 $K=2462.3$ 和 $\mu=0.6598$。根据这些参数及铣刀齿数 $z=3$、切入率系数 $c=0.012$，可得到再制造机床铣削加工过程中关于 (n,a_p,f) 的具体动力学模型，在给定的 (n,a_p,f) 下对该模型进行仿真计算，可获得再制造机床铣刀切削刃相对工件在铣削表面法向的振动位移 $x_n(t)$。

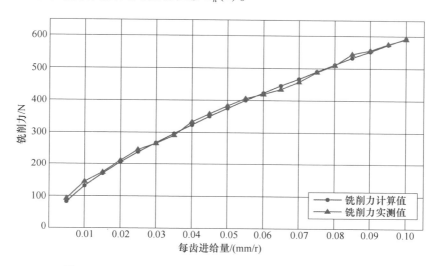

图 6-19 $a_\mathrm{p}=1.1\mathrm{mm}$ 时铣削力模型的计算值与实测值的比较

为验证模型的正确性，在 $n=800\mathrm{r/min}$，$a_\mathrm{p}=2.0\mathrm{mm}$ 和 $f=0.08\mathrm{mm/r}$ 的工艺条件下进行铣削加工，实测得到再制造机床铣刀切削刃相对工件在铣削表面法向的振动位移。在同样的条件下对模型进行仿真，得到再制造机床铣刀切削刃相对工件在铣削表面法向的仿真振动位移。两者的相对振动位移如图 6-20 所示，两者在加工长度一样时，峰值或谷值平均偏差仅为 $0.037\mathrm{e}-6\mu\mathrm{m}$，表明所建立的模型可以有效地对实际加工过程进行仿真。

最后，对再制造机床在表 6-10 所列的一个加工周期内所给的工艺条件下进行工艺可靠性评估。

表 6-10 一个周期内的工艺条件

工 艺 条 件	取 值
主轴转速/（r/min）	600，800，900
进给速度/（mm/min）	50，100，150，200，250
切削深度/mm	0.5，1.0，1.5，2
铣刀齿数	3

由给出的工艺条件可知，在该周期内共有 $3\times5\times4=60$ 种不同的工艺组合，采用随机抽样法，每次从这 60 种工艺条件组合中随机抽取一个样点进行仿真分

析，得到一个 Ra 的值。按该方法随机抽取 $N = 1000$ 个点，并给定该段加工周期的失效域 D_μ（$\rho = 10\mu m$），即加工表面粗糙度值 $Ra \in D_\mu$ 时加工失效。经 MATLAB 计算后可知，不在失效域中的点数 $M = 896$，故再制造铣床在该加工周期内的工艺可靠度为 $R = M/N = 0.896$，大于规定的 0.85，即加工质量满足要求。该加工周期内的振动轨迹如图 6-21 所示，该加工周期内的工艺性能劣化度变化情

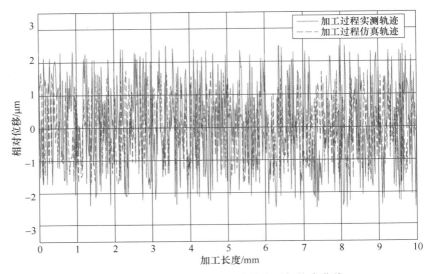

图 6-20　刀具与工件相对运动的实测与仿真曲线

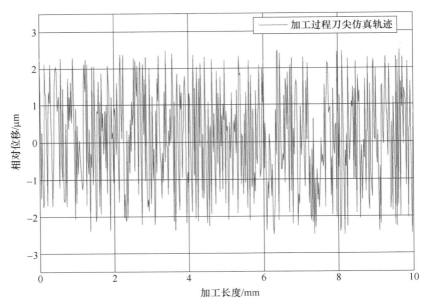

图 6-21　加工周期内的振动轨迹

况如图 6-22 所示，可以看出其劣化度不超过 0.3，在规定范围 $[Z(t)<0.4]$ 内，即该再制造机床满足加工过程中的工艺要求。在本案例中的铣削工艺条件下，铣削工艺的工艺可靠度为 $R=0.896$。

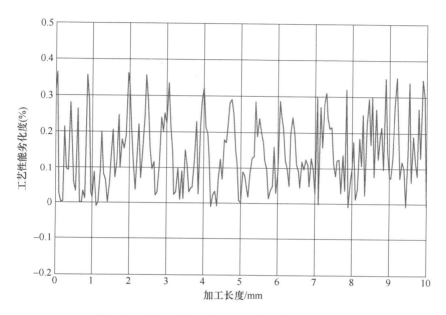

图 6-22　加工周期内的工艺性能劣化度变化情况

表 6-11 对五大类主要零部件的再制造工艺过程以及该机床加工过程工艺可靠度进行了计算说明。

表 6-11　再制造机床零部件的工艺可靠度计算

序号	零部件	失 效 类 型	工　　序		计 算 结 果
1	主轴	中等磨损	P1	1	$R_1(t)=0.971$
			P2	1	
			P3	1	
			P4	0.984	
			P5	0.987	
2	导轨面	轻微腐蚀	P1	1	$R_2(t)=0.973$
			P2	0.989	
			P3	0.984	
			P4	1	
			P5	1	

（续）

序号	零部件	失 效 类 型	工 序		计 算 结 果
3	蜗杆副	重度磨损	P1	1	$R_3(t) = 0.996$
			P2	1	
			P3	0.996	
4	丝杠	磨损及轻微变形	P1	1	$R_4(t) = 0.989$
			P2	1	
			P3	0.997	
			P4	0.992	
5	齿轮	中度磨损	P1	1	$R_5(t) = 0.892$
			P2	0.896	
			P3	0.996	
			P4	1	

　　参照所建立的工艺可靠度传递函数，该机床再制造工艺过程具有典型的串联结构特征，此处假设各个工艺过程之间相互独立，其正常概率应该是所有工艺过程正常概率的乘积。根据实体可靠性评估方法，可得机床实体的可靠度

$$R_s(t) = \prod_{i=1}^{5} R_i(t) = 0.8301$$

故该机床实体的可靠度为 $R_g = M/N = 0.8301$，大于规定的 0.80，即再制造机床产品的实体可靠性满足设计或交付标准。

▶▶ 2. 再制造机床功能的可靠性评估

　　再制造机床子系统及单元折合信息、相似再制造机床及同类型再制造机床等的故障数据见表 6-12。

表 6-12　再制造机床故障信息

序号	验前信息类别	（折合到整机）故障间隔时间/h	故障数
1	工作台折合信息	35、252、347、467	4
2	伺服单元折合信息	23、786、236、15	4
3	主轴折合信息	216、141、2086	3
4	控制系统折合信息	13、263、134、57125、463、571	6
5	相似再制造机床1	478、486、85、542、186、2486、934、235	8
6	相似再制造机床2	524、876、35、1896、376、1288、1045	7
7	相似再制造机床3	496、480、64、530、192、2576、928、240	8
8	相似再制造机床4	124、535、516、2725	4

序号	验前信息类别	（折合到整机）故障间隔时间/h	故障数
9	相似再制造机床5	97、557、2145、1396	4
10	相似再制造机床6	103、115、2192、741、865	5
11	相似再制造机床7	85、1536、876、672、2354	5
12	同类型再制造机床1	698、976、495、1056、964、1275	6
13	同类型再制造机床2	495、1354、538、557、2175	5
14	同类型再制造机床3	153、1384、356、89、1768、2757	6
15	同类型再制造机床4	1342、1157、87、2176、936	5
16	同类型再制造机床5	31、458、356、976、275、1897、243、1125	8
17	同类型再制造机床6	528、94、56、15、2451、1763	6
18	现场试验数据	421、327、1130、1750、153、2347、2358、3124	8

假设该数据已通过相容性检验，与现场试验数据属于同一总体，则可计算得到加权均值及方差分别为 $m = 0.0025$，$s^2 = 9.8140\mathrm{e}-006$。由矩估计法，可以算出表6-1中3种常见分布形式的参数及熵分别为：$\alpha = 2.8194$，$\beta = 535.9857$，$S_G = -3.4647$；$\mu_x = 0.00249$，$\sigma_x^2 = 9.8140\mathrm{e}-006$，$S_N = -9.3790$；$\mu_y = -5.9176$，$\sigma_y^2 = 1.3401$，$S_{LN} = -4.2031$。融合熵为 $S = (S_N^2 + S_G^2 + S_{LN}^2)/(S_N + S_G + S_{LN}) = -6.9008$。

由最大熵原理可知，应选择伽马分布作为融合验前分布，然后求融合验前伽马分布中的分布参数，即可求得最优解。

$$\begin{cases} \min(|(\alpha,\beta)-(2.8194,535.9857)|) \\ \mathrm{s.\,t} \quad S_G(\alpha,\beta) = S \end{cases}$$

于是，可得融合验前分布 π_α 的参数 $\alpha = 0.6368$，$\beta = 525.3057$，则验后分布为

$$\pi(\lambda|E_s) \propto \pi(\lambda)P\{K_s|\lambda\} = \pi(\lambda)\frac{(\lambda T_s)^{K_s}}{K_s!}\mathrm{e}^{-\lambda T_s}$$

$$= \mathrm{Gamma}(\lambda;0.6368,525.3057)\,\mathrm{Point}\{8|3124\lambda\}$$

综上，再制造产品基于多源运行数据融合方法的故障率为 $\hat{\lambda}(E_s) = 0.0057$，MTBF点估计为 MTBF = 175.43h。该再制造机床的平均无故障工作时间（MTBF）小于同类型的非再制造机床新机床（国产数控机床的平均MTBF在 400～500h 之间），即故障率太高，不满足要求。

综合评估结果，从再制造产品实体上看，满足相应的可靠性要求，但该再制造机床的故障率太高，MTBF低于非再制造机床新机床的MTBF，不满足再制造机床可靠性要求，不能交付使用。需要对该再制造机床在设计阶段及再制造

阶段进行可靠性分析，找出其薄弱环节和缺陷，提出相应的可靠性增长措施；改进其缺陷，提高再制造机床平均无故障工作时间（MTBF）和降低其故障率 λ。

6.3 可靠性增长规划模型与方法

再制造产品可靠性增长规划是一个反复的"试验-暴露故障-改进措施-再试验"的过程。其中，再制造产品可靠性增长试验是有目的地激发失效、暴露再制造机床潜在缺陷并采取改进措施，使该措施有效而进行的试验。通过再制造产品可靠性增长试验，针对暴露出来的设计和制造中的缺陷，经过再设计、再制造等之后，再制造产品性能才会不断地完善，从而使再制造产品的可靠性得到提高。图 6-23 所示为再制造产品可靠性增长规划过程。

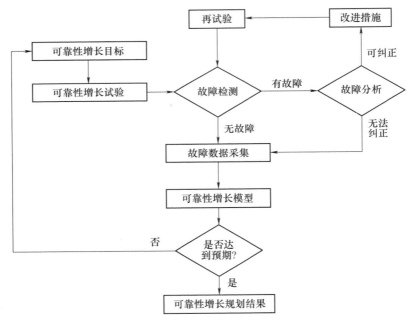

图 6-23 再制造产品可靠性增长规划过程

6.3.1 可靠性增长规划的流程框架

再制造产品可靠性增长规划是通过时间和系统的物质资源的合理配置，从而对可靠性增长率进行控制，最终达到预期可靠性指标值的过程。但再制造产品组件来源混杂、再制造工艺特殊、无法进行破坏性试验等特征，使得再制造产品在可靠性增长试验中存在唯一性，导致再制造产品可靠性增长规划方案的制定更加复杂。为此，面向再制造产品多寿命周期的再制造设计、再制造加工、再服役各阶段影响可靠性的瓶颈环节，提出可靠性增长规划的流程框架。

▶ 1. 再设计阶段可靠性增长规划

再制造产品再设计阶段的可靠性增长规划可首先根据新型再制造产品的实际使用要求制定再制造产品需要达到的可靠性目标，如 MTBF 的最低可接受值等，并根据可靠性设计目标对组成再制造产品的不同状态的零部件进行可靠性分配。此外，根据类似再制造产品的故障信息，对故障率较高的新件、再制造件、原件的薄弱环节进行故障分析并做出可靠性分析和优化。最后，通过防松设计、冗余设计等方式对再制造产品进行可靠性综合设计，在此基础上对再制造产品整体做出可靠性预测，并将预测结果和可靠性设计目标进行比对，如果不满足要求，则需对综合设计方案进行再修正。再制造产品再设计阶段可靠性增长规划过程如图 6-24 所示。

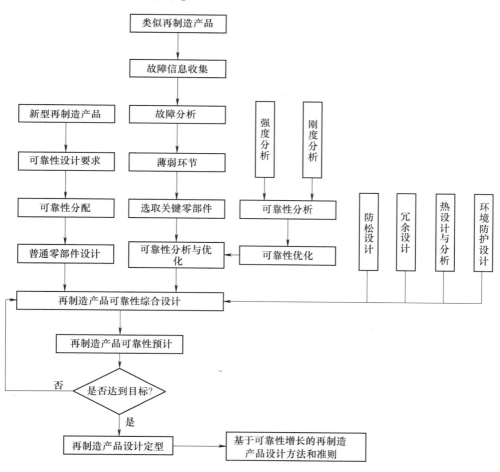

图 6-24　再制造产品再设计阶段可靠性增长规划过程

▶▶ 2. 再制造阶段可靠性增长规划

再制造产品再制造阶段可靠性增长规划是在产品再制造结束进行试运行时，通过诸如可靠性鉴定试验等对其可靠性水平的测试，验证其是否达到要求。产品在其再制造阶段内的不同时间、不同环境应力条件下，要进行一系列系统试验，如早期样机试验、性能试验、环境试验、安全试验等。这些试验在不同程度上是设计用来模拟系统的操作环境或在某种情况下加速环境应力对硬件的影响。这些试验的主要目的是验证在工作环境下再制造产品的可靠性是否满足出厂标准。在此过程中发生的故障通常也要进行故障分析，对引发故障的元器件进行更换或修复处理后进行再试验，直到满足可靠性需求为止。再制造阶段可靠性增长规划可以暴露早期故障问题，对其中的薄弱环节进行有效的纠正，消除再制造阶段中引入的元器件缺陷、工艺缺陷等，使可靠性得到增长，并积累相关设计经验，为今后相似产品再制造提供指导。再制造产品再制造阶段可靠性增长规划过程如图 6-25 所示。

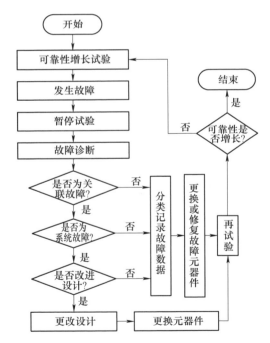

图 6-25　再制造产品再制造阶段可靠性增长规划过程

▶▶ 3. 再服役阶段可靠性增长规划

再制造产品在再服役过程中，质量反馈和技术改进也在同时进行，再制造产品可靠性也因此不断地提高。在使用过程中对故障信息及处理方法进行整理、统计分析，针对发现的再制造产品薄弱环节，制定并验证再制造产品的可靠性增长规划方案，若有效，则实施该改进方案；否则，重新制定可靠性增长方案，直至再制造产品可靠性达到要求。再制造产品再服役阶段可靠性增长过程如图6-26所示。该过程可靠性增长措施主要是针对再制造产品的子系统单元（如主传动系统、冷却润滑系统、平衡导向子系统、电气子系统等）的使用和维护需求等来制定，通过加强相关子系统、单元等的检验，严格遵守使用时的注意事项、操作规范，保证其在使用时的可靠性。

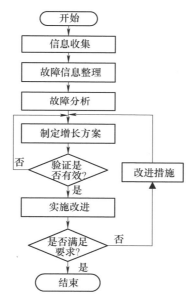

图 6-26　再制造产品再服役阶段可靠性增长规划过程

6.3.2　可靠性增长模型

可靠性增长模型是检验可靠性增长规划方案有效性的重要工具。在可靠性领域中，被广泛接受的可靠性增长模型主要有两种，分别是 Duane 模型和 AMSAA 模型。大多数文献对 Duane 模型的研究只给出了模型参数的点估计，以及系统能达到的 MTBF 的点估计和拟合优度检验，而对于 MTBF 的区间估计和未来故障时间预测则讨论得较少。AMSAA 模型分为连续型和离散型两种，广泛用于各类数据的处理和研究。该模型不但适用于可靠性增长试验数据的跟踪，也适用于可靠性增长数据的预测。因此，选用 AMSAA 模型对可靠性增长规划方案的有效性进行验证。

再制造产品可靠性增长问题描述如下：若 l 台同型可修再制造产品在可靠性增长试验期间 $(0,t]$ 内第 i 台再制造产品的故障次数为 $N_i(t)$，$N_i(t)$ 的观测值

为 $n_i(i=1,2,\cdots,l)$ ，记 $n=\sum\limits_{i=1}^{l}n_i$ ，记第 i 台再制造产品的第 j 次故障累积试验时间为 $t_{ij}(i=1,2,\cdots,l;j=1,2,\cdots,n_i)$ ，假设为故障定时截尾，故障时间的观测值依次为 $t_{i1}<t_{i2}<\cdots<t_{in}\le T(i=1,2,\cdots,l)$ ，则 $N_i(t)$ 是均值函数 $EN(t)=v(t)=\dfrac{1}{2}lat^b$ ，服从瞬时强度 $\lambda(t)=\mathrm{d}EN_i(t)/\mathrm{d}t=labt^{b-1}$ 的非齐次泊松过程，也称威布尔过程：

$$P\{N_i(t)=n_i\}=\frac{[v(t)]^n}{n_i!}\mathrm{e}^{-v(t)},n_i=0,1,2,\cdots \tag{6-42}$$

再制造产品研制到 T 时刻定型后，不再对其进行改进或修正，此时可认为再制造产品故障时间服从指数分布，即 $\lambda(t)=labt^{b-1}$ ；再制造产品能达到的 MT-BF 为 $M(t)=\dfrac{1}{\lambda(t)}=\dfrac{t^{1-b}}{lab}$ ，其中 a 为尺度参数，b 为增长参数。当 $0<b<1$ 时，故障次数 $N_i(t)$ 减少，故障时间间隔 $t_{ij}-t_{ij-1}$ 随机延长，$\lambda(t)$ 单调下降，再制造产品处于可靠性增长阶段；当 $b>1$ 时，$\lambda(t)$ 单调上升，再制造产品处于可靠性下降阶段；当 $b=1$ 时，$\lambda(t)=la$ ，再制造产品可靠性不发生变化。

由上述可知，l 台再制造产品已发生故障时间的联合概率密度函数为

$$f(t_{ij})=(lab)^n\exp(-lat_n^b)\prod_{i=1}^{l}\prod_{j=1}^{n_i}t_{ij}^{b-1} \tag{6-43}$$

继续进行可靠性增长试验，假设 l 台再制造产品 n 次故障后又发生了 k 次故障，第 i 台再制造产品未来故障发生次数为 n'_i 且 $k=\sum\limits_{i=1}^{l}n'_i$ 。第 i 台再制造产品在未来第 j' 次发生故障的时间为 $t'_{ij}(j'=n_i+1,n_i+2,\cdots,n_i+n'_i)$ 。由式（6-43）可知，n 次故障后，再制造产品再出现 k 次故障的联合条件概率密度函数为

$$f(t'_{ij}\mid t_{ij},i=1,2,\cdots,l;j'=n_i+1,n_i+2,\cdots,n_i+n'_i;j=1,2,\cdots,n_i)$$
$$=\frac{(l\,\bar{a}\bar{b})^k\exp(-l\,\bar{a}t_{n+k}^{\bar{b}})\prod\limits_{i=1}^{l}\prod\limits_{j=1}^{n_i+n'_i}t_{ij}^{\bar{b}-1}}{\exp(-l\,\bar{a}t_n^{\bar{b}})} \tag{6-44}$$

式中，$\bar{a}$ 、$\bar{b}$ 是参数 a 、b 的无偏估计，$\bar{a}=n/(lT^{\bar{b}})$ ，$\bar{b}=(n-2)\Big/\sum\limits_{l=1}^{l}\sum\limits_{j=1}^{n_j}\ln(T/t_{ij})$ 。尺度参数 $\bar{a}$ 反映再制造产品初始可靠性水平，即参数 $\bar{a}$ 不变；再制造产品定型后对系统不再做改进或纠正，则增长参数 $\bar{b}$ 不变。

若只考虑截尾时间，依次将未来发生的 k 次故障时间进行排序 $t_{n+1}<t_{n+2}<\cdots<t_{n+k}$ ，设 $s=n+1,n+2,\cdots,n+k$ ，则式（6-44）可化为

$$f(t_s)=\frac{(l\,\bar{a}\bar{b})^k\exp(-lat_{n+k}^{\bar{b}})\prod\limits_{s=n+1}^{n+k}t_s^{\bar{b}-1}}{\exp(-l\,\bar{a}t_n^{\bar{b}})} \tag{6-45}$$

对 t_1，t_2，$\cdots$，t_{n+k-1} 依次进行积分，可得 t_{n+k} 的条件概率密度函数为

$$
\begin{aligned}
f(t_{n+k} \mid T) &= \int_T^{t_{n+k}} \cdots \int_T^{t_{n+k}} f(t_s) \, \mathrm{d}t_{n+1} \cdots \mathrm{d}t_{n+k-1} \\
&= \frac{l\,\bar{a}\bar{b}t_{n+k}^{\bar{b}-1}}{(k-1)!}(l\,\bar{a}\bar{b}t_{n+k}^{\bar{b}} - l\,\bar{a}T^{\bar{b}})^{k-1}\exp[-(l\,\bar{a}t_{n+k}^{\bar{b}} - l\,\bar{a}T^{\bar{b}})]
\end{aligned}
$$

(6-46)

当 $k=1$ 时，下一次故障时间 t_{n+1} 的条件概率密度函数为

$$
f(t_{n+1}\mid T) = l\,\bar{a}\bar{b}t_{n+1}^{\bar{b}-1}\exp[-(l\,\bar{a}t_{n+1}^{\bar{b}} - l\,\bar{a}T^{\bar{b}})]
$$

(6-47)

同理，若取故障数截尾方式，则第 i 台再制造产品故障时间观测值依次为 $t_{i1} < t_{i2} < \cdots < t_{in} \leqslant t_n$，则 t_{n+k} 的条件概率密度函数为

$$
\begin{aligned}
f(t_{n+k} \mid t_n) &= \int_{t_n}^{t_{n+k}} \cdots \int_{t_n}^{t_{n+k}} f(t_s) \, \mathrm{d}t_{n+1} \cdots \mathrm{d}t_{n+k-1} \\
&= \frac{l\,\bar{a}\bar{b}t_{n+k}^{\bar{b}-1}}{(k-1)!}(l\,\bar{a}\bar{b}t_{n+k}^{\bar{b}} - l\,\bar{a}t_n^{\bar{b}})^{k-1}\exp[-(l\,\bar{a}t_{n+k}^{\bar{b}} - l\,\bar{a}t_n^{\bar{b}})]
\end{aligned}
$$

(6-48)

当 $k=1$ 时，有

$$
f(t_{n+1}\mid t_n) = l\,\bar{a}\bar{b}t_{n+1}^{\bar{b}-1}\exp[-(l\,\bar{a}t_{n+1}^{\bar{b}} - l\,\bar{a}t_n^{\bar{b}})]
$$

(6-49)

根据式（6-48）再制造产品未来第 k 次故障时间 t_{n+k} 的条件概率密度函数，可确定再制造产品未来故障发生时间、故障率、平均寿命及其对应的点估计与区间估计，并用标准差系数 V_σ 来判断预测的精度。

▶ 1. 再制造产品点估计

确定了再制造产品未来第 k 次故障时间 t_{n+k} 的条件概率密度函数后，可用 t_{n+k} 的数学期望表示再制造产品未来第 $n+k$ 次故障时间，当再制造产品的可靠性增长试验取定时截尾时，T 已知，t_{n+k} 的数学期望为

$$
\begin{aligned}
\hat{t}_{n+k} &= E(t_{n+k}) = \int_0^\infty t_{n+k}f(t_{n+k} \mid T) \, \mathrm{d}t_{n+k} \\
&= \int_0^\infty t_{n+k}\frac{l\,\bar{a}\bar{b}t_{n+k}^{\bar{b}-1}}{(k-1)!}(l\,\bar{a}\bar{b}t_{n+k}^{\bar{b}} - laT^{\bar{b}})^{k-1}\exp[-(lat_{n+k}^{\bar{b}} - laT^{\bar{b}})]\,\mathrm{d}t_{n+k}
\end{aligned}
$$

(6-50)

令 $w = l\,\bar{a}t_{n+k}^{\bar{b}} - lbT^{\bar{b}}$，则有 $t_{n+k}^{\bar{b}} = \dfrac{w}{l\,\bar{a}} + T^{\bar{b}}$，$\mathrm{d}t_{n+k} = \dfrac{1}{\bar{b}}\left(\dfrac{w}{l\,\bar{a}} + T^{\bar{b}}\right)^{\frac{1}{\bar{b}}-1}\dfrac{1}{l\,\bar{a}}\mathrm{d}w$，式（6-50）可表示为

$$
\hat{t}_{n+k} = E(t_{n+k}) = \frac{1}{(k-1)!}\int_0^\infty w^{k-1}\exp(-w)\left(\frac{w}{l\,\bar{a}} + T^{\bar{b}}\right)^{\frac{1}{\bar{b}}}\mathrm{d}w
$$

(6-51)

当 $k = 1$ 时，有

$$\hat{t}_{n+1} = E(t_{n+1}) = \int_0^\infty \exp(-w) \left(\frac{w}{l\,\overline{a}} + T^{\overline{b}} \right)^{\frac{1}{b}} \mathrm{d}w \tag{6-52}$$

同理，当取故障数截尾，t_n 为已知时，式（6-50）可表示为

$$\hat{t}_{n+k} = E(t_{n+k}) = \frac{1}{(k-1)!} \int_0^\infty w^{k-1} \exp(-w) \left(\frac{w}{l\,\overline{a}} + t_n^{\overline{b}} \right)^{\frac{1}{b}} \mathrm{d}w \tag{6-53}$$

当 $k = 1$ 时，有

$$\hat{t}_{n+1} = E(t_{n+1}) = \int_0^\infty \exp(-w) \left(\frac{w}{l\,\overline{a}} + t_n^{\overline{b}} \right)^{\frac{1}{b}} \mathrm{d}w \tag{6-54}$$

再制造产品未来第 k 次故障出现时，其故障率及平均无故障工作时间 MTBF 分别为

$$\lambda(\hat{t}_{n+k}) = l\,\overline{a}\,\overline{b}\,\hat{t}_{n+k}^{\overline{b}-1}, M(\hat{t}_{n+k}) = 1/\lambda(\hat{t}_{n+k}) = \hat{t}_{n+k}^{1-\overline{b}}/l\,\overline{a}\,\overline{b} \tag{6-55}$$

当 $k = 1$ 时，即再制造产品下一次出现故障时的故障率及 MTBF 分别为

$$\lambda(\hat{t}_{n+1}) = l\,\overline{a}\,\overline{b}\,\hat{t}_{n+1}^{\overline{b}-1}, M(\hat{t}_{n+1}) = 1/\lambda(\hat{t}_{n+1}) = \hat{t}_{n+1}^{1-\overline{b}}/l\,\overline{a}\,\overline{b} \tag{6-56}$$

▶▶ **2. 再制造产品区间估计**

当再制造产品可靠性增长试验取故障定时截尾时，随机变量 t_{n+k} 的置信度水平为 $1 - \alpha$（$0 < \alpha < 1$）的预测区间 $[\underline{t}_{n+k}, \overline{t}_{n+k}]$ 可由以下公式求得：

$$\begin{cases} \int_0^{\underline{t}_{n+k}} f(t_{n+k} \mid T) \mathrm{d}t_{n+k} = \dfrac{\alpha}{2} \\ \int_0^{\overline{t}_{n+k}} f(t_{n+k} \mid T) \mathrm{d}t_{n+k} = 1 - \dfrac{\alpha}{2} \end{cases} \tag{6-57}$$

由式（6-50）中 $w = l\,\overline{a}t_{n+k}^{\overline{b}} - lbT^{\overline{b}}$ 以及不完全伽马函数可整理得：

$$\begin{cases} \int_0^{l\overline{a}\underline{t}_{n+k}^{\overline{b}} - l\overline{a}T^{\overline{b}}} \dfrac{1}{\Gamma(k)} w^{k-1} \exp(-w) \mathrm{d}w = \dfrac{\alpha}{2} \\ \int_0^{l\overline{a}\overline{t}_{n+k}^{\overline{b}} - l\overline{a}T^{\overline{b}}} \dfrac{1}{\Gamma(k)} w^{k-1} \exp(-w) \mathrm{d}w = 1 - \dfrac{\alpha}{2} \end{cases} \tag{6-58}$$

基于概率论中卡方分布与不完全伽马函数的关系可求出：

$$\begin{cases} \underline{t}_{n+k} = \left[T^{\overline{b}} + \dfrac{1}{2/\overline{a}} \chi_{\alpha/2}^2(2k) \right]^{\frac{1}{b}} \\ \overline{t}_{n+k} = \left\{ \left[T^{\overline{b}} + \dfrac{1}{2/\overline{a}} \chi_{1-\alpha/2}^2(2k) \right] \right\}^{\frac{1}{b}} \end{cases} \tag{6-59}$$

当 $k = 1$ 时，有

$$\begin{cases} \underline{t}_{n+1} = \left(T^{\bar{b}} - \dfrac{1}{l\,\bar{a}}\ln\dfrac{1+\alpha}{2} \right)^{\frac{1}{\bar{b}}} \\ \bar{t}_{n+1} = \left(T^{\bar{b}} - \dfrac{1}{l\,\bar{a}}\ln\dfrac{1-\alpha}{2} \right)^{\frac{1}{\bar{b}}} \end{cases} \tag{6-60}$$

同理，当再制造产品可靠性增长试验为故障数截尾时，t_{n+k} 在置信水平 $1-\alpha$ 下的预测区间 $[\underline{t}_{n+k},\ \bar{t}_{n+k}]$ 为

$$\begin{cases} \underline{t}_{n+k} = \left[t_n^{\bar{b}} + \dfrac{1}{2/\bar{a}}\chi_{\alpha/2}^2(2k) \right]^{\frac{1}{\bar{b}}} \\ \bar{t}_{n+k} = \left[t_n^{\bar{b}} + \dfrac{1}{2/\bar{a}}\chi_{1-\alpha/2}^2(2k) \right]^{\frac{1}{\bar{b}}} \end{cases} \tag{6-61}$$

当 $k=1$ 时，有

$$\begin{cases} \underline{t}_{n+1} = \left(t_n^{\bar{b}} - \dfrac{1}{l\,\bar{a}}\ln\dfrac{1+\alpha}{2} \right)^{\frac{1}{\bar{b}}} \\ \bar{t}_{n+1} = \left(t_n^{\bar{b}} - \dfrac{1}{l\,\bar{a}}\ln\dfrac{1-\alpha}{2} \right)^{\frac{1}{\bar{b}}} \end{cases} \tag{6-62}$$

未来第 k 次故障发生时，在置信度水平为 $1-\alpha$ 下，再制造产品故障率及 MTBF 的置信区间分别为

$$\begin{cases} \underline{\lambda}_{n+k} = \lambda(\underline{t}_{n+k}) \\ \bar{\lambda}_{n+k} = \lambda(\bar{t}_{n+k}) \end{cases},\quad \begin{cases} \underline{M}_{n+k} = M(\underline{t}_{n+k}) \\ \bar{M}_{n+k} = M(\bar{t}_{n+k}) \end{cases} \tag{6-63}$$

▶▶ 3. 预测精度分析

用标准差系数 $V_\sigma = \sqrt{\mathrm{var}(t_{n+k})}/E(t_{n+k})$ 表示预测再制造产品未来第 k 次故障发生时间的精度，它是从相对角度反映故障时间 t_{n+k} 在其期望值附近的离散程度，V_σ 越小，k 越接近期望值，预测的精度也越高。

式中，$E(t_{n+k})$ 为未来第 k 次故障发生时间的期望值，见式（6-51）和式（6-53）。未来第 k 次故障发生时间的方差，可由式（6-64）~式（6-66）求得。

当再制造产品可靠性增长试验取定时截尾时，

$$\begin{aligned} E(t_{n+k}^2) &= \int_0^\infty t_{n+k}^2 f(t_{n+k} \mid T)\,\mathrm{d}t_{n+k} \\ &= \int_0^\infty t_{n+k}^2 \frac{l\,\bar{a}\bar{b}t_{n+k}^{\bar{b}-1}}{(k-1)!}(lat_{n+k}^{\bar{b}} - laT^{\bar{b}})^{k-1}\exp\left[-(lat_{n+k}^{\bar{b}} - laT^{\bar{b}})\right]\mathrm{d}t_{n+k} \end{aligned}$$

$$\tag{6-64}$$

令 $w = l\,\bar{a}t_{n+k}^{\bar{b}} - lbT^{\bar{b}}$，可得 $E(t_{n+k}^2) = \dfrac{1}{(k-1)!}\displaystyle\int_0^\infty w^{k-1}\exp(-w)\left(\dfrac{w}{l\,\bar{a}} + T^{\bar{b}}\right)^{\frac{2}{\bar{b}}}\mathrm{d}_w$。

由随机变量方差定义可知:

$$\mathrm{var}(t_{n+k}) = E(t_{n+k}^2) - \left[E(t_{n+k})\right]^2$$

$$= \frac{1}{(k-1)!} \int_0^\infty w^{k-1} \exp(-w) \left(\frac{w}{l\,\overline{a}} + T^{\overline{b}}\right)^{\frac{2}{\overline{b}}} \mathrm{d}w - \left[E(t_{n+k})\right]^2$$

$$(6-65)$$

当 $k=1$ 时, $\mathrm{var}(t_{n+1}) = \int_0^\infty \exp(-w) \left(\frac{w}{l\,\overline{a}} + T^{\overline{b}}\right)^{\frac{2}{\overline{b}}} \mathrm{d}w - E^2(t_{n+k})$。

同理,当取故障数截尾时, t_{n+k} 的方差为

$$\mathrm{var}(t_{n+k}) = E(t_{n+k}^2) - \left[E(t_{n+k})\right]^2$$

$$= \frac{1}{(k-1)!} \int_0^\infty w^{k-1} \exp(-w) \left(\frac{w}{l\,\overline{a}} + t_n^{\overline{b}}\right)^{\frac{2}{\overline{b}}} \mathrm{d}w - \left[E(t_{n+k})\right]^2$$

$$(6-66)$$

当 $k=1$ 时, $\mathrm{var}(t_{n+1}) = \int_0^\infty \exp(-w) \left(\frac{w}{l\,\overline{a}} + t_n^{\overline{b}}\right)^{\frac{2}{\overline{b}}} \mathrm{d}w - E^2(t_{n+1})$。

▶▶ 6.3.3 案例分析

以某机床厂的三台再制造机床为例对上述模型进行了验证,组装完成后对其实施了可靠性增长试验,对故障按即时纠正处理。考核时间为 2014 年 5 月 3 日至 2015 年 5 月 3 日,跟踪记录的 15 次故障数据见表 6-13。若置信度为 0.8 时,MTBF 预期下限值为 340h,对再制造机床可靠性增长试验进行评估与预测,用本章所述方法判断是否满足再制造机床可靠性要求,并验证该方法的预测精度。

表 6-13 再制造机床可靠性增长试验故障时间 (单位: h)

故障次数		1	2	3	4	5	6
再制造机床 1	t_{1j}	400	1309	1728	2023	2347	3404.3
再制造机床 2	t_{2j}	450.6	1437	1709.3	2135	3207	—
再制造机床 3	t_{3j}	1035	1574.5	1876	2321	—	—

由上述可知, $l=3$, $n=15$, $T = 12 \times 360\mathrm{h} = 4320\mathrm{h}$,由式 (6-44) 可求得 a 、 b 参数的无偏估计分别为 $\overline{a} = 0.0040$, $\overline{b} = 0.8507$ 。在给定的置信度 $\alpha = 0.8$ 下,根据式 (6-52)、式 (6-54) 可求出下一次故障时间 $\hat{t}_{n+1} = \int_0^\infty \exp(-w)$

$\left(\frac{w}{l\,\overline{a}} + t_n^{\overline{b}}\right)^{\frac{1}{\overline{b}}} \mathrm{d}w = 662.31\mathrm{h}$,双侧预测区间为 $[435.56\mathrm{h}, 510.96\mathrm{h}]$;故障率 λ

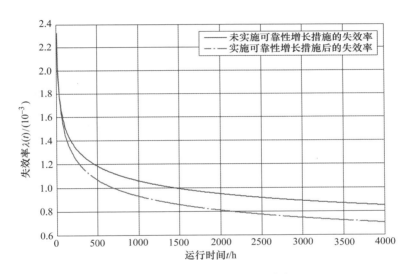

$(\hat{t}_{n+1}) = l\,\overline{ab}\,\hat{t}_{n+1}^{\overline{b}-1} = 0.0029$，双侧预测区间为 $[0.00288, 0.00295]$；平均无故障工作时间 $\mathrm{MTBF} = 1/\lambda(\hat{t}_{n+1}) = \hat{t}_{n+1}^{1-\overline{b}}/l\,\overline{ab} = 342.41$，双侧预测区间为 $[338.95\mathrm{h}, 347.13\mathrm{h}]$；故障时间的预测精度 $V_\sigma = \sqrt{\mathrm{var}(t_{n+k})}/E(t_{n+k}) = 0.3959$。

事后继续进行可靠性增长试验，获得下一次故障时间为632.8h，与本例中预测结果的相对误差为0.64%，说明了基于条件分布的再制造机床的可靠性增长预测方法的有效性和可行性。图 6-27 所示为再制造机床在可靠性增长试验中的瞬时失效率，在试验初期，瞬时失效率较高，并且实施可靠性增长措施后失效率有明显的变化。在置信度 $\alpha = 0.8$ 的情况下，再制造机床的平均无故障工作时间达到了342.41h，满足再制造机床的预期要求。

图 6-27　再制造机床瞬时失效率

表 6-14 为对上述待估量进行的点估计和区间估计。

表 6-14　待估量的点估计和区间估计

待估量	下次故障时间 $\hat{t}_{n+1}/\mathrm{h}$	故障率 $\lambda(\hat{t}_{n+1})$	MTBF/h	精度分析
点估计	466.23	0.0029	342.41	$V_\sigma = \dfrac{\sqrt{\mathrm{var}(t_{n+1})}}{E(t_{n+1})}$
区间估计	$[435.56, 510.96]$	$[0.00288, 0.00295]$	$[338.95, 347.13]$	$= 0.3959$

通过实际故障发生时间统计，表 6-14 中点估计的待估量与实际情况非常接近，且实际故障发生时间在预测区间内。为进一步验证两种方法的预测效果，在不同置信度 α 下比较下一次故障发生时间预测的差异，结果见表6-15。

表 6-15　不同的置信度下故障时间预测区间对比

项　　目	故障时间/h				
置信度	$\alpha = 0.5$	$\alpha = 0.6$	$\alpha = 0.7$	$\alpha = 0.8$	$\alpha = 0.9$
区间估计	[441.75,479.33]	[439.56,486.94]	[437.57,496.15]	[435.69,510.61]	[433.37,535.05]

由表 6-15 可知，在不同置信度下预测区间宽度相对较短，预测结果具有较高的精度及较低的离散性。

6.4　本章小结

本章通过对比分析再制造产品与新产品的可靠性问题，总结了影响再制造产品可靠性的主要因素，针对再制造产品可靠性评估中数据样本少的特点，建立了基于再制造工艺质量数据的再制造产品实体可靠度评估模型，以及基于多源运行数据融合的再制造产品功能可靠度评估模型，通过综合考虑再制造产品实体与功能的可靠度，保障再制造产品可靠性评估的有效性。进一步探讨和设计了再制造产品多寿命周期的再制造设计、再制造加工、再服役三大阶段可靠性增长规划的流程框架，并建立了以未来故障发生时间为随机变量，基于条件分布的再制造产品可靠性增长模型，以验证各阶段可靠性增长方案的有效性。

参 考 文 献

[1] 杜彦斌，李聪波. 机械装备再制造可靠性研究现状及展望 [J]. 计算机集成制造系统，2014，20（11）：2643-2651.

[2] PECHT M G，KAPUR K C，康锐，等. 可靠性工程基础 [M]. 北京：电子工业出版社，2011.

[3] 张辉. 再制造机床可靠性评估与增长研究 [D]. 武汉：武汉科技大学，2016.

[4] 张辉，张华，江志刚，等. 基于条件分布的 AMSAA 模型再制造机床可靠性增长预测 [J]. 机械设计与制造，2017，（6）：127-130.

[5] 郭建英，孙永全，于晓洋. 可靠性增长技术发展动态诠释 [J]. 哈尔滨理工大学学报，2011，16（2）：1-11.

[6] 刘琦，武小悦. 复杂系统可靠性增长试验评价的集成分析模型 [J]. 系统工程理论与实践，2010（8）：1477-1483.

[7] 李俊，王贤琳. 基于分解法建模的泵送系统可靠性和可用性评估 [J]. 工程设计学报，2015，22（1）：18-25.

[8] 张业祥，赵刚，章翔，等. 液压挖掘机工作装置有限元分析 [J]. 现代制造工程，2016（2）：89-93，98.

第 7 章

——

再制造生产系统规划工程实践

再制造生产系统规划工程实践，旨在针对再制造工程落地实施的具体问题，聚焦机床、工程机械等再制造需求巨大的国民经济支柱行业，研究再制造生产系统规划运行体系中的再制造回收模式与时机规划、再制造性评价与工艺规划、再制造车间任务规划、再制造产品可靠性评估与增长规划的理论和技术，在废旧机床、废旧工程机械等再制造企业中的具体应用，为量大面广的再制造生产实践提供参考。

7.1 再制造生产系统规划工程实践体系

机床、工程机械等机电产品制造业是我国国民经济的支柱行业，为国家经济建设和综合国力提升做出了重要的贡献。随着我国工业发展战略逐步向数字化、绿色化和智能化方向转型升级，导致大量的机床、工程机械被淘汰，其处理过程所涉及的资源浪费、环境污染和安全隐患等问题凸显。行业统计数据表明：2018 年我国机床保有量已超过 800 万台，工程机械为 650 万台，其中役龄 10 年以上的传统旧机床已超过 60%，在役工程机械中的 80% 已经超过保质期，每年报废的机床和工程机械产品约产生 8 亿 t 固体废物排放，造成了巨大的浪费和环境污染。实施再制造工程，利用先进再制造技术对这些废旧产品的剩余价值进行挖掘，是解决这一问题的重要途径。

再制造工程的实施是一个复杂的系统工程，不仅涉及国家层面法律法规对再制造企业、再制造产品的约束，更涉及再制造技术在企业再制造生产系统中的具体实施。因此，推进再制造生产系统规划的工程实践，需要从系统思维、技术集成和整体优化的角度，聚焦再制造先进技术在企业中的具体应用问题，构建再制造生产系统规划的实施体系、过程体系与集成应用系统，力争为机床、工程机械行业再制造生产系统规划的实施提供支撑。

7.1.1 实施体系

机床、工程机械行业均为我国装备制造业的重要子行业，从宏观层面来看，国家法律法规、政策环境和相关再制造标准规范会对其再制造生产系统规划起到较大的引导作用；从微观层面来看，企业再制造工艺装备的改进、再制造生产制度的不断完善，以及再制造人员的储备与培养等也会对再制造生产系统的规划起到积极的促进作用。因此，再制造生产系统规划是随着再制造政策环境、再制造理论、再制造工艺装备、再制造对象发展的一个持续改进和不断完善的系统决策过程。

以机床、工程机械再制造生产系统规划的实施过程为切入点，综合考虑宏观和微观层面对再制造生产系统的影响，提出了"一条主线，四大体系"集成的再制造生产系统规划实施体系，如图 7-1 所示。

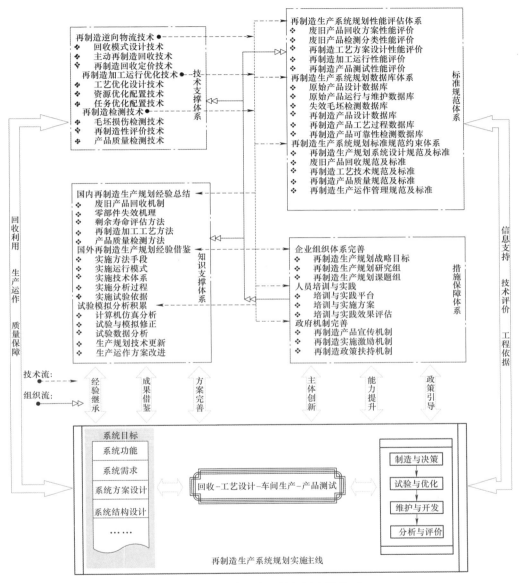

图 7-1　再制造生产系统规划实施体系

其中，"一条主线"是指再制造生产系统规划的实施过程主线，"四大体系"包括再制造生产系统规划实施技术支撑体系、再制造生产系统规划实施知识支撑体系、再制造生产系统规划实施措施保障体系和再制造生产系统规划实施标准规范体系，它们从宏观和微观层面为再制造生产系统规划实施过程主线提供支撑。其主要内容如下：

（1）再制造生产系统规划实施过程主线　再制造生产系统规划实施过程主线是框架的核心。首先，再制造生产系统需要依据不同对象的再制造特点，制定相应的系统目标，包括系统需求、系统功能、系统方案设计、系统结构设计等，并根据再制造系统各阶段的任务特点及功能需求，对再制造关键技术进行系统深入的研究，建立覆盖产品全生命周期的再制造生产系统规划技术流程。其次，在再制造生产规划实施过程中，不断改善和持续优化再制造生产系统规划运行流程，在不断的试验与研究中，掌握其内在规律和本质，从制造与决策、试验与优化、维护与开发，以及分析与评价等方面，全面推动再制造生产系统规划实施过程的持续完善。

（2）再制造生产系统规划实施技术支撑体系　再制造生产系统规划实施技术支撑体系主要是为再制造生产系统稳定、高效运行提供必要技术手段，决定着再制造生产系统的效能，是保障实施方案可行性的关键环节。再制造生产系统规划实施技术支撑体系主要包括：①再制造逆向物流技术体系，包括再制造回收模式设计技术、主动再制造回收技术、再制造回收定价技术等；②再制造加工运行优化技术体系，包括再制造工艺优化设计技术、再制造车间资源优化配置技术、再制造车间任务优化配置技术等；③再制造检测技术体系，包括再制造毛坯损伤检测技术、废旧产品剩余寿命评估与再制造性评价技术、再制造产品质量检测技术等。

（3）再制造生产系统规划实施知识支撑体系　再制造生产系统规划实施知识支撑体系主要是指引进、吸收和总结国内外再制造生产系统规划的经验教训，确保实施总体框架不断完善的驱动力。该体系主要包括：①对国内再制造生产系统规划经验进行总结，包括废旧产品回收机制知识、零部件失效机理判定知识、零部件失效程度及剩余寿命评估方法、再制造加工工艺方法、再制造产品质量检测方法等；②对国外再制造生产系统规划技术引进消化与吸收，以及借鉴先进的国外再制造生产系统规划实施模式与实施案例；③对国内外再制造试验数据的积累与仿真，以形成支撑实施方案不断优化改进的再制造理论方法知识库，促进再制造生产系统规划技术体系、标准规范体系和措施保障体系的不断丰富与完善。

（4）再制造生产系统规划实施标准规范体系　再制造生产系统规划实施标准规范体系主要包括再制造生产系统规划性能评估体系、再制造生产系统规划数据库体系、再制造生产系统规划标准规范约束体系等，是衡量实施总体方案优劣的重要依据。其中，再制造生产系统规划性能评估体系是指对再制造产品生命周期可靠性及安全性设计、绿色再制造工艺设计和回收与再制造过程环境设计等方面进行评价的模型库和方法库；废旧产品再制造数据库体系是开展废旧产品再制造绿色评价、再设计等所需要的信息资源，如轻量化再设计数据库、回收数据库、工艺绿色特性数据库等；再制造标准规范约束体系是指在再制造过程中支持绿色设计、系统设计、工艺与材料、包装与运输、回收与再制造的技术标准与规范。

（5）再制造生产系统规划实施措施保障体系　再制造生产系统规划实施措施保障体系主要从政府层面，分析其政策、法律法规等对企业再制造生产系统的引导作用，以及从企业层面，在管理措施、组织结构、人才储备与培养等方面分析其对再制造生产系统的促进作用，以形成驱动再制造生产系统规划总体实施方案持续改进的合力，是促进实施总体方案可持续发展的重要举措。一方面，要强化企业再制造生产系统规划的系统意识，发挥企业作为技术创新主体的积极作用，加强企业再制造生产系统规划技术创新能力，支持研发和应用新技术和新工艺；另一方面，要建立完善的人员培训与工程实践相结合的再制造生产系统规划人员能力提升机制，加速人才队伍建设，为再制造生产规划提供人才保证；此外，政府有关部门需要进一步加大对再制造的宣传、激励和引导，促进我国再制造企业化被动为主动，尽快顺应内外部经济环境和发展形势，深化对再制造的认识，有步骤、分阶段地将再制造生产规划真正融入再制造工程实践中。

▶▶7.1.2　过程体系

在再制造生产系统中，各类规划技术是保障系统高效运行的有力手段，如再制造回收模式与时机规划技术、再制造性评价技术、再制造工艺规划技术、再制造车间任务规划技术、再制造产品可靠性评估与增长规划技术等，贯穿于再制造生产规划实施全过程。本文以再制造生产系统规划实施过程主线为切入点，建立了再制造生产系统规划过程体系，如图 7-2 所示。

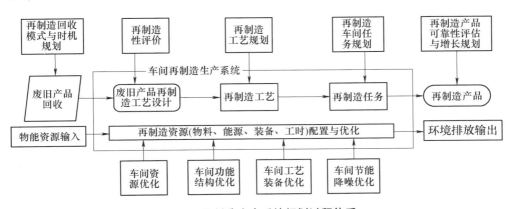

图 7-2　再制造生产系统规划过程体系

再制造生产系统规划过程体系基于废旧产品在回收、拆解、再制造生产等过程中的特点，以再制造生产系统的物料流、能量流、环境排放流和信息流"四流"分析理论，以及先进再制造生产技术为支撑，实现再制造生产系统全过程的优化与改进，其主要内容如下。

（1）废旧产品回收过程规划体系　主要基于逆向物流理论，结合企业回收渠道、废旧产品供应链的特点，利用再制造回收模式和时机规划技术对回收参与主体、回收流程和废旧产品的回收时机进行组织与决策，尽可能地最大化回收效率，为再制造生产系统原料供应提供保障。

（2）废旧产品再制造生产过程规划体系　围绕废旧产品再制造生产过程，主要包括再制造工艺设计规划、再制造生产工艺规划、再制造车间任务规划等。

废旧产品再制造生产阶段，以提高再制造生产系统的整体运行效率为目标，通过整合具有再制造系统效率优势的再制造系统生产规划方法、工艺设备和生产管理方式，研究再制造生产系统车间的能量、物料流动方式，综合分析再制造生产系统的全过程，利用车间资源和车间任务的系统优化技术，采用工程实践和理论相结合的思想，实现再制造生产车间的节能降耗和效率提升的目标，建立生产过程符合再制造系统生产规划原则的集成化再制造车间。

（3）再制造产品检测过程规划体系　通过测试、可靠性分析等手段对再制造产品的出厂性能进行综合评估，主要包括再制造产品可靠性评估与增长技术等，对再制造产品再制造阶段工艺可靠性及再制造产品再服役阶段运行可靠性进行评估，从系统的角度全面提升再制造产品的可靠性。

7.1.3　集成应用系统

对再制造企业而言，如何尽可能结合企业现有资源发挥出再制造装备技术优势，最大限度地挖掘企业现有资源的再制造潜力，保障再制造生产系统的高效可靠运行，是关乎其切身利益的战略性问题。为有效解决这一问题，本文从技术集成、信息集成、过程集成和对象集成几个层面，对再制造生产规划的集成特性进行分析，如图7-3所示。

（1）再制造生产规划系统的技术集成

再制造生产规划技术包括面向再制造毛坯剩余寿命的涡流/磁记忆综合检测技术、超声检测评估技术等；另外，还包括主动再制造回收技术、再制造工艺优化设计技术、失效零件恢复的柔性增材再制造技术、再制造中的自动化拆解技术、高效绿色清洗技术、再制造产品质量测试技术等。再制造生产规

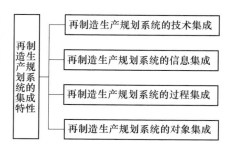

图7-3　再制造生产规划的集成特性

划系统的技术集成是对废旧产品回收、再制造工艺设计、再制造加工、再制造产品测试等多个子系统所涉及技术的综合运用。

（2）再制造生产规划系统的信息集成　再制造生产规划系统除了涉及制造系统的所有信息及其集成外，还特别强调与资源消耗信息和环境影响信息有关的信息集成处理及考虑，并且将再制造系统的信息流、物料流和能量流有机结合，系统地加以集成和优化处理。

（3）再制造生产规划系统的过程集成　再制造生产规划系统的过程集成是综合考虑再制造生产系统中物料、能量、信息要素，对废旧产品回收、再制造工艺设计、再制造加工、再制造产品测试等多个子系统的运行方案进行设计和优化的过程，是基于数据库及其数据交换标准的产品多属性生命周期的集成。

（4）再制造生产规划系统的对象集成　再制造生产规划是一个复杂的系统工程，需要政府、企业、用户全社会的参与集成。再制造生产规划系统面向政府、企业、用户三个对象，在法律层面，是政府行为、企业行为和用户行为的集成；在产品层面，主要体现企业价值与用户体验之间的集成，而政府制定的相关法律法规直接影响企业的生存发展，推进或抑制再制造产业的发展。企业价值体现在其所生产的产品上，用户对产品的体验评价将决定企业价值是否存在。

在此基础上，结合不同的机床、工程机械产品开发再制造生产规划集成系统，旨在为废旧产品回收、废旧产品再制造工艺优化、再制造产品可靠性评估等生命周期各阶段提供技术支持，实现对企业再制造潜力的最大化挖掘。再制造生产系统规划集成体系结构如图7-4所示。

系统采用 Browse/Sever （B/S）架构，通过 internet/intranet 与用户进行交互，既可以服务于某个单独的再制造企业，也可以支持多个企业共同应用。系统主要由支撑层、模型及数据层、应用层和用户层四个层次组成，其中每一层只实现系统相应的功能设计，层与层之间的信息传递则是通过相邻层对应的接口以及功能模块进行调用，有利于提高系统处理和分析的效率。

（1）支撑层　支撑层是以系统集成技术和系统仿真技术为基础，通过计算机网络连接分布式硬件环境和分布式数据库管理系统，并通过分布式数据融合等技术解决其间数据信息异构问题，为再制造生产规划集成系统的运行提供必要的软硬件支撑环境。

（2）模型及数据层　模型及数据层是进行再制造生产系统规划的基础，主要由再制造回收模式与时机规划、再制造性评价与工艺规划等数据库，以及再制造工艺规划模型、再制造产品可靠性评估模型等模型库组成，为应用层提供了各种必要的再制造过程数据信息与模型方法，为再制造生产工艺决策、再制造工艺优化等提供支撑。

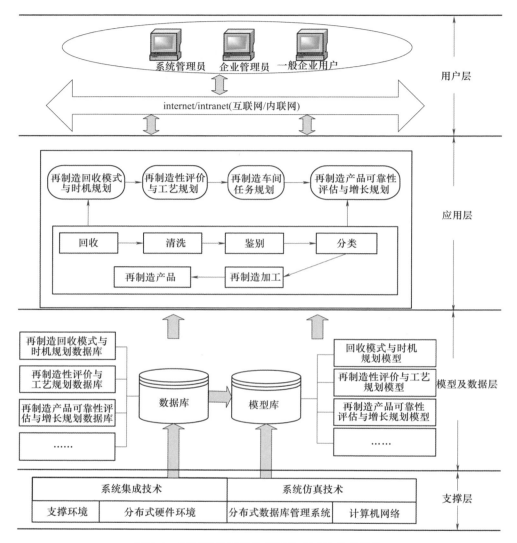

图7-4 再制造生产系统规划集成系统体系结构

（3）应用层 应用层是再制造生产规划集成系统的核心，根据企业不同权限的用户以及再制造过程不同环节的决策需求，匹配与调用相应的模型及数据辅助优化决策。应用层主要包括再制造回收模式规划、再制造回收时机规划、再制造性评价、再制造工艺规划、再制造车间任务规划、车间多层级任务规划、再制造产品可靠性评估和再制造产品可靠性增长规划等。

（4）用户层 用户主要分为三种类型：系统管理员、企业管理员和一般企业用户。系统管理员具有整个系统的最高权限，主要包括授权新企业管理用户、删除或修改已授权企业管理用户的基本信息和模块使用权限。企业管理员在注册并经过系统管理员授权后，可以添加新的一般企业用户以及对企业基本信息进行修改。一般企业用户在经企业管理员授权后，可以对授权模块或功能进行操作。

7.2 工程机械再制造生产系统规划实践

▷ 7.2.1 实施背景

某工程机械再制造企业是集整机销售、维修保养、配件供应和再制造服务于一体的专业工程机械再制造企业，各类工程机械再制造产品生产规模已达年产近千台，主要再制造产品包括韩国斗山挖掘机、临工全系列产品（装载机、挖掘机、矿用货车等）、美国山猫滑移式装载机、中联重科起重机、戴纳派克压实与摊铺设备、特雷克斯矿山筛分设备、阿特拉斯大型破碎锤等。该公司在业内率先通过了 ISO9001：2008、ISO14001：2004、GB/T 28001—2001 管理体系认证，完成了再制造的生产运作、资源回收、产品质量保证、产品信息管理、市场营销及技术开发六大管理体系的建设，已经形成规模化再制造生产能力，已具备挖掘机整机再制造 600 台/年、挖掘机零部件再制造 200 台套/年的生产能力。

随着国家推进实施循环经济十大领域重点工程，工程机械再制造产业发展被列入循环经济发展的重要内容。过去一段时期内，作为专业开展工程机械再制造生产的重点企业，该企业与我国大多数同期建设的重型工业设备再制造企业一样陷于了"低迷期"，面临着产业结构不合理、产能严重过剩、大量工程机械面临报废淘汰或性能升级的巨大压力。通过系统深入调研，发现该企业在工程机械再制造生产系统规划方面有巨大的改善空间。

1）工程机械回收时机缺乏合理有效的规划。我国大部分工程机械是在产品废弃后才被回收进行再制造的，由于错过了最佳回收时机以及回收的废旧零部件失效特征、性能状态具有不确定性，导致了工程机械再制造具有鲜明的个性化特点，影响了再制造生产系统效率的提升。由于该企业已具备一定的回收渠道，如果能合理规划废旧工程机械产品的回收时机，在最佳的时期对其进行回收再制造，则既可以避免因产品被"过度使用"而造成的再制造成本高或无法再制造的问题，又有助于进行科学回收形成一定的再制造规模，从而实现企业的生产需求和经济、社会效益。

2）废旧工程机械再制造工艺规划困难。废旧工程机械再制造工艺规划主要包括再制造工艺方案规划、再制造工艺流程规划等，其前提是根据废旧工程机械产品的失效形式对其可再制造性进行判定。然而，由于所回收废旧工程机械结构的差异、报废形式和服役环境的不同，其不同零部件的磨损、断裂、腐蚀等失效特征及失效程度会存在很大的差异，直接影响后续再制造、再利用和再循环等再制造方案的确定。与传统工艺规划相比较，废旧工程机械产品有着模糊的质量状况、不确定的剩余寿命以及不同的失效形式等特点，导致再制工艺过程中存在大量不确定性因素，主要表现为再制造时间、成本、工艺参数和工艺路线等不确定，给再制造工艺规划带来了很大的困难。与大部分再制造企业类似，该企业在废旧工程机械再制造工艺规划方面主要还是依靠技术人员经验、查阅相关文献和手册等途径，再制造工艺规划的质量和效率难以得到保证。

3）再制造工程机械产品可靠性评估与增长规划技术欠缺。由于再制造工程机械产品不同于传统工程机械产品，它是在集成复杂的机械、电气、液压和信息等多项技术的基础上，由再制造件、更换件、原件组成的复杂工程机械产品，具有寿命长、结构复杂、故障模式多样但样本少等特点，以及其在再服役过程中面临多物理场耦合影响且具有多失效模式耦合相关性，使得再制造工程机械产品的可靠性具有较大波动性和不唯一性；再者，由于再制造工程机械产品结构的复杂性、工作时工况的多变性、故障的多样性、试验样本及故障数据的匮乏性，导致仅依靠传统的故障数据进行可靠性研究不足以全面、正确地反映其可靠性水平。目前，对于可靠性增长的研究大都用于分析产品的可靠性，对于未来故障发生时间预测较少，然而对未来故障时间的预测有利于动态分析再制造工程机械可靠性增长趋势、调整试验规划以及为确定试验经费等做出重要指导。

综上所述，上述问题可以归结于工程机械再制造企业在对工程机械进行再制造生产的过程中，缺乏系统的再制造生产规划理论与技术支持，限制了自身的发展。

▶▶7.2.2 决策支持系统

工程机械再制造方案决策支持系统主要由再制造回收时机规划、可再制造性评估规划与再制造工艺方案规划三个功能单元组成，支持从技术、经济和环境排放等维度对废旧工程机械及其零部件的回收时机、可再制造性和再制造/再利用/废弃处理等处理方案进行决策，满足企业再制造生产系统的实际需求。工程机械再制造方案决策支持系统包括两大核心功能与一个辅助功能。核心功能包括工程机械零部件数据库信息管理、工程机械再制造方案评价决策支持功能；辅助功能包括系统权限管理及接口功能，以便于该系统与企业相关 ERP、MES 等系统的兼容，并适应不同权限用户的功能需求。工程机械再制造方案决策支持系统功能模块如图 7-5 所示。

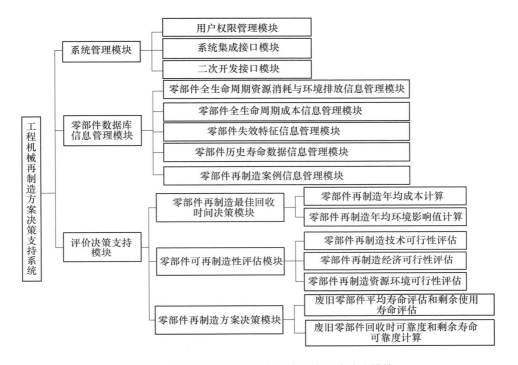

图 7-5　工程机械再制造方案决策支持系统功能模块

⯮1. 零部件数据库信息管理模块

零部件数据库信息管理模块主要包括零部件全生命周期资源消耗与环境排放信息管理模块、零部件全生命周期成本信息管理模块、零部件失效特征信息管理模块、零部件历史寿命数据信息管理模块和零部件再制造案例信息管理模块，以实现工程机械回收、拆解、再制造加工等各个环节的详细信息的录入、编辑和整个流通链的追溯信息查询，其功能分别如下：

（1）零部件全生命周期资源消耗与环境排放信息管理模块　记录工程机械零部件在制造、使用、再制造和再使用阶段整个生命周期过程中的资源消耗与环境排放信息。

（2）零部件全生命周期成本信息管理模块　同上一个功能模块，主要用于记录零部件在整个生命周期过程中的成本信息。这两个模块为实现工程机械零部件最佳回收时间决策提供数据基础。

（3）零部件失效特征信息管理模块　用于记录工程机械废旧零部件的失效情况，以及各专家对废旧零部件再制造的技术可行性各指标、经济可行性各指标和资源与环境性各指标的评估情况，为实现零部件可再制造性的评估提供评价基础。

（4）零部件历史寿命数据信息管理模块　与企业其他系统进行关联，获取相关零部件历史寿命数据；支持数据的修正与添加，为废旧零部件再制造方案决策提供基础依据。

（5）零部件再制造案例信息管理模块　对企业工程机械再制造成功案例进行存储与管理，为废旧零部件的再制造提供参考。

2. 评价决策支持模块

该模块是系统的核心模块，主要解决再制造基本流程中需要解决的三大关键问题，即零部件再制造的最佳回收时间决策、零部件可再制造性评估和零部件再制造方案决策。该功能模块的设计主要如下：

（1）零部件再制造最佳回收时间决策模块　通过废旧零部件全生命周期中四个阶段的相关数据信息，输出废旧零部件四个阶段的环境影响评价值以及成本评估，进而得到适合废旧零部件再制造的最佳回收时机。主要功能步骤为：首先，需要通过系统数据库中记录的零部件全生命周期各阶段资源消耗与环境排放的数据计算出该零部件各阶段的环境影响评估值，并拟合出该零部件全生命周期的环境影响评估值随时间变化的拟合曲线；其次，通过调用数据库中的零部件全生命周期成本数据，计算出该零部件全生命周期各阶段的成本总额，并拟合出该零部件全生命周期的成本随时间变化的拟合曲线；最后，联合拟合曲线计算出该零部件再制造时环境影响评估值最小、再制造成本最低的一个最佳回收时间。

（2）零部件可再制造性评估模块　通过输入零部件可再制造性相关的指标数据，输出零部件的可再制造性评估值，以及零部件是否具有可再制造性的参考决策。其主要包括零部件再制造技术可行性、经济可行性和资源环境可行性三方面的评估，并支持形成综合评价结果。

（3）废旧零部件再制造方案决策模块　通过查询功能获取零部件的历史寿命数据，输出此种零部件的平均使用寿命、剩余使用寿命以及零部件回收时的可靠度和剩余使用寿命的可靠度，进而给出零部件再制造方案的参考决策。其主要包括废旧零部件平均寿命评估和剩余寿命评估、零部件回收时可靠度和剩余寿命的可靠度计算两部分。然后调取数据库中零部件的历史寿命数据，依据威布尔分布函数来计算该零部件的平均寿命、剩余使用寿命和零部件的可靠度，通过比较零部件回收时可靠度和剩余使用寿命可靠度与企业设定的相应可靠性阈值，最终辅助企业合理确定废旧零部件的再制造方案。

3. 系统管理模块

该模块主要由用户权限管理模块、系统集成接口模块和二次开发接口模块组成。

（1）用户权限管理模块　对该系统的用户类型进行权限的分配管理，用户类型主要分为系统管理员、企业管理员及现场操作人员三种类型，不同的用户类型有不同的操作权限，系统根据用户级别相应权限显示该用户能操作的页面，保证系统数据的安全性和操作的规范性。

（2）系统集成接口模块　提供了系统集成接口与企业的相关管理系统对接，获取再制造所需的相关信息，如设备故障时间、故障特征、故障类型、故障部位以及设备回收时间等。

（3）二次开发接口模块　为系统软件开发技术人员提供二次开发接口，以便不断完善或增加该系统的功能。

7.2.3　系统应用流程

工程机械再制造方案决策支持系统包括工程机械零部件再制造信息管理系统、工程机械零部件再制造最佳回收时间决策系统、工程机械零部件可再制造性评估系统以及工程机械零部件再制造方案决策系统四个子模块，其总体框架与流程如图7-6所示。

系统在企业的实际应用实践中，主要围绕工程机械及其零部件的回收、可再制造性评估与再制造方案决策的过程主线，实现工程机械及其零部件的再制造信息管理、再制造最佳回收时间规划、再制造性评估、再制造方案决策四个主要任务，其不同功能模块的运行流程分别如下：

（1）工程机械零部件再制造信息管理流程　系统用户输入用户信息后，即可进入系统界面，选择零部件再制造信息管理模块，可以对零部件再制造相关信息进行查看或编辑，其流程如图7-7所示。

首先输入工程机械的型号和零部件名称进行查询，若系统中存在相关信息，则显示所有相关信息；如果在所显示的页面中相关信息不完整，则可以直接进行添加与补充后保存；若不存在相关信息，则系统会直接跳至添加零部件相关信息的页面，对具体的零部件再制造相关信息进行添加后保存。

（2）工程机械零部件再制造最佳回收时间决策流程　最佳回收时间决策是综合零部件全生命周期的年平均环境影响和全生命周期年均成本这两方面来决策零部件再制造的最佳回收时间，使得零部件再制造的资源环境影响最小和再制造成本最低，其流程如图7-8所示。

首先进行的是零部件原始制造阶段环境影响评估，如果系统数据库中存在原始制造阶段的资源消耗与环境排放清单量，则直接显示特征化结果；如果不存在相关数据或者数据不全，则可在此页面中输入特征化结果，然后输入标准化当量值，接下来可计算出资源消耗与环境排放的标准化结果；下一步是输入评价指标的权重，此处评价指标的权重根据评价主体对象的不同而不同，最后

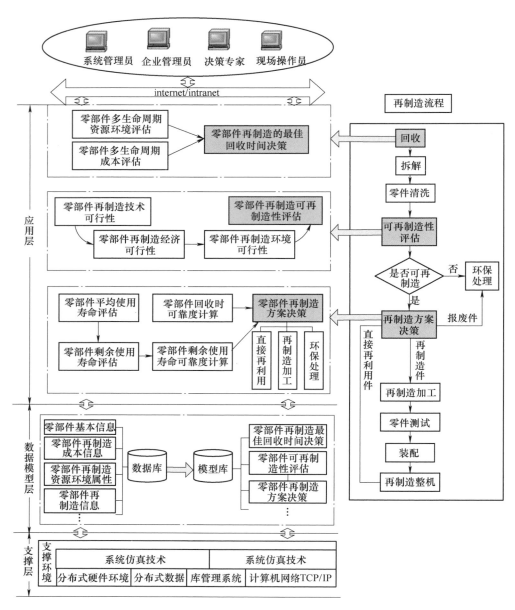

图 7-6　工程机械再制造方案决策支持系统总体框架与流程

即可得出该阶段的环境影响评估值并进入下一步。对于零部件在不同时间点回收的情况，依次对零部件使用和再使用阶段、再制造阶段的环境影响进行评估。然后对零部件全生命周期四个阶段的成本进行核算与评估后，进入最佳回收时间决策页面，根据前面步骤评估的结果，分别拟合出零部件年平均环境影响-时

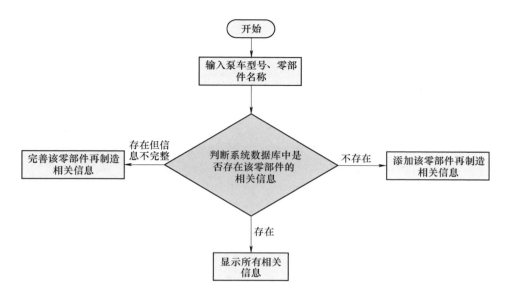

图 7-7　工程机械零部件再制造信息管理流程

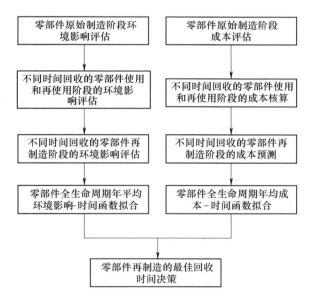

图 7-8　工程机械零部件再制造的最佳回收时间决策流程

间函数和年均成本-时间函数，最后决策出零部件再制造的最佳回收时间并予以保存。

（3）工程机械零部件可再制造性评估流程　零部件服役一定时间被回收后，

需要对其可再制造性进行评估，以判断该零部件能否成功地实施再制造，其流程如图7-9所示。

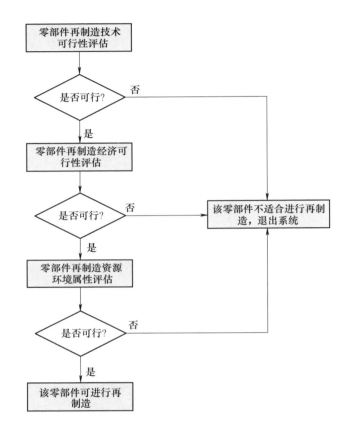

图7-9　工程机械零部件可再制造性评估流程

　　首先对回收的零部件进行再制造技术可行性评估，此环节以四个指标来评价，每个指标因素集的模糊评价值和隶属度值都可从系统中调用，如果系统不存在所需的信息，则可对其进行编辑，而后才能对四个指标的量化结果进行计算和评价；下一步进行零部件再制造经济可行性评估，主要考虑零部件原始制造成本和再制造成本两个指标，通过调用系统数据库中零部件原始制造和预估的再制造成本信息，计算出零部件再制造成本与原始制造成本的比值后，即可判断出该零部件再制造经济可行性并进行保存。

　　（4）工程机械零部件再制造方案决策流程　判断了零部件的可再制造性后，对于可再制造性很好的零部件是采用直接再利用的方案还是再制造加工的方案，还需要进行进一步的决策，其流程如图7-10所示。

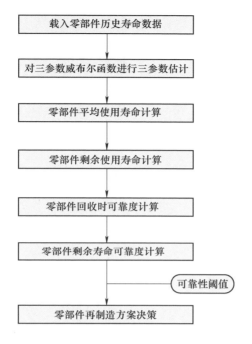

图 7-10　工程机械零部件再制造方案决策流程

　　进入该模块后，首先载入零部件历史寿命数据，如果系统数据库中查不到某零部件的历史寿命数据，则可直接添加数据进行再制造方案的决策。基于零部件历史寿命数据来对三参数威布尔分布函数进行三参数估计，然后才能计算零部件的平均使用寿命和剩余使用寿命，进而计算零部件回收时可靠度和剩余寿命可靠度，最后对这两个可靠度和可靠性阈值进行比较来决策零部件的再制造方案。

7.2.4　案例与效果分析

　　本小节以某工程机械制造企业型号为 SY5292THB37 的混凝土泵车为例，对系统进行应用实践，具体应用过程如下。

1. 系统陆录

　　系统用户首先在登录界面输入用户名和密码并选择用户类型进行登录，登录成功后进入系统主界面，后续通过不同模块的应用，完成该混凝土泵车再制造方案决策过程的工程实践。

2. 混凝土泵车零部件再制造信息管理

　　当用户从侧边栏中选择混凝土泵车零部件再制造信息管理系统模块后，系统进入泵车和零部件信息查询界面，输入泵车型号和零部件名称，单击"查询"按钮，若系统中存在相关信息，则系统会跳转至该型号泵车和输入零部件的相关信息界面；若系统中不存在所要查询的信息，则系统会跳转至添加信息的界面，以便输入待分析零部件的信息。

3. 混凝土泵车零部件再制造的最佳回收时机决策

当系统用户从侧边栏中选择混凝土泵车零部件再制造的最佳回收时机决策模块后，系统进入最佳回收时机的决策界面，其主要流程如图 7-11 所示。

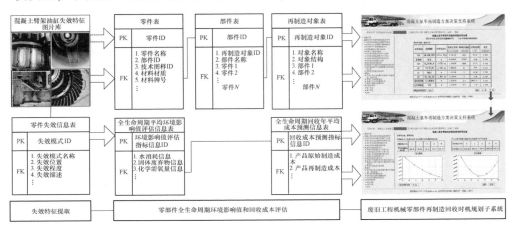

图 7-11 混凝土泵车零部件最佳回收时机规划实践

1）输入待决策的零部件名称——臂架油缸。界面中会显示该零部件原始制造阶段的资源消耗与环境排放的特征化量，如果系统数据库中不存在这些数据，可直接将这些特征化量编辑入系统进行决策。

2）当量值的标准化与指标权重计算。该值是根据地区人口不同而变化的，需要将标准化当量值编辑入系统，单击"计算"按钮即可计算出标准化结果。由于指标权重会根据评价主体不同而变化，在系统实际运行过程中，需要依据企业的实际经济、技术、资源消耗和环境排放等需求对其进行编辑并录入系统。

3）生命周期环境影响值和成本计算。单击"环境影响值评估结果"按钮，计算出该臂架油缸在原始制造阶段的环境影响评估值，接着单击"下一步"按钮，依次完成臂架油缸使用和再使用阶段、再制造阶段的环境影响评估；同理，得出臂架油缸全生命周期四个阶段的成本核算与评估。

4）最优回收时机决策分析。分别拟合曲线，即可显示出臂架油缸全生命周期的平均环境影响值和年均成本随时间变化的情况，最后单击"最佳回收时机决策"按钮，即可计算出该臂架油缸再制造的最佳回收时间为 6.58 年。

▶▶ **4. 混凝土泵车臂架油缸的可再制造性评估**

用户从侧边栏单击功能项，系统进入零部件可再制造性评估界面，其可再制造性评估的主要流程如图 7-12 所示。

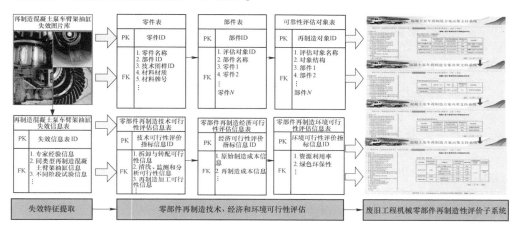

图 7-12   再制造混凝土泵车臂架油缸可再制造性评估实践

1）对再制造的技术可行性进行评估。输入零部件名称后，主界面下方会显示出系统数据库中已有的评价指标等级评价值和指标等级隶属度值的信息，若数据库中没有相关评价值的信息，则可通过单击"编辑"按钮直接输入相关信息后进行计算，单击"计算"按钮，即可得到再制造技术可行性各子指标的指标量化值，评价结果也可同时得出。完成这个评估过程后单击"下一步"按钮，进入该零部件再制造的经济可行性评估界面。

2）对经济可行性的评估只与零部件的原始制造成本和再制造成本有关。这两个指标成本是数据库中存在的，进入该界面后直接显示成本信息；如果系统数据库中不存在所需信息，则可通过单击"编辑"按钮添加成本信息进行计算。零部件再制造经济可行性评估主要是计算其再制造成本和原始制造成本的比值，通过比较该比值与专家定的盈利比值来判断零部件再制造是否能获得令人满意的经济效益。在界面中"单击计算"按钮，可计算出比值为 0. 277，比专家定的盈利比值 0.5 小，即可评估出该臂架油缸再制造的经济可行性很好，单击"下一步"按钮，进入零部件资源环境性评估界面。

3）零部件资源环境性评估的子指标有资源利用率和绿色环保性。这两个子指标的指标等级评价值和隶属度值在进入该界面时就会通过调用数据库中的信息显示出来，若数据库中不存在该信息，则可通过单击"编辑"按钮进行添加。单击"计算"按钮，即可得到各指标的指标量化值，同时各指标的评估结果也会显示出来，完成资源环境性评估后单击"下一步"按钮，进入零部件可再制造性评估界面。

4）进入零部件可再制造性评估界面后，要确定零部件可再制造性的三个指标的权重和六个子指标的权重。这几个指标的权重基于可拓层次分析法来确定，根据评价主体的不同其权重可能有所不同。将计算的权重通过单击"编辑"按钮录入系统中来进行计算评估，最后单击"计算"按钮，即可得到该臂架油缸的可再制造性总的评估值为 0.773，同时该零部件的可再制造性评估结果也会显示出来。

▶ 5. 混凝土泵车悬架油缸零部件再制造方案决策

当系统用户从侧边栏中选择混凝土泵车零部件再制造资源化方式决策模块后，系统显示出该界面的情况，其主要流程如图 7-13 所示。

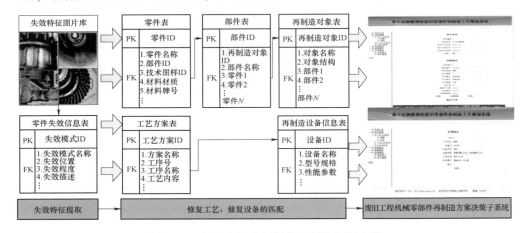

图 7-13　混凝土泵车零部件再制造方案决策

1）输入零部件名称及其编号，列表中显示的数据只有该零部件回收时的使用寿命信息，如果数据库中没有该数据，则可以直接进行编辑；其他的数据都要经过逐步计算才能得出。对于该零部件的历史寿命数据，单击"载入"按钮，系统弹出历史寿命数据库的窗口，输入零部件名称和型号，即可调出数据库中该零部件的所有历史寿命数据，单击"添加"按钮即可载入该数据信息。

2）对服从零部件寿命特征的三参数威布尔分布函数的三参数进行估计。单击"三参数估计"按钮，即可通过系统嵌入的 MATLAB 计算程序计算出三个参数的估计值；接下来依次单击"计算"按钮，即可计算出该零部件的平均使用寿命、剩余使用寿命、回收时可靠度以及剩余寿命可靠度。

3）单击"再制造方案决策"按钮，即可得出该零部件的最佳再制造方式为再制造加工。

7.3 机床再制造生产系统规划实践

7.3.1 实施背景

机床是装备制造业的"工作母机",主要为汽车、军工、农机、工程机械、电力设备、铁路机车、船舶等行业服务,是衡量一个国家装备制造业发展水平的重要标志。然而,随着机床保有量的不断攀升,以及全球资源、能源短缺和环境污染问题的不断加剧,开展废旧机床再制造已成为解决这些问题的有效途径之一。

本文结合某机床再制造企业的现状,对机床再制造生产系统规划问题开展应用实践。该企业长期从事机床绿色设计与制造、再制造技术及产品研发工作,在前期机床绿色再制造工程实施中被列为工信部首批机电产品再制造试点单位,取得了多项再制造机床产品认证。然而,该企业在机床再制造生产系统方面,也存在效率不高、产能低下等问题,其原因主要包括以下几个方面。

1)缺乏科学的废旧机床再制造性评估与再制造工艺方案决策规划。对于回收的废旧机床,一般是凭借有经验的操作工人对其是否具有再制造性进行主观判断,缺乏科学的再制造性评估方法,废旧机床服役环境不同,其失效特征和失效程度也不相同,即使是同一型号的机床,再制造成本也具有差异性,而实际再制造生产过程则忽视了这一点。机床拆解后,构成机床主体的基础零部件(导轨、主轴箱、床鞍等)的资源化策略(再利用、再制造或再循环)由操作工人主观判断,缺乏科学的分析方法。随着科学技术的快速发展,零部件的再制造工艺方案具有多样性,不同工艺方案在加工效率、加工质量、加工成本、资源消耗以及环境排放等方面差异巨大。而实际上,在零部件再制造工艺方案制定过程中,大多数企业仅仅关注到其中某一个或几个方面,未对所有的影响因素进行综合考虑。

2)缺乏信息化的废旧机床再制造过程工艺规划。与新零部件的制造过程一样,废旧机床零部件的再制造过程在消耗资源的同时也会带来新的环境排放,再制造工艺方案不同,则再制造成本以及引起的资源消耗量和环境排放程度也具有差异性。在该企业中,再制造工艺主要以手工操作为主,信息化程度比较低。而在再制造过程中,为了提高机床的控制性能,需要配置相应的信息化终端,如数控系统、伺服系统等。随着信息化终端的加入,虽然机床的再制造成本可能比该机床再制造前新品的制造成本还要高,但机床再制造后的性能将远远超过无信息化终端的新品机床,性价比极高。此外,机床再制造充分利用了原机床的零部件，节约了制造这些新零部件的加工时间和采购时间，大大缩短了机床的生产周期。

3）缺乏稳定的再制造机床产品可靠性规划。由于再制造机床是由各种具有高度不确定性的废旧零部件、子系统等经过再制造后得到的，其失效特征形式多样、不易量化，再制造工艺过程中零部件、子系统内外部信息变化的不确定性及不可知性，以及再服役过程中再制造机床面临多物理场耦合影响且具有多失效模式耦合相关性，使得再制造机床可靠性具有较大的波动性和不唯一性；再者，因再制造机床结构的复杂性、工作时工况的多变性、故障的多样性、试验样本及故障数据的匮乏性，以至于再制造机床仅依靠传统的故障数据进行可靠性研究不足以全面、正确地反映再制造机床的可靠性水平。

针对该机床再制造企业的特点，分别对废旧机床回收时机规划、废旧机床再制造性评估与工艺决策规划、零部件再制造工艺规划以及可靠性评估与增长规划等展开应用实践，力求为该企业再制造生产系统的高效、稳定运行提供支撑。

7.3.2 回收时机规划支持系统

废旧机床的再制造具有回收时机最佳性特征，回收时间太早，产品的原始使用价值未得到充分利用，会造成资源浪费；回收时间过晚，旧件的再制造难度增大，可再制造性不高。为帮助机床再制造企业合理管控再制造回收时间，有效实现再制造服务利益各方的信息互联，开发了废旧机床主动再制造服务支持系统。

1. 系统总体框架与功能设计

（1）废旧机床主动再制造服务系统总体框架　针对系统服务的两个主体，即再制造系统管理者以及现场作业人员，分别设计不同的功能模块，以实现不同服务主体的需求。再制造系统管理者实现系统的维护、功能模块化管理、信息更新、数据库管理、专家系统信息咨询。现场作业人员负责信息录入以及数据分析等功能，数据库作为系统关于废旧机床产品的信息存储以及系统使用方法库。废旧机床主动再制造服务系统总体框架如图7-14所示。

（2）废旧机床主动再制造服务系统功能设计　根据系统需求分析和系统总体设计，基于可靠性分析的主动再制造服务系统主要包括系统管理模块、可靠性分析模块、最佳回收时机决策模块、数据库模块四大基本模块，其功能结构如图7-15所示。

1）系统管理模块。该模块主要是用于系统管理通用功能，其中主要包含系统参数设置、用户角色管理、账套管理等。

2）可靠性分析模块。该模块主要是对产品的可靠性进行分析，它会调用现场故障数据，并结合知识库中的可靠度函数、拟合算法，从而求解出该产品的可靠度函数。基于可靠度函数，不仅可以对产品再制造时机进行决策，同时也可以用于产品维修时间参考。

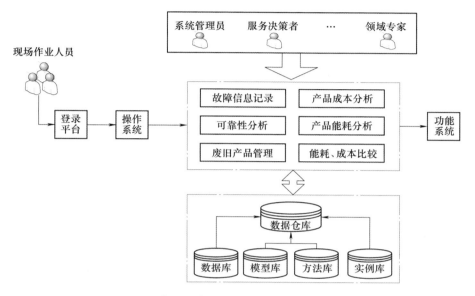

图 7-14 废旧机床主动再制造服务系统总体框架

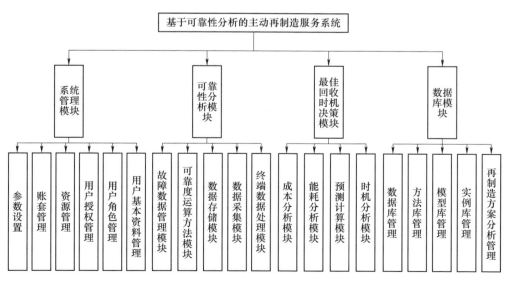

图 7-15 废旧机床主动再制造服务系统功能结构

3）最佳回收时机决策模块。该模块主要是在可靠性分析模块的基础之上，对产品的再制造最佳时机进行决策，该时机是考虑了时均成本与时均能耗的综合最优状态。该功能的实现是基于现场的成本数据与能耗数据，并结合博弈论思想解释两者的冲突关系，从而求解最佳回收时机。

4）数据库模块。该模块主要用于数据信息的存储，其中包含用户数据、现场数据、知识库等信息。

▶ 2. 系统工作流程

该废旧机床主动再制造服务系统的主要工作流程如图 7-16 所示。

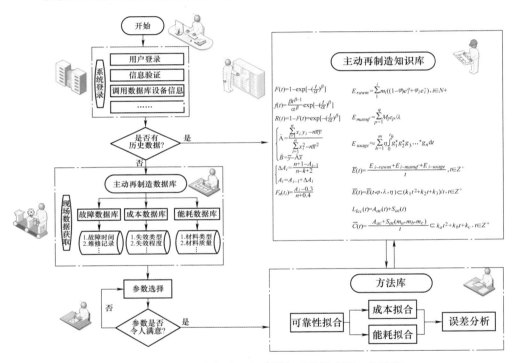

图 7-16　废旧机床主动再制造服务系统的主要工作流程

步骤 1：用户登录系统。通过个人身份信息、设备信息确定人员身份，并选择相应的功能模块开始作业。

步骤 2：确认所选工作是否有历史数据。如果没有历史数据，则现场相关人员需要不停记录产品故障信息、成本数据、能耗数据；若有，则跳过步骤 2。

步骤 3：校核现场输入数据，并设置算法参数。若不正确，返回步骤 2；若正确，则进入方法库开始算法演算。该过程主要是基于现场获取的相关数据，并结合方法库中的定量分析方法，拟合可靠度、时均成本、时均能耗函数，从而对主动再制造时机进行决策。

步骤4：误差分析。分析拟合函数相关性，并输出相关结果。算法的流程与计算存储在知识库中，其中也包含了专家评审。

3. 系统详细设计

（1）数据库设计

1）概念结构设计。通过废旧机床主动再制造需求及主动再制造功能，建立其与服务构件之间的关联关系，其 E-R 图[⊖]如图 7-17 和图 7-18 所示。

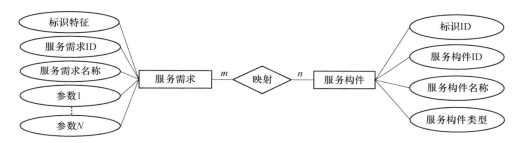

图 7-17　主动再制造服务需求-服务构件 E-R 图

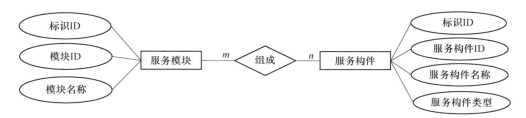

图 7-18　主动再制造服务模块-服务构件 E-R 图

2）逻辑结构设计。系统逻辑结构设计的目的是把 E-R 图转换为可用的逻辑结构。系统中的数据表主要由用户表、系统参数表、数据库管理表、方法库管理表、模型库管理表、实例库管理表等组成，部分主要数据表的逻辑结构设计如图 7-19 所示。

（2）方法库设计　方法库、模型库和数据库三者之间均有着密切的联系，方法需要通过模型来调用，是三者之间的关系接口。本系统采用方法字典与内容来存储方法，见表 7-1。

⊖　E-R 图也称实体-联系图（entity relationship diagram），提供了表示实体类型、属性和联系的方法，用来描述现实世界的概念模型。

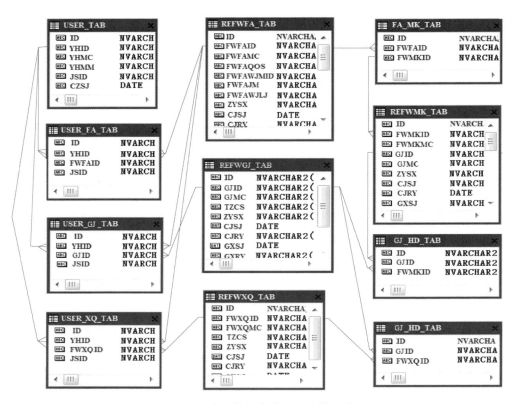

图 7-19　主要数据表的逻辑结构设计

表 7-1　方法字典

名　　称	类　　型	是否为空	描　　述	默　认　值
Method Id	nvarchar2（16）	否	方法编号，主键	
Method Name	nvarchar2（20）	否	方法名称	
Method Addr	nvarchar2（100）	否	方法调用路径	
Method Type	nvarchar2（20）	否	方法类型	
Function	nvarchar2（100）	否	方法功能	
Attribute	nvarchar2（200）	是	方法参数	Sysdate
Attention	nvarchar2（200）	是	注意事项	
Create Time	Date	否	创建时间	
Create User	nvarchar2（50）	否	创建人员	
Update Time	Date	否	更新时间	
Update User	nvarchar2（50）	否	更新人员	

（3）模型库设计　模型是实际问题的抽象，可以帮助高层管理人员了解问题并做出正确的决定。其功能类似于数据库，区别在于存储的对象不同，模型库构建的主要目的是实现相关模型的存储、表示、查询等功能。

1）存储。若模型数据较少，则模型文件需要存储到计算机外存里；若模型数据较多，则需要建立模型字典和模型文件库。

2）表示。数学模型通常采用数值计算语言来表示；数据处理模型通常采用数据库语言来表示；报表模型通常采用打印程序形式来表示。

3）查询。采用模型字典对模型进行查询操作，主要的模型字典见表7-2。

表7-2　主要的模型字典

名　　称	类　　型	是否为空	描　　述	默　认　值
Method Id	nvarchar2（16）	否	模型编号，主键	
Method Name	nvarchar2（20）	否	模型名称	
Method Addr	nvarchar2（100）	否	模型调用路径	
Function	nvarchar2（100）	否	模型功能	
Attention	nvarchar2（200）	是	注意事项	Sysdate
Create Time	Date	否	创建时间	
Create User	nvarchar2（50）	否	创建人员	
Update Time	Date	否	更新时间	
Update User	nvarchar2（50）	否	更新人员	

（4）实例库设计　系统实例库存储内容主要包括服务模块组成、服务构件信息以及参数等。

1）实例表示模型。采用面向对象的方法（主要是类和对象）来实现实例的数据模型表示。

2）实例存储模型。本文采用 SQL Server2008 来搜索符合规定需求的实例记录集。

3）实例库设计方法。根据再制造服务系统的特点，将实例库设计为主关联库和子实例库，分别用来存储服务模块的关键特征属性和服务模块实例的关键特征属性。其数据结构见表7-3 和表7-4。

表7-3　主关联库设计的数据结构

属 性 名 称	属 性 描 述	属 性 类 型
Case Id	实例编号	字符型
Case Name	实例名称	字符型
Case Type	实例分类	字符型

（续）

属 性 名 称	属 性 描 述	属 性 类 型
Case Attribute	实例属性	属性集合
Case Author	实例人员	用户型
Case Date	实例创建日期	日期型
Modified Date	实例修改日期	日期型
Description	实例备注	字符型
Costs	实例成本	数字型
Modified Person	更新人员	用户型
Case State	实例状态	字符型
Modified History	更新历史	实例型
Children Case	子实例	实例集合

表7-4　子实例库设计的数据结构

属 性 名 称	属 性 描 述	属 性 类 型
Attribute Id	属性编号	字符型
Attribute Name	属性名称	字符型
Weight	属性权重	浮点型
Describe	属性描述	字符型
Create Date	创建时间	日期型
Modified Date	更新时间	日期型
Modified Person	更新人员	用户型
Value	属性值	字符型

▶▶ 4. 系统运行

废旧机床主动再制造服务支持系统主要运行流程界面如图7-20所示。

1）登录主界面后，系统根据数据库内存储的用户数据进行信息登录。登录后的主界面包含了主、副两个界面。主界面包含了现场测试、自动报工、人工报工、数据分析库、成本分析库、返修任务处理、返修任务、专家评估等模块。右侧副界面是常见的系统管理功能，方便快捷进入常用的功能栏。

2）进入可靠性数据模块后，可以生成一条物料状态信息，其中包含了废旧机床物料基础信息编号，以及关于可靠性数据的故障时间、故障类型和等级等。

3）输入可靠性数据，系统根据既定的算法拟合废旧机床产品的可靠度函数，以便于了解产品在服役周期内的可靠度变化趋势。

4）调取系统知识库，对废旧机床产品最佳再制造时机进行计算，通过收集的废旧机电产品的失效特征，结合最小二乘孪生向量机的非线性拟合，即可拟合函数，并进行时机决策。

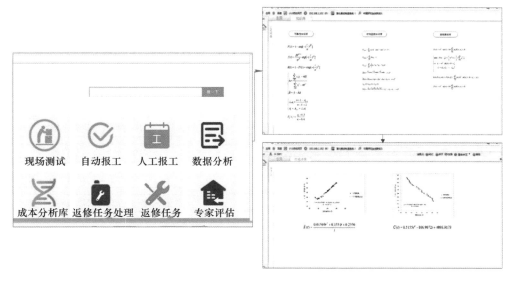

图 7-20 系统主要运行流程界面

7.3.3 再制造工艺规划支持系统

机床再制造是一个复杂的系统工程，该过程需要进行大量的数据信息处理，如机床再制造成本分析、零部件剩余使用寿命分析等。对于机床再制造厂来说，这是一个大量消耗人力、财力和物力的过程。因此，为了帮助机床再制造厂快速实施机床再制造，开发了废旧机床再制造工艺规划支持系统，可有效指导机床再制造厂快速、高效、科学地实施机床再制造，提高机床再制造过程的效率。

1. 系统功能模块设计

废旧机床再制造性评估与再制造工艺方案决策支持系统主要包括五个主要功能模块：机床再制造成本分析模块、零部件资源化策略选择模块、零部件再制造工艺规划模块、数据库管理模块和用户管理模块，如图 7-21 所示。

（1）机床再制造成本分析模块 该模块包含三个子模块：不同失效特征机床的再制造成本分析、机床再制造成本预测和基于成本的机床再制造性评估。首先运用作业成本法计算出不同失效特征机床的再制造成本，建立失效特征与再制造成本之间的关系；其次，运用实例推理技术，通过检测机床的失效特征来预测该失效状况下机床的再制造成本；最后，在以上基础上，从成本的角度对机床整机是否具有再制造价值进行判断。

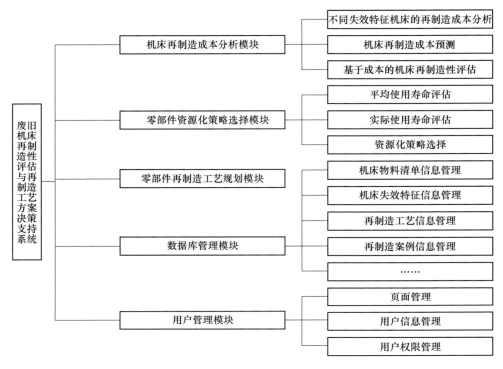

图 7-21　系统功能模块

（2）零部件资源化策略选择模块　该模块主要包括零部件的平均使用寿命评估、实际使用寿命评估和资源化策略选择三个子模块。零部件的平均使用寿命评估是以零部件的失效数据为基础，运用威布尔分布来评估该型号零部件的平均使用寿命。零部件的实际使用寿命评估以表征零部件性能退化的特征指标数据为基础，利用人工神经网络来判断通过拆解得到的废旧零部件的实际使用寿命，在此基础上可得到零部件的剩余使用寿命。运用可靠性理论知识，分析零部件剩余寿命周期内的可靠性，确定零部件的资源化策略。

（3）零部件再制造工艺规划模块　该模块是针对零部件具有多种再制造工艺方案的情况，运用多目标优化、实例推理等技术，选出最优的再制造工艺方案。

（4）数据库管理模块　该模块主要包括机床物料清单信息管理、机床失效特征信息管理、再制造工艺信息管理、再制造案例信息管理等，为其他模块提供数据基础。

（5）用户管理模块　该模块由页面管理、用户信息管理和用户权限管理三个子模块组成。页面管理的主要功能是帮助系统维护人员更好地维护页面。用户信息管理则是对系统用户信息进行添加、删除和修改。用户权限管理是针对不同用户的级别分配系统各模块的权限。

▶▶ 2. 系统运行流程

废旧机床再制造性评估与再制造工艺方案决策支持系统运行流程可分以下三个步骤，如图 7-22 所示。

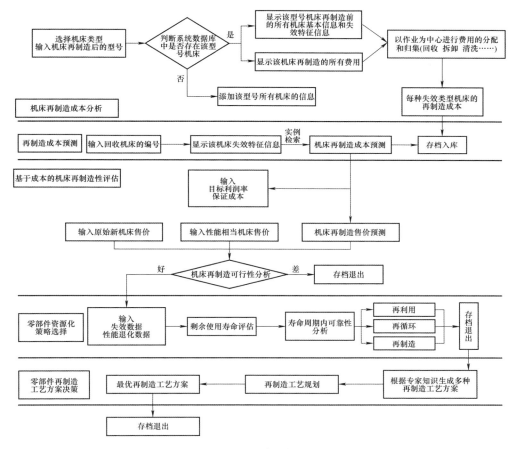

图 7-22 系统运行流程

1）当系统用户登录系统后，首先输入某机床的型号，并选择机床厂再制造该型号机床的时间区间，若在数据库中检索不到该机床信息，则直接跳转到数据库模块，添加该机床的基本数据信息。若存在该机床信息，则查询机床厂在选择的时间区间内所有再制造该型号的不同失效特征机床的信息（失效特征、再制造费用等），每台机床在系统中有唯一的编号。将所有再制造该型号机床的全部费用按照回收、拆卸、清洗、检测、再制造加工等作业中心进行分配和归集，可得到该型号不同失效特征机床的再制造成本。由此，便建立了机床失效特征和再制造成本之间的关系。当需要对回收得到的该型号某一废旧机床进行成本预测时，可在系统中输入该机床的失效特征信息，系统会按照历史的案例信息预测该失效特征机床的再制造成本。通过设定再制造机床的目标利润率、保证成本及税费，可计算出该再制造机床的市场售价，将该价格与该机床再制造前的原始新机床售价和同再制造机床性能相当的机床售价相比较，可判断该机床是否具有再制造的价值。

2）当待决策机床具有再制造价值时，并不代表其所有零部件都具有再利用价值，还需对该机床的零部件进行资源化策略选择。首先利用该机床的失效数据，利用威布尔分布模型计算出平均使用寿命。然后，以表征零部件性能退化的特征指标数据为基础，运用人工神经网络技术预测该零部件的实际使用寿命。基于平均使用寿命和实际使用寿命，可计算出该零部件的剩余使用寿命。通过分析剩余寿命周期内的可靠性水平，即可确定该零部件的资源化策略。

3）若待决策的零部件资源化策略为再制造，则利用实例推理技术，针对多种再制造工艺方案的情况，按以下步骤选择最优的工艺方案。问题描述：即新需求问题发生的背景，主要指影响再制造工艺规划的关键特征属性等。实例检索：根据需求问题的描述，按事先设计好的算法获取最相似的实例，这是整个系统的关键环节。实例修正：最相似的实例不一定是最合理的，需要根据一定的策略进行适当的修正，最后才能重用。实例储存：将需求问题的解决方案存入数据库中。实例推理为再制造工艺规划支持系统的核心，其主要流程如图 7-23 所示。

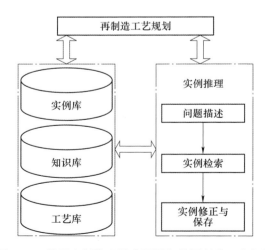

图 7-23 基于实例推理的废旧零部件再制造工艺规划

▶▶3. 系统应用

下面以卧式车床 C6132A1 为例来说明废旧机床再制造工艺规划支持系统的具体应用，如图7-24所示。

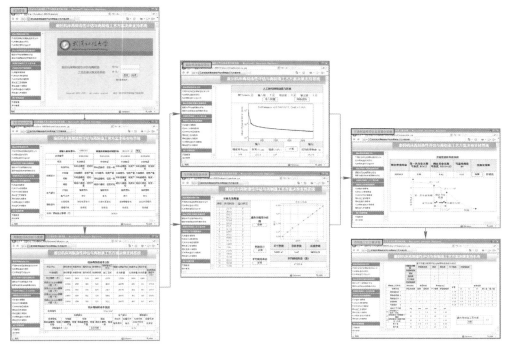

图7-24 系统应用流程

（1）用户进入系统 用户在使用本系统前，需要先进行注册，注册时需提供注册者的基本信息，如工作职位、所属部门、所要求具有的功能模块权限及联系方式等。对于未注册的用户，系统允许其查看本系统的功能模块结构以及每个功能模块的功能说明和操作流程介绍，但没有各功能模块的操作权限。已注册的通过管理员验证的用户可以直接登录系统，不同注册等级的用户所分配的权限也不同，有的用户可能只需要借助该系统的部分功能模块来帮助实施机床再制造，有的用户可能要求具有使用所有功能模块的权限。

（2）车床 C6132A1 再制造成本分析 进入系统后，单击机床再制造成本分析模块，在弹出的界面中输入机床型号 C6132A1，并选择机床厂生产该型号机床的时间区间，本例中选择时间区间为2013年12月，系统选择该段时间区间内再制造的机床，并显示每台机床的失效特征及再制造总费用。本系统将机床的失效特征从机械部分、电气部分和辅助部分三个方面来描述，每个部分又可用零部件的失效部位、失效形式和失效程度来表示。例如，编号为201312006的

213

C6132A1 车床的失效特征可表示为机械部分：床身导轨，导轨面磨损，磨损程度较轻；主轴箱，主轴磨损，磨损程度严重；床鞍，导轨面磨损，磨损程度一般；尾座，尾座孔磨损，磨损程度严重。电气部分：主电动机，轴承损坏；电气元件，老化。辅助部分：冷却系统，冷却水泵老化；润滑系统，润滑效率低。将该机床厂 2013 年 12 月份的所有再制造费用以回收、拆卸、清洗、检测等为作业中心按照作业动因进行分配，可得到每种失效特征机床的再制造成本，并作为再制造实例存入数据库，在此基础上，通过检测回收机床 C6132A1 的失效特征（机床编号为 201312057），检索数据库中的相似案例，实现该回收机床的再制造成本预测。

（3）编号 201312057 车床资源化策略分析 资源化策略分析是针对机床机械部分的关键零部件展开的，在此选取该机床的主轴作为案例说明。首先进入编号 201312057 车床的物料清单，选取机械部分的主轴，系统从数据库中检索该型号主轴的历史失效数据，绘制威布尔分布点图，并计算出威布尔分布模型参数，进而计算该型号主轴的平均使用寿命。其次，导入通过试验和无损检测手段得到的在不同寿命状态下的表征主轴性能退化的特征指标值，通过系统进行神经网络训练。网络训练好后，检测编号 201312057 车床主轴性能退化的特征指标值，并输入神经网络模型，即可预测主轴的实际使用寿命。基于平均使用寿命和实际使用寿命，系统会自动计算出该主轴的剩余使用寿命。最后，分别计算主轴在第一次寿命末期和剩余寿命末期的可靠度，分别为 0.96 和 0.42，该主轴的可靠性阈值为 0.95，比较三者之间的关系可知，该主轴满足再制造策略的条件。因此，编号 201312057 车床主轴的资源化策略为再制造。

（4）车床主轴再制造工艺方案决策 输入机床主轴零部件信息，系统会自动根据需求问题的描述检索出相似实例的相关数据，得到多组对应的实例及其相似度。单击相似度最大的实例，弹出实例推理界面。在这个界面中，工艺人员根据相关领域知识和实际加工条件对检索案例的再制造工艺进行修订，并将修正后的实例储存到实例库中，以备下次检索使用，从而完成检索过程。

7.3.4 可靠性评估与增长规划支持系统

1. 系统功能结构

为方便工程技术人员对再制造机床可靠性进行分析、评估、预测及进行可靠性信息管理，某企业设计开发了再制造机床可靠性评估与增长（remanufacturing machine reliability assessment and growth，RMRAG）支持系统，为该企业机床再制造生产系统可靠性评估分析提供支撑。该系统主要由用户界面层、Web 服务器层、应用服务器层、数据库服务层构成，其体系结构如图 7-25 所示。

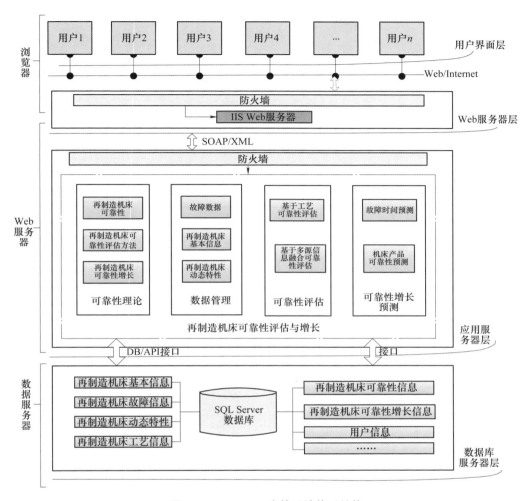

图 7-25 RMRAG 支持系统体系结构

综合再制造机床产品可靠性评估与可靠性增长研究和系统需求分析，确定了再制造机床产品可靠性评估与增长支持系统功能。RMRAG 支持系统主要包含再制造机床产品可靠性信息管理、再制造机床产品可靠性评估、再制造机床产品可靠性增长和系统管理四大模块，其功能结构如图 7-26 所示。

（1）再制造机床可靠性信息管理功能模块 再制造机床可靠性信息是可靠性评估及可靠性增长预测的基础数据来源，由再制造机床基本信息、故障信息、固有特性信息和客户信息四部分组成。其中，再制造机床基本信息功能用于对再制造机床基本信息，包括再制造机床整机及子系统和单元的名称、类型、编号信息，再制造机床接收时间、再制造机床交付时间等进行添加、修改、删除，以便在"再制造机床可靠性评估"和"再制造机床可靠性增长"两个模块调用。再制造机床故障信息功能主要用于对再制造机床故障信息,包括单元或子系统、相似再制造机床、同类型再制造机床的历史故障信息及现场试验信息等进行添加、修改、删除,为再制造机床可靠性评估及再制造机床可靠性增长提供数据分析来源。再制造机床固有特性信息功能主要用于管理从试验采集到的再制造机床固有特性信息,为再制造机床产品工艺可靠性评估提供数据支持,主要包括再制造机床的固有频率、刚度系数及阻尼系数。

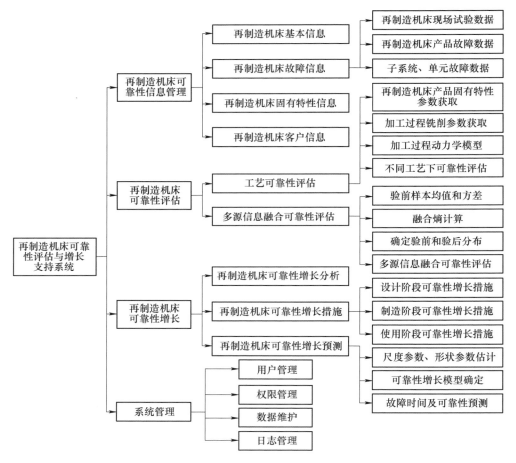

图 7-26　RMRAG 支持系统的功能结构

(2)再制造机床的可靠性评估功能模块　该模块主要包括再制造机床产品工艺可靠性评估及多源信息融合可靠性评估两个子模块。其中,再制造机床加工过程工艺可靠性评估功能通过从再制造机床刀尖频率响应函数的激振试验数据识别出的再制造机床刀尖固有频率、阻尼系数、刚度系数,从铣削力试验识别的铣削力系数，结合再制造机床加工过程动力学模型，给出再制造机床工艺可靠度及性能劣化度的评估。多源信息融合的再制造机床可靠性评估功能以再制造机床产品、单元故障数据、不同阶段试验信息及现场试验信息为基础，通过最大熵-矩估计方法对多源信息进行融合，得到再制造机床产品的验前分布，然后结合再制造机床产品现场试验信息，确定再制造机床产品的验后分布，从而进行可靠性推断。

（3）再制造机床的可靠性增长功能模块　该模块主要包括可靠性增长分析、可靠性增长措施和可靠性增长预测三个模块。其中，再制造机床可靠性增长分析及增长措施模块功能对再制造机床产品在再设计、再制造及再使用阶段的可靠性增长进行分析，并给出再制造机床的相应可靠性增长措施，主要包括整机、子系统及各单元的可靠性增长分析及增长措施。再制造机床可靠性增长预测功能主要用于在再制造机床可靠性改进方案之后，基于可靠性增长模型判断该措施的效果。

（4）系统管理功能模块　系统管理模块是系统非功能性模块，通常包括用户管理、权限管理、数据维护和日志管理四个部分。用户管理用于添加、删除、修改系统用户信息；权限管理用于添加、修改和删除系统用户的相关权限；数据维护主要用来定期维护系统中的数据库；日志管理是记录系统用户操作记录，便于查询操作记录。

▶ 2. 系统主要工作流程

RMRAG 支持系统以再制造机床为主线，以再制造机床编号为系统最主要的标识符。RMRAG 支持系统的工作流程如图 7-27 所示，其主要步骤如下：

1）当系统用户登录系统后，首先根据再制造机床产品编号、名称或类型选择需要进行可靠性分析的对象。单击"可靠性评估"模块时，若该再制造机床已经评估，则显示该再制造机床可靠性评估信息；若未评估，则进入评估环节—— 依次进行再制造机床加工过程工艺可靠性评估及多源信息融合可靠性评估。

2）综合再制造机床可靠性评估结果，分析该再制造机床可靠性是否满足要求。若满足要求，则可存档退出该再制造机床的可靠性分析；若不满足要求，则继续进行可靠性的增长分析、可靠性增长措施的改进以及对再制造机床可靠性增长的预测，并将该分析结果保存至再制造机床可靠性增长预测数据库中。

3）当进行再制造机床可靠性评估和可靠性增长环节后，会有大量的可靠性结果及其他有用信息，需要对其进行管理，包括再制造机床基本信息、再制造机床故障信息、再制造机床动态特性信息以及用户信息等的修改、添加、删除等操作，并最终存档，系统流程结束。

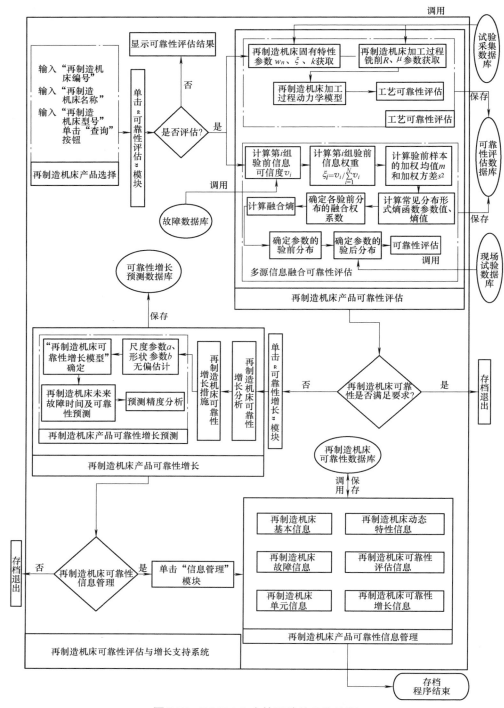

图 7-27 RMRAG 支持系统的工作流程

▶▶**3. 系统数据库设计**

在系统数据库设计方面，根据 RMRAG 支持系统的功能及该系统运行过程中所涉及的各种信息，在对这些信息进行定义和分类后，按照数据库设计中的规范化设计原则，运用 SQL Server 软件创建该系统数据库中所需要的主要数据表清单，见表 7-5。

表 7-5　系统数据库中的主要数据表清单

序号	数据表名称	主 要 用 途
1	再制造机床产品基本信息表	存储和提供再制造机床编号、名称、类型等基本信息
2	再制造机床产品故障信息表	存储和提供再制造机床产品可靠性试验中的故障信息
3	再制造机床子系统故障信息表	存储和提供再制造机床单元及子系统可靠性试验中的故障信息
4	再制造机床动态特性信息表	存储和提供再制造机床产品实时的固有频率、刚度系数、阻尼系数等信息
5	再制造机床不同工艺下铣削参数	存储和提供再制造机床产品在不同工艺下铣削力模型参数等信息
6	再制造机床工艺可靠性评估	存储和提供再制造机床产品在不同工艺下工艺可靠度、性能劣化度等信息
7	再制造机床多源信息融合表	存储和提供再制造机床各类验前信息可信度及权重信息
8	再制造机床融合可靠性信息	存储和提供验前样本均值、方差，各分布参数值、熵值、权系数，融合熵等信息
9	再制造机床融合可靠性评估结果	存储和提供再制造机床验前验后分布、故障率、MTBF 点估计和区间估计等信息
10	再制造机床可靠性增长预测信息	存储和提供再制造机床可靠性增长预测模型、参数估计值等信息
11	再制造机床可靠性增长预测结果	存储和提供再制造机床未来故障时间、故障率及 MTBF 预测等信息
12	用户信息	存储和提供系统用户信息及相关权限

在同一个数据库中，不同表中的数据之间存在一种关系，这种关系将数据库里各表中的每条数据和数据库中唯一的主题相联系，使得对每一个数据的操作都成为对数据库的整体操作。这种数据表之间的关系，称为表间关系，它们都具有一个含义相同并且数据类型也相同的字段，通过这个字段，在两个表之间建立联系。表间关系能够保障系统所有数据的完整性及一致性，并且方便对表进行查询。图 7-28 所示为 RMRAG 支持系统数据库中部分数据表的表间关系。

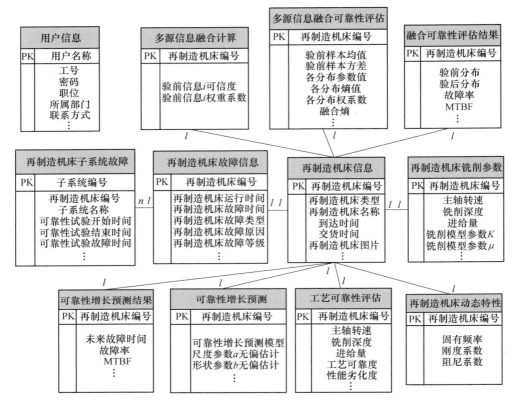

图 7-28　部分数据表的表间关系

▶ 4. 系统应用流程

下面结合再制造机床 XK6032 – 01 的具体实例，对 RMRAG 支持系统的主要功能进行展示。

1）再制造机床的可靠性评估包括基于再制造机床动态特性的加工过程工艺可靠性评估和基于多源信息融合的可靠性评估两方面，其主要流程如图 7-29 所示。

① 在登录系统之后，将再制造机床刀尖频率响应函数数据导入数据库，结合 MATLAB 软件进行参数辨识，得到再制造机床的固有频率、刚度系数及阻尼系数。

② 对再制造机床的铣削力模型中的参数进行辨识，导入铣削力试验数据，然后进行铣削力参数辨识。

③ 结合辨识结果，输入再制造机床主轴转速、铣削深度、每齿进给量、加工长度、加工失效域等信息，进入再制造机床工艺可靠性评估。

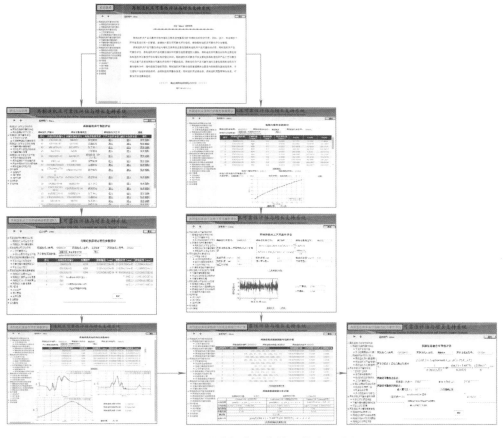

图 7-29　再制造机床可靠性评估应用流程

④ 单击"返回"按钮，系统跳转到再制造可靠性的评估列表，选择"融合可靠性评估"，对该再制造机床验前类似或同型号的再制造机床，或是单元及子系统可靠性数据以及现在的试验数据等进行统计分析，确定该再制造机床的验前分布。

⑤ 单击"多源信息融合计算"得到再制造机床 XK6032 – 01 的验后分布，故障率、平均无故障工作时间（MTBF）点估计及在置信度 γ 下的置信区间估计。

2）再制造机床可靠性增长预测主要流程如图 7-30 所示。

① 单击左侧目录导航栏中的"再制造机床可靠性增长预测"按钮，选择再制造机床进行可靠性增长预测，得到再制造机床产品的故障信息，然后选择故障截尾方式，以得到对应的可靠性增长模型。

② 单击"再制造机床可靠性预测"按钮，得到可靠性增长模型中的尺度参

数、形状参数，再制造机床下次故障发生时间，以及发生故障时的 MTBF、故障率 λ 点估计及在置信度 γ 下的置信区间。

图 7-30   再制造机床可靠性增长预测主要流程

7.3.5   应用效果分析

上述系统已在多家机床制造企业开展了应用实践，这里以某企业废旧机床导轨再制造工艺规划为例，对系统的应用效果进行了对比分析。该导轨的零件型号为 C6132D，尺寸为 2300mm × 490mm，其工艺方案及修复前后的对比见表 7-6 和如图 7-31 所示。

表 7-6   C6132D 导轨工艺实例解决方案

序号	工序名称	设备 ID	设备名称	设 备 参 数	工装夹具	技 术 要 求	备 注
1	清洗	Q0008	清洗机	1）水溶性洗涤液 830LD 2）温度（60 ± 5）℃	清洗托架	1）洗涤 6 ~ 8 次 2）洗涤时间为 3.5 ~ 4min	轻放、防碰撞，清洗液污染度在 2% 以下

（续）

序号	工序名称	设备 ID	设备名称	设 备 参 数	工装夹具	技 术 要 求	备　　注
2	磨削	M0006	导轨磨床	磨削上导轨平面和山形导轨平面，使其平面度、垂直度误差达到要求	磨台	1）磨削方式：切入磨 2）砂轮修整速度 0.1m/min	导轨样板、检具、千分表、塞尺、直角尺、表面粗糙度样板
3	抛光	P0011	抛光机	—	抛光机支架	抛光至表面粗糙度值为 Ra≤0.2μm	抛光至技术要求

图 7-31　车床导轨修复前后对比

其他基本功能模块：根据客户需求，加装 GSK980TG 车床数控系统，更好地提升加工效率；加装伺服电动机，实现自动驱动；改造原有车床数控系统内置相关电气元件，实现数控内置 PLC 原功能；另外，更换新冷却水泵及其冷却水管组件，补充加工床鞍滑板油孔，安装电动润滑泵及其油管。经过上述修复，再制造 C6132D 机床参数如下：床身最大回转直径，φ320mm；可加工最大工件长度，1000mm；最大切削长度，800mm；主轴转速，6 档 12 种速度（r/min），25、50、105、130、180、210、260、360、560、800、1120、1600；主轴电动机功率，4.5kW；工作精度达到 GB/T 16462 规定的精度。其再制造前与再制造后机床外观和主要性能参数对比分别如图 7-32 所示和见表 7-7。

表 7-7　再制造 C6132D 机床和新 C6132D 机床主要性能参数对比

主要性能参数	新 C6132D	再制造 C6132D
圆度/mm	0.0085	0.008
平面度/mm	0.012	0.010
节距误差/mm	0.030	0.028

(续)

主要性能参数		新 C6132D	再制造 C6132D
表面硬度　HRC		55	50
表面平行度/mm		0.030	0.025
定位误差/mm	X 轴	0.015	0.012
	Y 轴	0.020	0.018

图 7-32　再制造前与再制造后机床外观对比

7.4　本章小结

本章主要介绍了再制造生产系统规划在典型的再制造企业中的运行模式和应用步骤。首先分析并归纳了再制造企业进行再制造生产系统规划实施过程的现状和存在的问题；然后讨论并制定了再制造生产系统规划在再制造企业中应用的实施路线；基于再制造生产系统规划实施流程所涉及的技术、信息、过程、对象集成架构，通过案例重点阐述了再制造生产系统规划方法在工程机械和机床再制造企业中的应用。

再制造生产系统规划作为实现绿色工业的关键技术，是实现循环经济和可持续性发展战略的重要手段。随着生产技术的不断进步，更为绿色化、精细化、柔性化、智能化、服务化势必成为再制造生产系统规划技术新的研究热点。例如，再制造生产系统规划与大数据、物联网等先进智能制造技术的融合，必将带来再制造生产系统规划的方法创新，进一步促进再制造生产系统规划理论与技术的完善。

参 考 文 献

[1] 中国汽车工业协会汽车零部件再制造分会. 再制造是中国制造业发展重要方向 [EB/OL].

http：//www. remanchina. org/remanchina/news/595. html

［2］徐滨士. 再制造工程的现状与前沿［J］. 材料热处理学报，2010，31（1）：10-14.

［3］蒋小利. 基于多寿命特征的废旧机电产品可再制造性评价方法研究［D］. 武汉：武汉科技大学，2014.

［4］周帆. 基于实例推理的废旧零部件再制造工艺规划关键技术研究［D］. 武汉：武汉科技大学，2015.

［5］张辉，张华，向琴，等. 混凝土泵车再制造性评价与信息管理支持系统的设计及应用［J］. 现代制造工程，2015，（8）：35-41.

［6］陈乐. 基于可靠性分析的废旧机电产品主动再制造时域决策研究［D］. 武汉：武汉科技大学，2019.

［7］向琴. 基于ECC的工程机械再制造方案决策研究［D］. 武汉：武汉科技大学，2017.

［8］王腾. 基于残缺信息的废旧零部件再制造工艺方案设计研究［D］. 武汉：武汉科技大学，2019.